NONGYE JINGJI
HEZUO ZUZHI
FAZHAN
MOSHI YANJIU

农业经济合作组织
发展模式研究

刘佶鹏◎著

中国农业出版社
北京

图书在版编目（CIP）数据

农业经济合作组织发展模式研究 / 刘佶鹏著. — 北京：中国农业出版社, 2020.8
ISBN 978-7-109-27256-9

Ⅰ.①农… Ⅱ.①刘… Ⅲ.①农业合作组织 – 经济发展模式 – 研究 – 中国 Ⅳ.①F321.42

中国版本图书馆CIP数据核字(2020)第165126号

农业经济合作组织发展模式研究
NONGYE JINGJI HEZUO ZUZHI FAZHAN MOSHI YANJIU

中国农业出版社出版
地址：北京市朝阳区麦子店街18号楼
邮编：100125
责任编辑：周益平　李海锋
版式设计：马红欣　　责任校对：吴丽婷
印刷：北京大汉方圆数字文化传媒有限公司
版次：2020年8月第1版
印次：2020年8月北京第1次印刷
发行：新华书店北京发行所
开本：700mm×1000mm　1/16
印张：16.25
字数：260千字
定价：58.00元

前　言

中国农民的组织建设问题，特别是农村市场经济主体的建设问题，是解决"三农"问题的重要抓手。在中国市场经济体制逐渐建立和完善的过程中，农业产业也正经历着由传统农业向现代农业、计划农业向市场农业的转型过程。农业经济合作组织就是在中国农业转型过程中所诞生的一系列新的农业产业组织方式和资源配置方式，是国民经济整体改革与发展的需要；是稳定农村经济、提高农民收入的需要；是农业自身转变经营方式、提高生产效率和积累水平的需要；是增强抗风险能力和发展后劲的需要。农村合作社或经济合作组织已经有一百多年的发展历史，它为各国的农业、农村发展起到了很好的促进作用。农村合作经济涉及我国农业生产的各个方面、各个环节，成为我国农业经济甚至国民经济的重要组成部分，在社会经济、政治等方面发挥了重大的作用。由于我国地广人多，人口、耕地分配不均匀，区域经济发展不平衡以及自然环境等因素的影响，我国的农业经济合作组织发展模式呈现多元化方向。

改革开放后农业合作经济得到较快发展，其发展模式经历了从初级阶段向高级阶段发展的不断推进演变的过程。目前我国农业合作经济组织模式呈多元化发展趋势，学术界对其模式的探讨也呈现出百家争鸣之势。对于农业经济合作组织模式的选择，理论界主要是从以下几个角度研究：第一，从农业经济合作组织的功能研究，根据产前、产中、产后的功能将其模式分为生产型、流通型和综合型；第二，基于合作组织和政府的关系，政府在合作组织发展中的作用，将其模式划分为自上而下型、自下而上型和混合型；第三，依据参与主体的类别和依附关系研究将其模式划分为"农户+公司""农户+协会""农户+合作社""农户+合作组织+公司"以及"农户+股份合作组织"，这种划分观点比较普遍；第四，因地制宜，农业经济合作组织的模式也是各有地域特色，从发展较好的几个地区总结出一些模式：邯郸模式、莱阳模式、宁津模式、安岳模式和江山模式，这些模式各有其特点和不足。此外，我们也将对国外几个典型的模式进行分析，比较其特点和使用范围，为我国的农业经济合作组织模式的发展和选择提供借鉴。

合作组织本质上是弱者的联合，贫困地区的农民更应该受到我们的关注。但在农业经济合作组织的研究中，大多数学者只重视农业发达地区的合作组织，忽视了贫困地区的农民。我们认为农业经济合作组织发展要和扶贫问题紧密联系在一起，因此，我们提出了农业经济合作组织的扶贫模式，对贫困地区的农业经济合作组织的发展进行研究和指导。发展农业经济合作组织是实现农业产业化的重要途径，它解决了"小农户"与"大市场"之间的矛盾，成为农民和市场有效沟通的桥梁。农业经济合作组织的发展需要良好的外部环境和完善的内部制度，其中最主要的是政府资金的支持。从国内外农业经济合作组织发展的历史经验可以看出，农业经济合作组织的发展和政府的支持是密不可分的。但是由于资本的稀缺性，国家不可能将有限的财政资金都投入到农业生产中来，这样在农业经济合作组织的建立和发展中就有很大的资金缺口，仅仅依靠财政支农是不够的。农业的弱质性也导致了其在市场中获得资源的能力远远低于工业和第三产业，如何拓宽农业的投资渠道将民间和外来资本引入到农业发展中，是农业发展中必须重视的问题。针对这种情况，应当广泛开拓资金来源促进农业经济合作组织的发展，因此我们借鉴工业中引进外资的经验，将目前国际上流行的BOT投资模式引入农业经济合作组织的发展中，它可以增加农业资金来源使农业投资多渠道化，促进农业标准化，提高政府宏观调控的效率。

我国农业经济合作组织模式是不断地演变和发展的，由于对农业合作有些误解，加之我国的市场经济发展时间比较短，没有形成完善的市场经济体制等多方面因素，造成了农民自发合作的积极性很差，农业经济合作组织发展缓慢。改革开放以后，我国新型的农业经济合作组织在缓慢的摸索中发展，其模式也由低级向高级演变。从"公司+农户"到"公司+农业经济合作组织+农户"再到"专业合作组织""专业合作组织+公司"。在众多的农业经济合作组织模式中，有些地区取得良好的成绩，带动了当地农业、农村的发展和农民的富裕；有些地区盲目地效方示范模式，没有从本地的实际情况出发，实事求是、因地制宜，照搬成功的示范模式，结果非但没有达到预期的效果而且浪费了大量的资金和人力，得不偿失当前，我国正在实施乡村振兴战略，我国农业经济合作组织模式今后发展的方向应是专业合作与其他合作方式的综合化，即区域综合模式。区域综合模式是指"在一定经济区域内由农民自发、政府扶持组建而成的综合性农业经济合作组织，涵盖了农民生产、生活的多方面内容，对内合作，对外营利，联合农民形成有竞争实力的市场经济主体"。区域综合模式是农业经济合作组织发展的较高的阶段。

本书共设六章内容，第一章对农业经济合作组织的基础理论做了系统的阐述；第二章对我国农业经济合作组织的发展现状与问题进行了分析；第三章就国外农业经济合作组织中成功的发展模式进行了分析与经验总结；第四章重点对我国农业经济合作组织发展模式的选择进行了分析；第五章对我国农业经济合作组织的发展提出了对策与建议；第六章对乡村振兴战略背景下的农民专业合作社发展进行了研究。

本书旨在为今后的农业经济合作组织发展提出对策和建议，为农业经济合作组织的发展与模式选择提供一些参考借鉴。

著　者

2020 年 8 月

目　录

前言 ……………………………………………………………………………… 1

第一章　农业经济合作组织基础理论 ………………………………… 1

第一节　农业经济合作组织的内涵 ………………………………… 1

一、对合作的再界定 ……………………………………………………… 1

二、农业经济合作组织的界定 …………………………………………… 2

第二节　农业产业组织理论 ………………………………………… 4

一、国外现代产业组织理论 ……………………………………………… 5

二、国内对现代产业组织问题的研究 …………………………………… 6

第三节　农业产业化经营理论 ……………………………………… 8

一、农业产业化经营的内涵 ……………………………………………… 8

二、农业产业化经营的基本类型 ………………………………………… 11

三、农业产业化经营的运行机制 ………………………………………… 12

第四节　农业股份合作理论 ………………………………………… 14

第二章　农业经济合作组织发展现状和制约因素 ……………… 18

第一节　中国农业经济合作组织发展现状 ………………………… 18

一、我国农村新型合作经济组织类型及发展现状 ……………………… 19

二、新型农业经济合作组织发展中存在的问题 ………………………… 28

三、新型农业经济合作组织的个性的问题 31

四、新型农业经济合作组织形成的博弈分析 35

五、新型农业经济合作组织的运行模式比较 40

六、新型农业经济合作组织的绩效评价 46

七、我国农业经济合作组织的原则创新 52

八、新型农业经济合作组织的发展及改革 55

第二节　中国农业经济合作组织发展中存在的问题 66

一、注册管理不规范 66

二、产业分布不均，发展水平较低 67

三、内部运作不规范，民主管理原则受到挑战 67

四、农村经济合作组织发展的体制约束 71

五、农村经济合作组织发展的思想文化和经济发展约束 76

六、农村经济合作组织发展的内在障碍 79

第三节　制约农业经济合作组织发展的因素 84

一　对农业合作经济组织缺乏正确认识 84

二、法律与需要不相适应 85

三、政府支持政策不明晰、难落实 85

四、过度依赖政府或龙头企业 86

第三章　国外农业经济合作组织发展模式及经验 87

第一节　美国农业经济合作组织的发展模式 87

一、建立过程与组织形式 87

二、主要类型及其服务功能 89

三、农村合作经济组织的主要特点 91

四、美国农民合作经济组织管理经验 92

五、美国农民合作经济组织的作用 95

六、美国政府对农民合作经济组织的扶持 97

七、美国农民合作经济组织发展对我国的启示 99

第二节　法国农业经济合作组织的发展模式 101

一、法国农业合作社的基本情况 101

二、法国农业合作社的运行机制 104

三、法国农业合作社的联合机构 107

四、法国政府对合作社的监督和管理 107

第三节　荷兰农业经济合作组织的发展模式 110

一、荷兰农业合作社的发展历程 110

二、荷兰农业合作社的发展现状 112

第四节　日本农业经济合作组织的发展模式 119

一、建立过程与组织形式 119

二、主要职能 122

三、主要特征 123

四、对中国农村合作经济组织发展的启示 124

第五节　国际合作社联盟 125

一、国际合作社联盟概况 125

二、国际合作社联盟发展 128

三、ICA 的组织 131

四、ICA 的会员 133

五、ICA 的财务 135

六、ICA 的组织管理机构 136

七、ICA 的行政管理 139

八、ICA 的专业机构 139

第六节　国外农业经济合作组织的经验总结 141

一、国外农村经济合作组织的历史发展 141

二、国外农村经济合作组织的特点 142

三、国外农村经济合作组织发展模式考察 145

第四章　中国农业经济合作组织发展模式选择 ……………………… 162

第一节　中国农业经济合作组织发展模式 …………………………162

一、中国农业合作经济组织发展模式 ……………………………162

二、适合中国农业合作经济组织的发展模式 ……………………165

第二节　中国农业经济合作组织发展模式选择原则 …………………169

一、所有制性质上的"民办"原则 ………………………………169

二、经营管理上的"民管"原则 …………………………………170

三、利益分配上的"民享"原则 …………………………………170

四、坚持以家庭承包经营为基础的原则 …………………………170

五、坚持自愿民主的原则 …………………………………………171

六、坚持示范引导的原则 …………………………………………171

七、坚持多种形式发展的原则 ……………………………………172

第三节　中国农业经济合作组织发展中应处理的关系 ………………172

一、正确处理合作经济组织与乡村基层组织的关系 ……………172

二、正确处理专业合作与家庭承包经营的关系 …………………173

三、正确处理合作经济组织与龙头企业的关系 …………………173

四、正确处理合作经济组织与转变乡镇政府职能的关系 ………173

五、正确处理农业合作经济组织与农业社会化服务体系的关系 …174

第四节　中国农业经济合作组织的发展路径选择 ……………………175

一、农民合作经济组织发展的指导思想和原则 …………………175

二、农民合作化的需求与供给 ……………………………………177

三、新世纪农民走合作化道路的制度安排 ………………………180

四、发展农民合作经济组织具体路径选择 ………………………183

第五章　中国农业经济合作组织发展对策 ……………………… 186

第一节　中国农业经济合作组织发展思路 …………………………186

一、中国农村经济合作组织与政府关系的基本特征 ……………186

二、农村经济合作组织持续发展的基本原则和制度建设......191

第二节　中国发展农业经济合作组织的保障机制......197

一、政府在发展农业经济合作组织中的职能定位......197

二、加快农村富余劳动力的转移......204

三、着力培养农业企业家......207

四、建立灵活的农地流转机制......210

五、大力进行人力资本投资，培养现代农民......214

第三节　中国农业经济合作组织发展与模式选择案例......215

一、利益共享型合作社案例分析......215

二、土地流转型合作社案例分析......219

三、基层组织带动型合作社案例分析......221

四、三种典型合作社经营模式比较......225

五、湛江市农民专业合作社发展存在的问题......226

第六章　乡村振兴战略背景下农民专业合作社发展与优化......232

第一节　乡村振兴战略背景下农民专业合作社面临的困境......233

一、城镇化带来的农村逆现代化......233

二、全球化市场带来的产品冲击......234

三、大资本介入引起的企业化难题......235

四、推广模式带来的合作社异化......236

五、政策调整带来的发展不确定性......236

第二节　乡村振兴战略背景下农民专业合作社的发展前景......237

一、国际上农业合作社的新变化、新动向......238

二、国内农民专业合作社的应对之策......241

三、关于基层农业合作社走向联合社的思考......243

参考文献......246

第一章

农业经济合作组织基础理论

当前农业经济合作组织已成为农民与市场交流的重要渠道，也符合中国社会主义市场经济发展规律。研究现行农业经济合作组织不能单纯局限在原有农业合作理论的框架内，而应随着社会主义市场经济体制的逐步建立、农业产业化经营以及合作社制度的变迁，顺应产业融合的发展趋势，与时俱进，广泛吸纳相关理论，研究和探索新形势下农业经济合作组织的发展模式问题。

第一节　农业经济合作组织的内涵

农业经济合作组织一直是农业经济领域关注的热点话题，国内外学者围绕农业经济合作组织的内涵、组织特征、组织变迁、组织运行机制及其影响等问题开展了大量研究并取得了丰硕成果，但随着形势的发展，需要在已有研究成果的基础上，对农业经济合作组织的内涵进行再界定。

一、对合作的再界定

什么是合作？至少有以下解释：一是指协同、联合行动，是人们协同、协作劳动的一种行为[①]。二是在《现代汉语词典》(2016 年版) 中对合作的定义：合作

[①] 洪远朋, 1996. 合作经济的理论与实践 [M]. 上海：复旦大学出版社.

是为了一定的目的一起工作或共同完成某项任务，如分工合作、技术合作等。三是根据制变经济学理论，合作的产生是由于当事各方为了获得潜在利益，为减少交易成本而采取的理性行为方式①。

由此可见，合作概念包含了三个要素：即合作主体、潜在利益和行为方式。因此，只要经济活动的不同主体为了获得潜在利益而进行协同、协作劳动，他们之间就构成了合作关系。目前，有人研究合作问题时，尤其是研究合作经济组织形式时，就用世界公认的合作社原则作为衡量是否为合作的标准。这一点本人持保留意见，以现行农业产业化经营中的"公司+农户"来说有人认为它不属于合作的范畴。理由如下：①公司与农户的经营目的和重点不同；②公司与农户在职能上存在差异；③公司与农户缺乏制约机制，农户的权益难以维护。不可否认，公司和农户之间在以上几方面存在矛盾，但不能就此否定其二者的合作关系。公司通过与农户的连接，为其生产提供了原材料，并获得了可观而稳定的收入；而农户通过该组织形式，在一定程度上也实现了其部分目的。因此，在"公司+农户"的农业产业化组织形式中，公司和农户之间是合作关系。

二．农业经济合作组织的界定

首先，农民组织与农业组织是两个不同的概念。农民组织是由农民通过固定的形式组建的，为实现一定目的的群众团体。它既包括政治组织和经济组织，也包括文化组织，如村民委员会、农民乐团、农民专业协会等。而农业组织是个行业组织，属于农民经济组织的范畴，其主体是农民。农业组织是指在我国社会主义市场经济条件下，从事农业生产经营的农民在农业产业化经营的背景下，以家庭承包责任制的制度安排为基础，为了提高其收入而聚合成的一种经济团体。

目前，对于合作经济组织有不同的定义。有人认为，合作经济组织包括两个含义，一是通过组织手段，使全体合作成员在共同劳动的过程中紧密配合使物力、财力、技术等得到合理使用，使合作经济生产经营活动按既定的目标协调而连贯地发展，即劳动作业组织和生产组织；二是根据合作经济管理对象、任务和

---

① 广新力，李霞，2001.21 世纪中国农业与农村经济发展[M]. 沈阳：辽宁人民出版社.

目标的复杂程度，将合作经济按从属关系划分为若干单位，每个单位都相应地配置一定数量和质量的人员，并根据规章制度明确单位和人员的分工、权利和义务以及它们之间的信息沟通方式，即管理组织[①]。

有人认为，合作经济组织是以市场型合作社为主体的，或多或少按市场型合作社原则运作的一大类经济组织的总称[②]。

凡是采用合作的形式从事各种经济活动的经济实体就是合作经济组织。其特点为：①组织成员自愿组合起来，其有独立财产所有权。②组织成员之间平等互利，组织内部实行民主管理。③合作经济组织是具有独立财产的经济实体，并实行合作占有。④实行合作积累制，即具有资产积累的功能。⑤实行按生产要素分配，即按加入合作组织的劳力、资金、技术、资源、生产资料等生产经营要素的比例和生产经营中作用的大小分配收入。

现行农业经济合作组织既包括各种新型的农业经济合作组织（主要是指从事农业产业化经营的公司、专业性合作组织和社区合作经济组织），又包括传统的各种农业经济合作组织（主要是指如供销合作社和信用合作社）。前者之所以说其是"新型"，是因为该组织与我国 20 世纪 50～60 年代发展起来的集体经济组织相比较而言，在组织发育动因、组织制度、运作模式、利益机制等方面都存在本质的区别。这些新型合作经济组织是在市场经济条件下，伴随着农业产业化经营的大力实施，农民随着农业产业专业化分工的演进，实现了农民节约交易费用和改进交易效率的目的，自主选择合作的方式并寻求经济剩余的结果，强调农民在组织中的主体地位。

本书把农业经济合作组织界定为以上五种组织资源，其理由是：①现实中的供销合作社和信用合作社虽绝大部分已异化为赢利性企业，不再是农民自己的组织，但党和政府对今后"两社"在农村合作事业方面的作用与发展前景仍寄予厚望，从其以后的发展方向来看，正在积极地向合作制改造，它们属于农业经济合作组织，但尚需一定的改造环境和时间。②社区合作经济组织是以农村土地集体

① 马振铭，高兴花，1991.合作经济运行学[M].青岛：青岛海洋大学出版社.

② 余永龙，2000.我们要建立什么样的合作经济组织[J].农业经济问题(2).

所有制为基础的。只要土地集体所有制不变，社区合作经济组织的地位不能被取代。它虽然不是按照合作社原则组织和运行的，但它仍为特定区域的农户提供生产、管理和服务，属于农民在特定区域上的一种合作形式。③各种专业性合作经济组织是在农民为了适应市场的客观需要下发展起来的。它们主要从事农产品销售合作、农业生产资料供应合作、共同利用农业设施和机械合作、农业服务合作等业务，因此属于农业经济合作组织的范畴。④从事农业产业化经营的企业主要是指各地的"公司＋农户"组织模式中的公司。如果从其产权结构、企业组织制度和内部分配关系等方面看，它包含有多种不同类型的企业，但每一种类型又都不规范。就目前来看，企业与农户已经形成一定意义上的合作，因此它属于农业经济合作组织的范畴。

另外，农业经济合作组织是一个行业经济组织，是有关农业中经济关系和经济活动的合作组织。它既不同于人们常说的农村合作经济组织，也不同于农民合作经济组织。农村合作经济组织是从城市和农村的相对地域上而言的，其内涵更为广阔，不仅包括了前者，还包括了农村领域的非农产业（如工业经济、商业经济等）的合作经济组织，如消费合作社等。农业经济合作组织是农村合作经济组织中的一个主要组成部分。目前学术界广泛研究的农村合作经济组织仅限于农业，还没有涉足有关农村第二、第三产业的合作经济组织，因此，更严格地说它是农业经济合作组织。农民合作经济组织是对合作经济组织的主体而言的，不仅包括农业经济合作组织，还包括其他的合作经济组织，如住宅合作社、医疗保险合作社等。

第二节　农业产业组织理论

所谓产业组织，通常是指同一产业内企业间的组织或者市场关系。"有效率的经济组织是经济增长的关键"[①]。现代产业组织理论的成熟以美国人贝恩（J.S.Bain）1959 年出版《产业组织》一书为标志，该理论中的"产业"概念仅指

---

① 　D.诺斯，罗伯特·托马斯，1989.西方世界的兴起 [M].北京：华夏出版社.

生产同一类即具有密切替代关系商品的生产者在同一市场上的集合，这些生产者之间的相互关系结构就是所谓的产业组织。也就是说，产业组织是特指产业内部关系的范畴。产业组织理论是以价格理论为基础，通过对现代市场经济发展过程产业内部企业之间竞争与垄断及规模经济的关系和矛盾的具体考察分析，着力探讨这种产业组织状况及其变动对产业内资源配置效率的影响，从而为维持合理的市场秩序和经济效率提供理论依据和对策途径。马克思、列宁关于分工与协作的理论和垄断与竞争的理论为现代产业组织理论打下了坚实的理论基础。

一、国外现代产业组织理论

纵观现代产业组织理论的形成过程，国外主要分为以下四个学派。

（一）哈佛学派

由于新古典微观经济理论在解释垄断问题上的缺陷，1933年张伯伦和琼·罗宾逊分别提出了垄断竞争理论，试图解释由于市场结构变动导致厂商行为发生变异，由此影响整个经济运行效率。该分析框架为现代产业组织的绩效评价奠定了理论基础。首先，张伯伦和琼·罗宾逊最早使用了"市场结构（market structure）—厂商行为（firm conduct）—运行绩效（performance）"的分析范式（简称为SCP分析），并进行了实证研究，成为现代产业组织理论主流学派最重要的理论内核。后经梅森和贝恩等的继续研究，尤其是贝恩出版的《产业组织》一书被认为是该时期产业组织理论研究成果的集中体现，形成了以哈佛大学为基础，以梅森和贝恩为代表人物的正统产业组织理论（SCP分析）。在SCP分析范式中，S是指市场结构，即厂商之间市场关系的表现和形式，主要包括卖方之间、买方之间、买卖方之间以及市场内已有的买卖双方与正在进入或可能进入市场的买卖双方之间在交易、利益分配等各方面存在的竞争关系。在产业组织理论中，具体考察市场集中度、产品差别、进入与退出壁垒和规模经济等四个方面的内容。C是指厂商行为，即厂商在市场上为赢得更大的利润和更高的市场占有率所采取的战略性行为，一般包括制定产品价格、决定产品质量以及遏制竞争对手的策略等三方面内容。P是指运行绩效，即在一定的市场结构下，通过一定的厂商行为使某一产业在价格、产量、成本、利润、产品质量、品种以及技术进步等方面所达到的现实状态。它一般用资源配置效率、生产效率、技术进步率、就业率、价格变动趋势、分配的公平以及宏观经济学的相关指标等为标准来评价。该理论的基本逻辑结论是市场结构决定厂商行为，从而影响整个经济的运行绩效。以此为依据制定的产业组织规范着重强调对市场结构的调整，如反托拉斯法就是禁止可能导向垄断市场结构的厂商行为（横向合并）等。

（二）芝加哥学派

它是以美国芝加哥大学为主要阵营，理论主张是维护市场机制、鼓励竞争、反对政府干预等。它强调厂商行为的重要性，在方法论上属于行为主义。

（三）新制度学派

该学派的创始人凡勃伦认为，社会发展的某一阶段或某一时期的各种通行制度的综合就构成了社会生活方式，因此，经济学研究的对象应是人类经济生活借以实现的各种制度。伯利和米恩斯秉承并发展了上述观点。同样，该学派强调厂商行为的重要性，在方法论上属于行为主义。

（四）新奥地利学派

该学派以竞争为分析前提，认为市场竞争是一个动态的过程，不能用传统的静态的方法来分析，同时坚决反对政府对市场竞争的任何管制与干预。

二、国内对现代产业组织问题的研究

近年来，国内学术界对于产业组织问题的研究具有鲜明的实证性特点，主要集中于市场结构与竞争的关系、企业规模与规模经济、产业集中度、制度经济与产业组织、进入和退出机制、产业组织绩效分析和产业组织政策等方面。

现代农业产业组织理论是研究农业综合部门（包括农产品、农业生产资料的生产、农业机械制造、农产品加工及分配）的市场构造，企业行动和经济成果三者之间的关系。即在特定的市场构造下，企业为了取得经济成果，必须调整自己的战略方案和经营组织形式。市场构造有多种，包括完全竞争市场、不完全竞争市场、垄断市场。经济成果包括企业的利润、经营效率、技术进步和企业规模扩大。企业行动包括企业的目标、企业的战略和竞争方式。市场构造、企业行动和经济成果三者之间的关系是相互影响的。企业取得的经济成果为他们下一步的行动创造更好的条件，而企业经营组织形式的调整又影响市场构造，譬如农业产业化的普遍推广将会提高市场的集中度[①]。

在农业产业化经营中，根据龙头企业的人事支配力量、生产控制力量、资金份额、信息掌握量和技术指导力量，可以把农业产业组织划分为"内部组织的农业产业化经营""中间组织的农业产业化经营"和"内部市场的农业产业化经营"三种类型。内部组织的农业产业化经营是指龙头企业全所有制的农业产业化经营，即龙头企业通过投资增添新的生产设备、流通设施加入前方和后方的生产或流通活动。在内部组织的农业产业化中，龙头企业拥有全部或大部分的资本，掌握了企业的管理权、技术指导权和内部全部信息。其特征是龙头企业拥有包括生产资料和产品的生产、流通、销售在内的整个体系，有些内部组织的农业产业化企业还掌握了多数农产品的产供销活动。这种经营组织方式的优点是企业规模大，各部门利润的平均化可以减少企业的风险，但也面临企业规模化和经济效益递减的问题。中间组织的农业产业化经营是指龙头企业部分所有制的农业产业形式。龙头企业虽然没有直接地从事其他阶段的生产和流通活动，但是它掌握被产业化企业的一部分资金，也在那些企业中拥有一部分人事权，共享企业内部的信息和情报，也共同参加新产品的技术开发活动。中间组织的农业产业化经营的特征是龙头企业通过掌握被产业化企业的少量的股份，参与这些企业内部的管理活动，使龙头企业和被产业化企业之间的联系更加紧密。这种半内部化性质的农业产业化，使龙头企业和被产业化企业之间可以长期稳定和持续地保持交易关系，使得企业能够安心地进行设备投资和技术改造。内部市场的农业产业化经营是指龙头企业通过同农户（被产业化企业）缔结长期或短期的契约合同，确保生产资

---

① 胡定寰，1999.微观农业产业化的理论及其应用——我国现代农业产业组织理论的初探[J].中国农村观察(3).

料的定期、定量、定质的供给和自家产品的定期、定量需求经营方式。特别是龙头企业通过契约的约束来建立一种半计划的、有一定控制权力的生产资料和产品供求的内部市场。同从外部市场购买和销售生产资料和产品相比较，龙头企业可以避免由于市场变化引起商品质量不确定以及欺骗性等造成的经济损失，避免市场风险。内部市场的农业产业化主要优点是有较大的灵活性，缺点是参加双方共担风险的机制薄弱。

内部组织的农业产业化经营、中间组织的农业产业化经营和内部市场的农业产业化经营的区别是龙头企业对微观产业化内部计划生产、流通的控制程度不同。应该看到，企业采取的经营组织形式只有在同市场构造相适应的情况下才能取得有效的经济成果。内部组织的农业产业化适合于高度发展的市场，中间组织的农业产业化适合于中等程度发展的市场，内部市场的农业产业化适合于市场经济的初级阶段。由于市场发展的不均衡性，这三种微观农业产业化形式有可能在同一个时间和空间上并存。

第三节　农业产业化经营理论

一、农业产业化经营的内涵

目前，学术界对农业产业化经营的内涵有多种定义：

（1）农业产业化是农业产业一体化经营。其基本内涵是以市场为导向，以农户为基础，以龙头企业为依托，以经济效益为中心，以系列化服务为手段，通过实行种养加、产供销、农工商一体化经营，将农业再生产过程的产前、产中、产后诸环节连接为一个完整的产业系统，是引导分散的农户小生产转变为社会化大生产的组织形式，市场农业自我积累、自我调节、自立发展的基本运转机制，各参与主体自愿结成的利益共同体[1]。其中龙头企业可以是公司企业、合作社或专业市场，是农业产业一体化经营的组织者、引导者、市场开拓者，也是营运中心、

---

[1]　牛若峰, 1998.农业产业一体化经营的理论与实践[M].北京：中国农业科技出版社.

信息中心和服务中心。龙头企业也称龙头单位。

（2）农业产业化经营是指以市场为导向，以千家万户组成的农产品商品生产基地为基础，以龙头载体为依托，形成农工商或农商有机结合的产业链和利益共同体的经营组织[1]。

（3）农业产业化经营是以家庭承包经营为基础，以市场需求为导向，通过龙头组织的带动将农产品的生产、加工、销售各环节用利益机制联结起来，实施一体化经营的一种新型的经营组织形式[2]。

对农业产业化经营的认识和描述还很多，上述各种观点虽不尽一致，但它们有以下的共同点：①农业产业化经营都是以市场为导向；②农业产业化经营的主体是组织（包括公司、合作社、协会、专业市场、经纪人等）和农户；③农业产业化经营都是以农户家庭承包经营为基础；④农业产业化经营都是以经济效益为核心；⑤农业产业化经营都是实行生产加工、销售一体化经营；⑥农业产业化应是以生态学原理、经济学原理、市场机制功能和系统工程为指导的多功能、多目标、多层次的农业产业经营系统，其目的是达到农业经济总体效益最高，实现持续稳定发展，满足社会生产、生活的多种需要和最大限度地实现环境效益、经济效益和社会效益。

农业产业化经营是以农户家庭承包经营为基础，以国内外市场需求为导向，以经济效益为核心，各类农业经济组织依靠其经济实力和掌握的市场信息，围绕一个或多个相关的农副产品项目，通过一定的方式与农户在生产、加工、销售各环节建立某种利益连接机制，实行区域化布局、专业化生产、一体化经营、社会化服务、企业化管理，实现农业及其相关产业的联合经营的组织形式。其核心是通过农业及其相关产业的联合经营，实现农业经营效益；关键是培育带动力强的各类农业经济组织；基础是通过农民参与建立生产基地，形成主导产业；要害是建立风险共担、利益共享的利益连接机制；本质是发展市场农业，使农业向现代化迈进。农业产业化经营的实质是农业市场化，只有紧紧围绕市场，抓住市场这

---

①　赵邦宏，邸文祥，2011.中国农业产业化经营发展的阶段性分析[J].经济问题(11).

②　刘宝龙，姚文慧，2001.论农业产业化经营的运行机制[J].农业经济问题(11).

个关键，农业产业化过程中的基地、农户、加工企业等诸环节才能活起来。农业产业化经营的主体是企业和农户，而不是政府，企业和农户是市场经济中独立的行为主体和利益主体。农业产业化经营的真正龙头是市场，而不是龙头企业。实行农业产业化经营，有利于带动农户进入市场，增强农业经营主体的市场竞争能力；有利于农业区域化、专业化生产，提高农业规模效益；有利于加快科技进步，推进传统农业向现代农业转变；有利于带动农业结构调整，促进农业结构优化；有利于发展小城镇，加快农村城镇化进程。

农业产业化经营的特征：①它是农村双层经营体制的高级形式，它具有相当的规模，不排斥社区性又不受社区性局限，坚持开放性；②它是科研开发、技术培训、生产基地、产品加工和商贸五位一体的综合生产经营实体，各个环节环环相扣，紧密相连；③由于它客观上要求必须坚持开放性，所以在组织和管理体制上把农业和相关联的非农产业部门融为一体；④它把科研开发和教育培训作为其自身基础环节；⑤它本身就是一个综合性产业集团，它的综合性经营规模和经济实力，都超出了传统的家庭经济或一般典型意义上的农业合作经济。

农业产业化经营与农业产业化既有联系，又有区别。农业产业化的概念是由美国哈佛大学商学院的高德博格在 20 世纪 50 年代后期提出的，它通常是指从供应投入品，如种子、肥料及机械等，到食品加工者和零售商的一个由一系列公司和社会团体所组成的有序链条。这个链条亦被称为"农产品供应链"[①]。农业产业化经营与农业产业化的联系表现在，农业产业化是农业产业化经营的基础和条件。①农业产业化形成了农业产业化经营的外部环境和基础条件。农业产业化的基础工作是农业市场化，而农业市场化是农业产业化经营的最根本的基础条件。②农业产业化推动了农业分工和专业化生产，农业产业化经营正是在农业专业化的基础上，为了抵御市场交易风险，发挥规模经济效益，微观主体采取的经营行为。

二者的区别表现在：①农业产业化是实行农业专业化的过程，是把农业由计

---

① 吴方卫，2001.关于农业产业化的几点思考[J].农业经济问题(11).

划经济体制下的传统产业转化为市场经济条件下的现代产业，有地区专业化、农业生产单位专业化和工艺专业化等类型。而农业产业化经营是由于农业专业化的发展，市场交易范围的扩大，对市场的依赖程度不断加深而进行的非市场化的组织创新。它主要有农工商联合企业、"公司+农户"和由农业生产主体组成的合作社三种类型。②从行为主体来看，农业产业化主要是政府行为，是宏观经济指导政策与市场法律体系的建设过程。农业产业化经营是具体生产经营主体的行为，是微观经营主体为了适应市场竞争而采取的经营手段。

二、农业产业化经营的基本类型

（一）龙头企业带动型

以农副产品加工、营销企业为龙头，对外开拓国内外市场，对内连接生产基地和农户，采用合同、契约、股份制等形式与农户结成互惠互利的经济共同体。企业为农户提供系列化服务，实行产品保护价收购政策，农户定向生产、定向销售，为龙头企业提供稳定的批量原料货源。

（二）农业合作社连接型

以农业合作社为中介，对内组织农户按区域、成规模地进行农产品生产，对外与农产品加工、营销龙头企业连接，成为龙头企业与农户合作的纽带，实现农户与市场的有效对接，促进一些具有发展优势的产业迅速区域化、规模化。农业合作社根据其性质可分为农资供应型合作社、农产品销售型合作社、农工商一体化型合作社等。

（三）专业农协服务型

它主要是由从事专业生产经营的农民，在自愿互利的前提下，以家庭经营为基础，以专业大户和技术能手为骨干，以科技推广和经营服务为手段，按照"民办、民管、民受益"的原则组建而成，形成技术、资金、生产、供销等互助合作的农业产业化经营形式。其特点是能够较好地发挥组织、引导、协调功能，把从事专业化生产的大量分散农户以技术、信息交流和服务为纽带联合组织起来，靠专业化服务推动产业化经营。

（四）批发市场辐射型

它主要是以农产品批发交易市场为载体，通过股份制、股份合作制和合同契约等经济手段，集资建设市场基础设施，辐射带动生产基地的形成、发展和农户的专业化生产，促使各类农产品直接进入市场。

三、农业产业化经营的运行机制

农业产业化经营的运行机制是系统运作规程和多元参与主体的行为规范。它包括：

（一）利益分配机制

它是农业产业化系统中的核心问题。根据农业产业化经营中龙头企业和农户之间的关系，可分为保护价格、利润分成、股份合作、利润返还、补偿贸易、免费扶持、预付定金和返租倒包等多种利益分配方式。在龙头企业带动型中，主要有建立契约式松散型产销关系和建立以股份合作制为主要形式的紧密型利益连接关系两种。在农业合作社连接型中，由于其不仅符合农民的意愿而且由于其特有的地缘、血缘关系和直接的利益关系，更容易被农民所接纳，加之其运行机制的民主性、灵活性和服务性，故具有强大的生命力。在专业农协服务型中，初级、中级形态的专业协会可以为农民提供市场信息、代表会员签订销售合同，使农户的产品更加顺利地进入市场；兴办经济实体、具有为会员进行加工和储运等功能的高级形态的协会，可以有效化解会员的市场风险在专业批发市场、各级社会化服务部门和农业科研、教育、推广等事业单位中，一般通过龙头企业、中介组织与农民发生经济利益关联，实行有偿或无偿服务，有的已逐步发展成为服务型和管理型经济实体。

（二）运营约束机制

农业产业化经营中各主体利益的实现及其顺利运营均需要运营约束机制来保障。从龙头企业与农户的联结关系和要素组合的方式来看，农业产业化经营的运营机制主要有农业产业化经营初始阶段的市场约束机制、普遍采用的合同约束机制、股份合作约束机制和专业承包约束机制等多种形式。

（三）科学管理机制

这是农业产业化经营的保证，决定着农业产业化经营的运营效率和经济效益。主要体现在农业产业化经营中有关生产、加工和销售各环节的管理制度上，主要包括：①成本管理制度。通过建立成本目标、劳动定额、消耗定额等制度，降低生产成本。②资金管理制度。建立健全财务管理制度，管好用好资金。③质量管理明确技术标准和质量标准，以提高农产品质量和农产品加工转化产品。④用工管理制度。严格用工制度和劳动纪律，并贯穿于经营的全过程。

（四）保障机制

它主要包括组织保障、制度保障和非市场安排三种。其中，制度保障又包括合同产销制度、保护价格制度和风险基金制度等。非市场安排是龙头企业与参与者农户之间的一种特殊的利益关系，也是一种特殊的资源配置方式。具体包括龙头企业根据农户生产发展的需要提供不固定的资金支持，龙头企业向农户低价销售或赊销农用生产资料，龙头企业向农户提供低偿或无偿的各项服务。

（五）宏观调控机制

它是由政府运用计划、经济政策、法律法规和其他宏观调控手段等所组成的，对农业产业化经营进行宏观调控的体系，主要包括：①搞好农业产业化经营的总体规划；②在金融、税收和财政等方面制定优惠政策，倾斜扶持农业产业化经营；③进行农业产业化经营的法律法规建设；④加强协调，理顺管理体制，消除旧体制的障碍等。

第四节　农业股份合作理论

一般认为，股份合作制是股份制与合作制相互结合所形成的一种新的经济组织形式，兼有股份制和合作制的特征。股份合作经济是把股份经济与合作经济有机地结合起来，以劳动者的劳动和拥有的资本双重合作为内容，分配形式是按资分红和按劳分红相结合，形成一种多要素的联合，管理上实行一人票为主，适当考虑按股投票；分配上以按劳分配为主与按股分配的结合。从理论上讲，股份制是以股份、资金为主要纽带设立的，实行同股同权，同股同利，一股一票；而合作制是以劳动为纽带设立的，实行劳动者平等合作，互助互利。因此，股份合作经济与股份经济、合作经济既有联系，又有区别。股份合作经济保存了二者合理的内核，摒弃了不适应我国农村生产力发展水平的因素，是在改造股份经济、发展合作经济的基础上创新而成的一种经济组织形式。

股份合作经济组织的经营机制是通过民主化的管理方式进行的，企业实行"股代会—董事会—厂长经理—职代会"的管理体制。股代会是企业的最高权力机构，主要职责是选举和罢免董事，决定重大投资方向，审查董事会的年度工作报告，制定和修改企业章程，决定企业的合并与解散等。董事会是股代会的常设机构，主要职责是执行股代会的决议，民主选举董事长，聘任和罢免厂长经理，制定和落实分配方案，保护企业资产等。厂长经理是企业的法人代表，对董事会负责，履行承包合同，全权负责企业的日常生产和经营活动。董事会与厂长经理不是领导和被领导的关系，而是监督和被监督的关系，是合同契约关系。只要厂长经理认真履行合同，行使职权，就要积极支持他，以强化厂长经理的核心地位　职代会是职工利益的代表者，它有否决工资分配决议的权利，并对企业厂长经理进行评议，促使其不断提高经营管理水平。

对于股份合作经济的性质，有人认为它是私人企业，有人认为它是集体企业，还有人认为它介于私人企业和集体企业之间。本书认为，股份合作经济作为一种独立的经济类型。从基本制度构造的稳定性和特定功能来说，它是农村传统集体经济向市场经济体制转轨过程中的一个相对独立的企业制度形式，本身并不代表一种特定的所有制关系，如同股份制和合作制本身不反映任何特定的所有制形式一样。但并不是说目前的股份合作制已是一种完美的企业制度形式，其制度安排是有缺陷的。同时，也不意味着股份合作制作为一种制度形式会永远存在下去。

股份合作经济是合作经济的继承和发展。与合作经济相比较，股份合作经济具有以下特征：①与合作经济一样，其股权实行一人一票制。②在分配制度上，它改变了合作经济股金只拿利息不分红的做法，年终盈余除提留公积金和职工奖金及福利基金外，剩余部分用于股息红利分配。③与合作经济的"入股自愿、退股自由"的原则不同，股份合作经济的入股资金不得随意退股或转让。④放松了对入股资格的限制。合作经济的入股者、经营者和惠顾者三者是统一的；而股份合作经济则在更大的范围内吸收入股资金，使生产要素在更大的范围流动。⑤在经营目标上，合作经济主要是为其合作者谋取福利，减少利益流失或降低经营风险；而股份合作经济的目的主要在于改善经营管理，使参加者获得直接的经营利益。股份合作具有独立的发展机能，更多地存在于生产领域。

股份合作经济与股份经济也存在着明显的区别与联系，主要表现在：①股份公司对股份分红没有限制。②股份公司的股权可以自由转让；而股份合作企业的股权的转让受到限制。③股份公司实行以股定权，一股一票，股份合作企业实行一人一票。④在股权关系上，股份公司的股权具有垄断性，扩股与否完全是以既有股东的最高股益为转移；而股份合作企业的股权具有内部开放性，在国家政策法规的规范下，企业职工可按劳动贡献取得相应的股权。

股份合作制经济与私有制不同。它是建立在个人资本之上，是承认个人产权的合作经济，但不是私有制。因为它虽然有个人资本，但是个人资本已两权分离，有的要永远分离。分离后个人资金已变成联合资本，个人支配和决策已变成共同支配和决策，个人享受好处和承担风险已变成利益共享和风险共担。私有制没有共同支配和决策，没有共享利益和共担风险。股份合作制经济的最大特点是"财产共有，产权明晰"。财产共有，可以集中力量办大事；产权明晰，可以使出资者很有积极性。传统的私有制只有产权明晰，有出资者的积极性，但是没有财产共有，单体资本少。传统的公有制，只有财产共有的优点，但产权模糊，缺乏个人积极性。股份合作制克服了两者的缺点，又兼容了它们的优点，将公与私的矛盾有机地统一起来了，实现了共同占有财产、追求共同利益与承认个人产权、追求个人利益的统一。

股份合作经济组织最大的优越性在于既能集中力量办大事，又可以调动出资者的积极性，它可以使分散的生产要素优化组合，在生产规模上实现扩张，在技术上实现更新，在利益上实现共享，在风险上实现共担，降低了生产和产品交易费用，增加了农民收入。但是，股份合作经济组织由于其对经济发展水平要求较高，因而其使用范围受到限制。对经济落后的地区来讲，农民们很难拿出更多的资金等生产要素用来入股。虽然土地使用权也可以作为股份，但是，对于落后地区的农民而言，土地的保障作用是非常重要的，农民一般不会轻易放弃土地的使用权，股份合作经济在落后地区很难推广。

农村股份合作制是在我国既定的制度环境和政策导向下，农民在政治风险和经济利益的边际上做出的一种既不同于传统经典型的合作制或集体制，又不同于规范的股份制的混合式制度安排，即股份合作制，在现有的制度约束条件下最大限度地伸展自己的利益边界并相应地减少各种风险。在某种意义上说，我国的宏观制度约束与有关当事人追求自身利益的理性行为之间的竞争及合作关系，决定着股份合作经济中的合作制成分与股份制因素之间的边际过程或边际替代关系，而不是简单地属于人们通常在价值信念层面上或产权形式化意义上所理解的制度形态规范与否的问题。因此，无论是企业型股份合作制改造，还是社区合作经济组织的建立，制度需求因素和供给条件十分近似。最基本的点还是既要摆脱共有产权形式所造成的企业运作困境和外部性行为，又不能否定制度安排的"公有制性质"，因而尽可能地在股份制和合作制的混合形态中，或者更准确地说在二者的边际上及其替代关系中求得某种均衡。由于这种制度安排终究承认了参与者的个人利益及其边际伸展机理，因而迅速引起人们的关注、模仿或移植。

20世纪80年代中期，各种以劳动者的劳动联合和劳动者的资本联合为主的经济联合组织在农村涌现，特别是以股份合作制形式兴办乡镇企业，取得了积极的效果。针对农民群众的实践探索，1985 年中共中央一号文件中明确指出：有些合作经济采用了合股经营、股金分红的方法，资金可以入股，生产资料和投入基本建设的劳动也可以计价入股，经营所得利润的一部分按股份分红，这种股份式合作值得提倡。90 年代以来，为适应建立社会主义市场经济体制的要求，广大农民又把股份合作制这种组织形式和经营机制广泛引入到种养业、农业资源开发、乡镇企业以及社区合作经济组织的改革中。党中央、国务院对此极为关注，并及时给予了肯定和引导。1994 年，中央就发展股份合作制的重点、方法、途径和要注意的问题等提出明确要求，强调要尊重农民的意愿，要清晰产权关系、转变经营机制、形成积累制度、防止集体资产流失，要引导农村股份合作制健康发展。中共十五大进一步明确指出，目前城乡大量出现的多种多样的股份合作制经济，是改革中的新事物，要支持和引导，不断总结经验，使之逐步完善。劳动者的劳动联合和劳动者的资本联合为主的集体经济，尤其要提倡和鼓励。农村股份合作制在实践中的发展，对完善农村所有制结构，探索农村公有制实现形式，产生了重大而深远的影响。一是进一步明晰了农村集体、农民个人和其他各类经济主体的产权关系，解决了农村集体经济组织长期以来产权模糊的问题。二是有效地促进了资源的优化配置，促进了农村产业结构调整，优化了农村经济结构。三是有力地促进了农村社会财富的积累，实现了财产的个人占有和社会化使用的有机结合。

第二章

农业经济合作组织发展现状和制约因素

农业的根本出路在于产业化经营，农业产业化经营的最佳组织形式就是合作制，农业经济合作组织是保证农业产业化经营顺利进行的重要载体。20 世纪 90 年代中期以来，我国在大力推进农业产业化经营的过程中产生了各种各样的新型农业经济合作组织形式，归纳起来主要有三种，即从事农业产业化经营的公司、农民专业合作经济组织和社区合作经济组织等。这种新型农业经济合作组织是适应了市场经济要求而产生的新生事物，是农民在保持产权相对独立的前提下自愿组成的一种新型的经济组织，能够突破行政区域界限，实现跨村、跨乡、跨县市甚至更大范围的联合，组织农民进行专业化、规模化生产经营，从而有利于加快实现传统农业向现代农业的转变。它是一种制度创新，是继农村实行家庭承包责任制之后的又一次机制创新。目前，一些农业专业合作经济组织的行为还不够规范 民主管理流于形式，服务职能较差，加上政府支持不够，有些政策"含金量低"，可操作性差，从而影响了农业专业合作经济组织的健康快速发展。

第一节　中国农业经济合作组织发展现状

农业合作经济组织作为一种新的农业经营制度，拥有完整的组织架构、合作模式、盈利模式、分配制度、决策体制、运行机制等制度体系。以 2007 年《农民专业合作经济组织法》的颁布，确认了其在市场经济中的法人地位，促进了农民专业合作经济组织蓬勃发展。至今已经走过了十余年历程，期间经过了"先行试点——逐步扩面——全面推广"几个发展阶段，目前正转向规范发展时期。据农业农村部统计数据显示，截至 2018 年 8 月，全国依法登记的农民专业合作社达到 212.6 万家，是 2012 年的三倍，入社农户占全国农户总数的 45%，比 2012 年底增加了 20 个百分点。在数量猛增的同时，合作社的合作水平显著提升，逐步向一、二、三产业融合多种功能拓展，向生产、供销、信用业务综合合作演变。2019 年超过半数的合作社提供产加销一体化服务，服务总值超过 11 000 亿元。

一、我国农村新型合作经济组织类型及发展现状

每一个国家的农村合作经济组织的类型都不相同，但是总结来看各自的合作经济组织类型又比较集中。新中国建立之初的农业合作化并没有在合作的轨道上进行，并没有建立真正的合作经济与合作体系。此外，我国幅员辽阔，各个地区之间的经济、文化等方面都存在着较大的差异。因此，我国的农村合作经济组织的形式具有零散、层次多样的特点。2018 年中央 1 号文件明确提出，要实施新型农业经营主体培育工程，培育发展家庭农场、合作社、龙头企业、社会化服务组织和农业产业化联合体，发展多种形式适度规模经营，以此作为中国乡村振兴的组织载体。

（一）从事农业产业化经营的公司

20 世纪 90 年代我国提出的"农业产业化"，被认为是应对农业零散经营与市场联结的有效方式，"通过将农业生产过程的产前、产中、产后诸环节联结为一个完整的产业系统，实行种养加、供产销、农工商一体化经营"。"农业产业化"是以"公司+农户"的形式最先被提出的。这种模式是以公司或集团企业为主导，以农产品加工、运销企业为龙头，重点围绕一种或几种产品的生产、加工、销售与生产基地和农户实行有机的联合，进行一体化经营。公司主要从事销售及加工、服务，具有较强的市场开拓能力或加工增值、技术开发能力，在发展中起着牵头的作用，因此也被称为"龙头企业"。不同的龙头企业，采取不同的

结合方式，与不同组织形式的农户建立一体化经营关系，演绎出各种不同的搭配组合，使得"公司+农户"模式的具体实现形式更加多样化，从而使之成为一种适应面宽和兼容性强的制度安排。具体为：①按龙头企业资产属性的不同有：国有企业+农户、集体企业+农户、外资企业+农户、私人企业+农户和股份制企业（包括中外合资企业和国有、集体、私人、外资参股的混合所有制企业）+农户等；②按公司与农户的结合方式的不同有互惠契约关系、出资参股关系、市场交易关系、租地—雇工经营或"返租倒包"关系等；③按农户组织的形式不同有分散独立的农户、通过乡村行政领导部门组织起来的农户、通过各种专业技术协会组织起来的农户、通过专业合作社组织起来的农户等，其中后三类又分别被称为"公司+基地+农户""公司+协会+农户""公司+合作社+农户模式"。我国在积极鼓励发展农村合作经济组织的基础上，积极推广"农户+合作经济组织+公司"的经济合作纵向一体化模式。

"公司+农户"模式通常也被称为"订单农业"。对农民来讲，可以降低选择成本、销售成本、生产成本；对公司来讲，一是稳定货源，二是稳定原材料价格，三是保证品质。从农业生产来讲，它有利于实现小生产与大市场的对接，有利于生产要素的流动和组合，有利于农业的规模经营和技术进步，有利于提高农业生产的组织化和商品化程度。

近年来我国农业产业化龙头企业稳步发展，企业数量和规模水平不断提高，市场竞争和发展带动能力显著增强。据农业部统计，截至 2016 年底，我国农业产业化组织数量达 41.7 万个，比 2015 年底增长 8.01%。其中，农业产业化龙头企业达 13.03 万个，同期增长了 1.27%。农业产业化龙头企业年销售收入约为 9.73 万亿元，增长了 5.91%，比规模以上工业企业主营业务收入增速高 1%；大中型企业增速加快，销售收入 1 亿元以上的农业产业化龙头企业数量同比增长了 4.54%；农业产业化龙头企业固定资产约为 4.23 万亿元，增长了 3.94%。2016 年，农业部公布了第七次监测合格农业产业化国家重点龙头企业名单，总共为 1 131 个。其中，山东省共计有 85 个，位居首位，第二名是四川省(58 个)，河南省和江苏省并列第三(55 个)。有 13 个省份的国家重点农业产业化龙头企业数量高于 40 个，还有 7 个省份的数量介于 30 ～ 40 个之间。从地区的分布来看，国家重点农业产业化龙头企业主要分布在东部沿海地区和传统农业大省。例如，经济发达省份的浙江和广东等省份，传统农业大省的四川和河南等省。这些地区的农业产业化龙头企业对产业发展带动作用明显，对周边地区经济辐射力强。农业产业化龙头企业是产业化经营的组织者，一端与广大农户链接，在另一端与流通商或消费者链接，充当着农产品供需市场的桥梁，同时也是产业化经营的营运中心、技术创新主体和市场开拓者，在经营决策中处于主导地位，起着关键枢纽的作用。

（二）农民专业合作经济组织

新型农民专业合作经济组织是我国农业现代化转型背景下的产物，能够通过整合各类基础资源，充分激发农民的潜力，用有限的生产资料创造更多的经济价值，带动农民增收致富，促进农村经济发展。目前，新型农民专业合作经济组织基本上形成了会员合作、专业合作、股份合作3种形式，但是存在合作水平低、带动能力弱等问题。

1. 农民专业合作经济组织的界定

对于农民专业合作经济组织的界定，目前有不同的观点。①它是由从事同类产品生产、经营的农户自愿组织起来，在技术、资金、信息、购销、加工、储运等环节实行自我管理、自我服务、自我发展，以提高产品市场竞争能力、增加成员收入为目的的一种组织。②它是由农民自愿组织起来，以农业生产者为主体，以专业化生产技术和生产经营为纽带，以增加会员收入为目的，在农户自主经营的基础上，实行资金、技术、生产、供销等互助合作的民办经济技术服务组织，包括各种农民专业技术研究会、专业合作社和专业协会等组织。

以上对农民专业合作经济组织的界定虽有所不同，但也表现出以下共同点：①农民是完全独立的生产经营主体，既可根据生产活动的需要参加某种专业协会，也可同时参加几种专业协会；②实行入社自愿，退社自由；③在组织管理上实行民主管理；④实行盈余返还、风险共担、利益共享，促进农民增收；⑤合作内容不断丰富，合作领域不断拓宽；⑥在经营方式上灵活多样、独立自主。

本书认为，它是指在一定的区域，特定的时期内，农民在家庭经营的基础上，以农业专业化生产技术和经营为纽带，坚持入社自愿、退社自由的原则，在技术、资金、信息、购销、加工、储运等环节实行民主管理、盈余返还、风险共担、利益共享，以增加农民收入为目的的合作经济组织，主要包括农民专业协会和农民专业合作社。其业务范围所涉及的农产品产、加、销等不同环节都是由农民自己来承担的，不仅可解决小农户与大市场的接轨，而且使农民成为组织中的成员，成为农业整个产业的受益主体，改善了原来农民只作为原料生产者的不利地位，提高了农产品的竞争能力，增加了农民的收入，克服了"公司+农户"模式的弊端。因此，大力发展专业性合作经济组织，有助于缓解小农户与大市场的矛盾，利于形成主导产业，优化配置农业资源，利于农户生产专业化的形成，普及推广农业科技，提高农民组织化程度，增加农民收入等。兴办农民专业合作经济组织必须考虑的因素：市场发育程度、专业化生产水平和规模、农民参加合作的积极性，还要有一批热心合作事业的带头人以及当地政府的引导和扶持等。

2. 农民专业合作经济组织的类型

具体来讲，农民专业合作经济组织主要有以下几种类型：一是股份合作型。由一些先富起来或有积累的农户，以入股的方式联合经营，也有的实行劳动联合与资本联合相结合，其显著特点是民主管理、风险共担、按股分配。二是能人牵头型。主要由能人牵头，包括种养大户、运销大户、农民经纪人等，其经营活动多以从事农产品运销为主，有经纪人组合和能人大户联合等多种形式。三是专业协会牵头型。协会有的是在乡镇指导下由部门牵头组建，有的是村组织牵头组建。主要是围绕某项生产经营或服务项目而形成的。四是农业服务部门领办型。多是由乡镇农技、农经、林业、兽医站、供销等部门牵头，吸纳农户参加，一方面是为农户提供技术培训、产品购销等多种服务，提高农民进入市场的组织化程度；另一方面也是适应形势、转变职能，拓展工作领域，是自我发展的需要。五是龙头企业带动型。即以企业为龙头，充分利用自身的规模大、技术力量雄厚等优势，组织农户共同参与而联结成的一种经济联合体。

3. 农民专业合作经济组织参与农业产业化经营的主要形式

农民专业合作经济组织参与农业产业化经营的主要形式有以下两种：

一是专业合作社。它是围绕着某一农产品的经营和服务，农民自愿投资入股，自主经营、自负盈亏的合作组织。专业合作社一般是实体性的，内部比较紧密，除按股付息外，还按产品的购销量向社员返还利润，是农业联合与合作经济中较高层次的一种组织形式。目前，我国主要有棉花、桑蚕、禽蛋、生猪、菜兔、薄荷油、甜叶菊等合作社。其特点为：①组织的紧密性差异较大。有的入会要交会费，有的比较松散，自由度很大。②相当一部分是由当地供销社牵头组织的，是供销社拓展服务领域的一种尝试。③一般都有自己的章程，经县有关部门批准，但法制还不完备。

二是专业协会（学会）。它是围绕某个农产品生产经营和服务，由经营或技术能人牵头，农民自由联合，组成专业合作协会，是不以营利为目的的购销技术服务组织，内部比较松散，不具实体性质。主要有蔬菜、酱品、葡萄、西瓜、苹果、花木、银杏等专业生产协会。对于专业协会和专业合作社的关系，有人认为，合作社就是协会。合作社是一个由社员自愿组织在一起的民主的组织形式，一个具有共同目标的协会，社员同等出资、共同承担风险、共同受益，并积极参与其活动。本书认为，专业协会和专业合作社是当前农村农民合作组织的两种不同形态，专业合作社是比专业协会组织化程度更高的一种组织形式。专业协会的主要功能是提供信息、调剂资金、协调生产、帮助交易谈判等；专业合作社是以利益为纽带的互利合作组织，主要为其社员进行产品销售、农资供应和技术指导等，业务的盈亏首先体现为合作社的盈亏，然后再分摊到农户。

4. 农民专业技术协会的内涵和类型

对于农民专业技术协会的界定，目前有不同的观点。有人认为，所谓农民专业技术协会，又称专业农协或专业农业技术协会，是指农村专业大户与一般农户为了实现自我服务与自我保护，以技术、品种为联结的纽带，相互传递市场信息，交流种养技术，介绍生产经验，实行统一服务，以协会的方式组织起来的一种以社会化服务为宗旨的经济组织。其特点是：①以农民为主体，民胁或民办公助。②主要以社团性质的中国科学技术协会为挂靠单位，注册登记，取得正式身份，自我服务和管理。③实行民办、民营、民受益的方针。④主要是提供服务，包括资金、技术、加工、保鲜、储藏、运销等。⑤针对性强、服务意识强、服务方式灵活、服务成本低。

有人认为，专业协会是指目前我国农村中农民组建的具有"专业技术协会""专业研究会""专业合作组织"等称谓并不同程度地为农民提供产前、产中和产后服务的组织。专业协会的主要功能是提供信息、调剂资金、协调生产、帮助交易谈判等；专业合作社是以利益为纽带用市场方式形成的互利合作组织，主要为其社员进行产品销售、农资供应和技术指导等，业务的盈亏首先体现为合作社的盈亏，然后再分摊到农户。

农民专业技术协会按照形成背景划分，大体有 4 类：一是由科技协会发起建立的；二是由农口技术推广站等政府部门、事业单位发起建立的；三是由供销社发起建立的；四是由农村中的专业户和技术能手自发建立的。在这些专业协会中，脱产、半脱产的技术干部和农民技术员起着骨干作用。有的协会单纯从事交流活动，有的协会提供有偿服务，还有的协会兴办了经济实体。在协会兴办的经济实体中，又包含多种不同制度类型的企业，既有合作制企业，也有股份制企业，还有私人、合伙人企业。可见，农民专业技术协会是一种制度差异很大、类型多样化的组织。但是，绝大部分协会仍停留在单纯从事信息交流、技术推广和辅导活动的层次，很少进一步向商业经营领域延伸。少数协会将业务延伸到商业经营领域，也还是处于一种小规模、低水平、分散经营、各自为政的状态。

除了以上微观的农民技术协会外，目前国内也存在宏观上的一些农产品行业协会，但由于它们大多还是政府部门的延伸，多属于外贸部门，在维护我国农业生产者及相关企业的利益方面还做得很不够，迫切需要其转换职能。从世界各国行业协会的发展经验来看，其功能主要有：①为企业及时提供技术咨询和行业信息的服务功能；②在遭受反倾销、反垄断调查时，代表企业统一应诉，或代表行业接受政府授权委托，开展统一调查、审核准入等；③制定行业标准、质量规范、协调行业内外部关系的协调功能；④警示惩戒，增强行业自律功能。从长远看，我国在农业的决策上应组建由政府有关部门、涉农企业、以农产品生产者为主体的行业协会、贸易部门等方面代表参加的各种农产品销售理事会，最终建立起代表农民利益的地区或全国一级的合作经济组织和行业协会，与农业有关的商业性企业集团和政府部门之间的平等的伙伴关系，从而由各方利益代表与政府一起决定农产品的生产与布局、结构和数量，农产品进出口贸易的大政方针，这将是我国农业走向世界的必由之路，也是应对加入世界贸易组织（WTO）挑战的治本之策。

5. 农民专业合作社及其类型

与农民专业技术协会的情况相仿，农民专业合作社的创办主体也呈现出多样化的特征。有的是由供销社、国有企业、乡村集体组织、政府部门和事业单位发起建立的，有的是农民自发建立的，还有相当一部分是直接从农民专业技术协会中发育起来的。

农民专业合作社的多源性，决定了其制度安排的多样性和异质性，表现在：①在产权结构方面，有相当一部分专业合作社是农民股和法人股各占一部分。其中，有的合作社是供销社、公司企业、乡村集体、政府部门等创办机构持大股，农民社员持小股；也有的合作社是社员股占主要比例。在社员持股中，有的合作社按照传统的合作社原则，实行平均持股或一人一股；有一部分合作社采取从社员交易额中按比例扣缴股金的办法，形成了与交易额相应的比例持股；还有相当一部分合作社对社员入股没有限制，专业大户往往持大股。②在利润分配方面，一般都规定提取一定比例的公积金。特别是那些法人股占大头的合作社，往往把公积金比例定得很高。对由此形成的公共积累，有的合作社规定不能分割，有的合作社规定按原始股比例记账或增配新股。对扣除公共积累以后的可分配利润，有的合作社采取对股金利息进行限制，其余利润按社员交易额返还的做法；也有的合作社采取一部分利润按股分配，一部分利润按交易额返还的做法，其中按股分配的比例从 10% ～ 50% 不等；还有少数合作社，全部利润都是按股分配。有一部分由供销社组建的合作社采取入股、退股自由，入股满一年以上的实行保息分红，分红率高出银行同期利率若干个百分点；入股不足一年的，按同期银行利率取息。这样一来，社员入股与在银行存款没有多少差别。③在合作社管理方面，大部分合作社都建立了社员代表大会、理事会和监事会制度。但在那些入股占大头的合作社中，法人单位往往担任理事会主任或副主任，委派经理，控制着合作社决策权和经营权。而在那些由农民专业技术协会和农民自行建立起来的合作社中，大部分是技术能人或专业大户担任理事会主任或合作社经理，能较好地实行民主管理、一人一票的原则。

尽管现有的农民专业合作社，在内部制度安排上存在着很大差异，但也存在着一些共同特征。其一，农民社员都保持了独立生产者的身份，入社自愿，退社目由，与过去的集体所有制经济完全不同。其二，都是以特定的专业农户为社员，从事专项农产品经营，合作社与社员之间存在着共存共荣的联盟关系，与过云的供销社也完全不同。其三，除了一部分供销社主办的专业合作社实行保息分红外，大部分专业合作社或多或少地按交易额进行利润返还，与农民形成了较密切的利益结合。正是这些特征，使专业合作社对农民具有较大的吸引力。

6. 我国农民专业合作组织发展现状

目前，我国农民专业合作组织的发展呈现以下特点：

(1) 组织数量不断增加，规模逐渐扩大，但覆盖面仍较低。截至 2019 年 2 月底，全国依法登记的农民专业合作社达 218.6 万家，成立联合社 1 万多家。总体上仍处于发展的初级阶段，呈现出"大群体、小规模"的特征。2010—2018 年，农民专业合作社成员总数处于上升趋势，2018 年农民专业合作社总量增长率为 7.73%，我国农民专业合作社发展进入提质增效阶段，农民专业合作社对农民的组织带动作用不断增强。截至 2018 年底，农民专业合作社成员总数达到 12 003 万户，平均每家合作社拥有 55 户农民成员。这表明，我国农民专业合作社总量较大，单个合作社规模较小，加之与其他市场主体的出资额对比，不难发现，我国目前农民专业合作社市场竞争力还有待提升。

(2) 依托政府成立的多，农民自己成立的少。对于依托政府成立的专业合作组织，有的依托于供销社，有的依托于政府及其他部门（主要包括政府、农业部门、农业技术推广站、中国科学技术协会、企业等），有的同时依托于不同的部门。既有县农办、供销社、种养大户三方以股份制形式组建的，又有农业销售企业、加工企业、农业大户、信用社、农技站等共同参与组建的。对于没有任何外界力量的介入完全是由农民自己组建的农民专业合作组织，有的是由专业户为进行生产、技术和销售等信息交流而组建的；有的是由农产品贩运大户、种植大户、科技示范户、镇农技人员等以股份形式组建的，其中农技人员的参与是因为他们具有的技术资本，能够为社员服务，而不是由于他们是政府部门的工作人员，这与其他依托力量，尤其是政府部门或人员的介入有着本质的不同。应该说，在这种专业合作组织中真正占支配地位的仍然是农民。

（3）合作的领域不断拓宽。从行业上看，农业经济合作组织首先起于养鸡、养猪等畜牧业，随后扩展到粮油糖产业、果菜业和水产业和其他行业。就全国而言，在各类专业合作组织中，种植业占 63.1%，养殖业占 19.4%，运输业占 3.7%。

（4）合作的范围不断扩大。从区域分布上看，农业经济合作组织率先在东部沿海地区、大城市郊区等商品经济发达，城乡联系多的地区孕育发展起来，并逐步向中部及西部地区扩展、转移，东中西部呈现梯级差异。近年来，专业合作经济组织在不断发展的同时，还出现了跨区域联合的趋势。

（三）社区合作经济组织

1．社区的提出

最早提出"社区"概念的德国社会学家滕尼斯（1855—1936）认为，社区是指那些具有共同价值取向的同质人口组成的关系亲密、出入相友、守望相助、疾病相抚、富有人情味的社会关系和社会团体。最早提出社区发展这一概念的是美国社会学家弗兰克·法林顿。他在 1915 年出版的名为《社区发展：将小城镇建成更加适宜生活和经营的地方》的著作中，首先使用了社区发展这一概念。1928年，美国社会学家泽·斯坦纳在其所著的《美国社区工作》中专门设置了《社会变迁和社区发展》一章，对社区发展略有论述。1939 年，美国社会学家桑德森与波尔斯在其合著的《农村社区组织》一书中，对社区发展的基本方法和理论观点做了比较详细的论述。目前国外普遍使用的社区发展概念是在实际社会生活中逐渐发展起来的，其含义被不断丰富。社区发展这一概念所蕴含的实际内容，是随着社区的产生而产生的。当人们聚群而居，形成一个生活共同体后，便产生了一系列共同的需要，如抵御共同的敌人，解决共同的生活问题等，并因此产生了一种互助合作的集体行为。这就是社区发展最基本的内容。

2．社区性合作经济组织的界定

社区性合作经济组织又称为农村集体经济组织，是指以土地集体所有为条件，以农户集聚为前提，以自然地理和经济地理为依托，以农户家庭经营为基础，以集体提供社会化服务为手段，以双层经营为特征，以增加效益为目的，是由集体和农户合作的经济组织。它是由过去的人民公社、生产大队或生产队演变而来的，是以土地的集体所有制为基础，以土地作为联系农户的黏合剂，只要农民耕种社区范围内的土地，就是社区合作经济组织的成员。农民不能选择自由加入或退出。根据《中华人民共和国农业法》，农业集体经济组织是在土地等农业基本生产资料集体所有制基础上形成的，按照农民居住村落划分的集体经济组织，具体包括乡（镇）农村集体经济组织、村农业集体经济组织和以村民小组为单位的村内农业集体经济组织。

本书认为，它是指以土地集体所有为条件，以农户社区集聚为前提，以农户家庭经营为基础，以集体提供社会化服务为依托，以双层经营为特征，以增加效益为目的，由集体和农户采取合作方式从事经营活动的经济组织。社区合作经济组织的主要特征：①社区性；②封闭性和排他性较强；③双重性，既有合作经济的性质，也有社区经济的性质。

目前，社区合作经济组织参与农业产业化经营的主要形式除专业合作社和专业协会外，还有两种形式：一是农民联合体。即农户与农户之间通过劳动力、资金、技术、信息、生产工具设备、种畜种苗、土地（包括宅基地、自留地、自开荒地水面和承包集体的耕地、水面、山林等）或其他固定资产为对象，为了一个共同的经济目的和经济利益，进行联合生产和经营的一种合作方式。一般只结成松散的组织，没有严格的管理，没有法定的登记，处于一种较低层次的合作，分配原则为按照出力、财、物、技的大小进行分配。二是以乡镇农工商公司或村经济合作社牵头，组建为农业生产产前、产中、产后进行服务的组织，如组建机耕队、排灌队、植保队等。

二、新型农业经济合作组织发展中存在的问题

由于新型农业经济合作组织包括从事农业产业化经营的公司、农民专业合作社、农民专业协会以及社区合作经济组织等，其发展过程存在的问题比较复杂，既有共性的，又有个性的。尽管最新的《中华人民共和国农民专业合作社法》（以下简称《农民专业合作社法》）于 2018 年 7 月开始颁布施行，但是仍存有一些管理制度、技术水平等方面的不足，其共性的问题主要表现在：

（一）内部管理制度不健全

合作经济组织在150余年的发展中，虽然其形式多种多样，但其主要的原则如农民自愿选择、民主管理、对内服务、大部分盈余返还社员等都是基本稳定的。目前，农业经济合作组织大多不规范，许多没有规范章程，宗旨和职责不清，民主气氛不够，利益机制不够健全，管理制度不完善，改组解体过于频繁，稳定性较差，严重制约着合作组织的健康发展。

（二）技术转化水平低、低层次性和地域间的同构性

技术转化水平低、低层次性和地域间的同构性主要表现在：①从目前农业产业组织实践看，所转化技术多属于常规技术，现代生物技术所占比例很小。②从农业产业组织的产前、产中、产后技术构成看，多集中于产前的良种、化肥、农药、农机等物化性技术的提供和应用，而对产中的技术指导，如高产栽培、合理配方施肥、生物综合防治等软技术服务重视不够，导致技术效率低下；从产后技术来看，绝大多数龙头企业只对农产品加工、储运、保鲜技术较为重视，而对产品营销特别是绿色包装、品牌意识重视程度不够。③地域间同构性。从各地农业产业组织创新实践来看存在很高的相似性。在同一模式特别是同一行业内无论是技术水平、技术内容，还是品种结构，普遍存在雷同现象，导致一方面技术资源过度竞争；另一方面农产品低水平、低档次的结构性过剩，导致"合成谬误"现象。

（三）外部环境制约

外部环境制约主要表现在：①国家垄断粮棉等大宗农产品的收购体制和农用种子、化肥等专营制度等，限制了农村合作组织在这类物资的购销领域合法涉足的权力。一方面，棉花、蚕茧等主要农产品在整个农产品流通中处于重要地位，因此，从目前的现实及发展趋势看，棉花、蚕茧等主要农产品流通体制改革的进展程度直接决定着我国农产品流通体制改革的总体水平。另一方面，由于政策上的禁锢及农产品经营的经济效益低下等制约因素，亿万农户在农产品流通领域的

涉足能力和规模还非常不适应农业经济发展的客观需要，这从农户农产品流通经营的收入在总收入中的偏低比例中不难看出。因此，从根本上讲，没有棉花、蚕茧等主要农产品流通经营的全面放开，要提高我国农业生产和经营的经济效益是非常困难的，最终必将制约我国农业产业化发展。②市场经济发育不成熟，体制有待完善。③政策方面的支持不够。④农业多部门分割管理体制有待进一步改善。⑤缺乏高素质的合作经济主体，农民的综合素质还有待提高。合作经济比个体经济复杂得多，没有文化，缺乏经营管理能力，不掌握现代科技知识和合作知识，要搞好合作组织是不可能的。但我国现实却是广大农民的素质普遍偏低，对于什么是合作社，为什么要办及如何办好合作社缺乏真正的了解，甚至还有一定误解，更不用说对相关法律、政策的理解和执行了。⑥缺乏一支具有较高理论和实践水平的宣传教育队伍，向全社会和广大农民进行合作制教育和宣传，对已办的合作组织进行指导。

（四）全社会对合作组织的认识程度不高

对于决策者而言，有人把合作经济与家庭经营对立起来；有人一提起合作社就怕回到"一大二公"的老路上去；有人认为兴办农业经济合作组织是农民自己的事，政府不宜多管，放任自流。对于农民而言，一是传统分散经营、自产自销的小农习惯，加之家庭规模小，生产资料购买和农副产品销售的数量相对较少，对合作表现出不积极。二是由于我国历史上的合作经历给农民造成了很大的创伤，使农民谈"合"色变，对合作产生了畏惧心理，这是我们发展专业合作组织的主要思想障碍。历史上的合作化运动失误在人们心理留下了阴影，不少群众和干部对合作经济仍抱着怀疑和不信任的态度。此外，农民还没有意识到自己是合作组织的真正主人，缺乏主动参与的热情和动力。目前，各种合作组织的"官办"成分依然很大，大大减弱了对农民的吸引力。三是由于合作社规模小，所产生的效益不明显，农户对合作组织还存在"搭便车"心理和观望心理，参与合作组织的愿望不十分强烈。

三、新型农业经济合作组织的个性的问题

（一）从事农业产业化经营的公司方面

龙头企业既是生产中心、加工中心，又是信息中心、服务中心、科研中心，可以对农民实施全方位的带动。近年的实践当中，各地方都把加强龙头企业建设作为推进农业产业化经营的重中之重来抓，取得了不小的成绩。但暴露出的问题还是不少。主要是，农产品加工企业虽然数量比较多，但大多数规模偏小，加工产品相同，科技含量比较低；加工企业中取得自营进出口权的比较少，大多数依靠代理出口，享受不到国家的出口退税政策，影响了农产品的出口效益等。

1. 履约率低

违约主要有两类：一类是购方违约，当订单合同价格远远高于目前市场价时，商家为避免亏损，拒不履约。另一类是售方违约，当农产品市场价高于订单合同价时，农民为了增加收益，借故毁约。另外，不规范的订单也严重伤害了农民参与的积极性，具体表现在：一是来路不明的订单。因为这类订单大多刊登在非法出版的印刷品上，邮寄给致富心切的农民，打着回收产品的旗号，出售种子、种苗，结果往往是农民将钱款汇出后便杳无音讯。二是单方面草拟的订单。这类订单是出售种子、种苗者事先单方面拟好，农户在上面被动签字无条件遵守，一旦发生纠纷打起官司来，当然对发售方绝对有利。三是收押金的订单。有的出售种子者以防备农户违约为由，让农户先交一定数量的合同押金，表面上是约束签单农户，实际上是对农户设下圈套。四是脱离实际的订单。因为各地的自然条件和生产水平不同，在一个地方养殖或种植收入很好，在另一个地方却有可能失败。五是口头协议。这类订单没有文字记录，一旦市场发生变化，打起官司无任何凭证。

2. 合约的制定不够完备，技术监督及质量检测措施不到位

不少订单合同内容不详细，运作不规范，特别是对农产品的品种、规格、数量、质量和各自应承担的风险、责任以及权利含糊不清，签约内容缺乏科学性、规范性、合法性从而为履行订单埋下了隐患。在质量标准认定上纠纷主要表现

为，履约时商家往往称农户没有按必需的技术手段种植，导致订单产品达不到收购要求，因而拒绝收购或压价收购；而农户则指责商家提供的种子不合格或配套服务不到位，蒙蔽农民，因而要求商家必须履约。双方为此互相指责，各执一词，从而影响了农业订单的兑现率。

3．行政干预过大

某些县、乡政府或村委会强行"拉郎配"，以政府的名义代替农民与商家签订订单，然后再通过行政手段落实给农户。当订单得不到履行时，基层政府常常被夹在商家和农户中间，十分被动。

4．信息不对称，农民的谈判能力低下

分散的农户存在着市场信息的不对称性，生产选择的盲目性，家庭经营上的分散性，经营方式上的封闭性，商品交换上的滞后性。

5．公司与小农户交易的成本过高

农业产业的信息化问题尚待解决，究其原因，主要是部分农户和商家信用观念淡薄，缺乏相应的政策法制环境；缺少政府有关职能部门的参与和监督；基层政府动辄"越位"，把"订单量"与实际销售量、政绩画上等号；农产品市场波动较大；缺乏农产品质量标准及检测检验体系等。

（二）农民专业合作经济组织方面

1．资金实力不足，综合竞争力不强

各类专业合作组织的资金来源主要以农民自筹和各种形式的混合出资为主，但由于社员人数有限，一般股金数额不大，且由于社员退社自由，造成社员队伍不稳定，所筹集的股金与组织发展相比远不能满足需要，组织资金实力差。资金实力不足，合作组织在技术引进、设备改造、农产品质量检测与标准化、企业管理、市场开拓、信息收集以及营业网点分布等方面与专业化的大公司有较大差距，很难向农户提供有效的信息和技术服务，不能构建自己的销售网络，商业资信低下，难以单独拓展市场，使农户对合作社的信赖程度以及合作社对农户的联系程度不强。没有财产作为抵押，交易中承诺的可信度低，履行合同规定义务的可约束性很脆弱，因此，很难与其他经济主体确定经济合同，很难从事大规模的

销售活动，加大了其发展的难度。以浙江省为例，其经费来源结构中38.1%的社员自筹资金，32.6%的依赖于各种形式的混合投资，其余的来自当地政府、地方部门或企业。

2. 牵头能人少

兴办专业合作组织要有牵头人。这些人不仅要有专门的经验与技术，而且要求其要善于经营与管理，乐于奉献，在当地具有较高的威信。一方面，现存农村缺乏这种懂技术、会经营、善管理、能带领农民闯市场的人；另一方面，即使有这样的牵头人，有些人宁愿干私营企业、个体户，也不愿领办合作组织。从由能人创办合作社的实践来看，有些能人陷入两难境地。在组织产品销售中，当交易价格较高时，大家都叫好；当交易价格较低时，大家都骂；由于股金量少，远不能满足组织本身活动的需要，有时自己还要贴钱经营，自己不想干下去，但社会给予了很高的荣誉。领导视察时说很重要，要大力发展，地方政府要积极支持，但地方政府由于财力紧张，又无力资助。

（三）社区合作经济组织方面

1. 性质不清，职责不明

社区合作经济组织本来是一个经济组织，实践中村、组两级社区经济组织和村委会、党支部混为一体，领导在三者之间相互兼职，在很大程度上与政治组织和社会组织相互混同。它既要为农户提供一定的服务，同时还肩负着一定的政治任务（如催收税款等）和社会任务（如调解村民纠纷等），使组织目标混乱。社区合作经济组织既追求经济目标，也追求实现一定的政治目标和社会目标，使资源配置效率降低。另外，基层政府和自治组织的职能难以划清。表现在：一是政党体制方面，村委会受党支部领导，而党支部受上级党委领导，并不对村民负责、受村民监督。这便产生了村级组织权力格局的矛盾：一村范围内，村委会作为农民的自治组织，由农民选出对农民负责，但其实际的权力却受到党支部的制约，使村委会的角色颇为尴尬，其作用亦不能得到应有的发挥，结果往往有两种，要么是村委会从属于党支部，功能弱化直至无权力；要么是村委会自行其是，完全摆脱掉党支部的制约。怎样的格局才是合理的，仍未得到证明。二是政治体制方面，尽管《村民委员会组织法》明文规定村民委员会是村民自治组织，其成员也不属于政府编制，但乡（镇）政府却一直将它视作它们在村里的"代理人"，村民委员会也行使了部分政府性质的职能。这样，政府对村民委员会从组成到其工作都进行了相当的干预（甚至控制）；村民委员会也对乡（镇）政府有着严重的依赖。但村委会成员的工资只能由村财政支付，村干部角色的矛盾不利于村民对村级干部的认同和支持。

在乡（镇）社区经济组织中，有的地方的农工商总公司名曰公司，但又不适合公司法。工商部门对其进行工商登记，也往往是由于在党政干预、行政压力下不得已而为之。名为社区经济组织，经济上与农民也没有多少联系，职能上与乡镇政府存在着重叠和交叉，其主要负责人却都由乡镇党委和乡镇政府的主要负责人兼任，财务上不能真正做到独立核算。当乡镇政府财政拮据时，就把集体经济组织的资金作为预算外资金纳入财政管理，为平调集体资金提供依据和方便，有的地方甚至将农工商总公司财务与乡镇财政合二为一。尤其在乡镇企业管理方面，许多本来应由乡镇政府承担的经济管理职能，如安全生产、环境保护、标准计量等，则被农工商总公司越俎代庖，农工商总公司实际上成了乡镇管理经济的一套机构。农民对社区经济组织的收益分配，除了能享受到社区兴办的一些社会公益事业外，其余则很少。

2．产权模糊

社区合作经济组织以土地为核心的集体资产归社区农民集体所用，这一点在理论上和法律上都是明确的，但法律对所有权主体的权利和义务没有明确规定，农民获得的只是土地的使用权。集体经济多年积累的共同财产，理论上也归村民集体所有，但没有明确的个人份额，社区农民集体财产的所有权是模糊的、虚置的。在这种产权制度下，由于缺乏对集体经济代理人的激励和约束机制，因而内部存在很大的效率损失，成为社区合作经济组织发展的致命伤。

3．运作不规范，组织运行成本较高

乡镇社区经济组织在决策体制上虽设立了成员大会或成员代表大会以及董事会，但这些机构基本上形同虚设，没有起到应有的作用，许多重大问题都是由乡镇党委、乡镇政府和农工商总公司等所谓三套班子联席会议进行决策。在社区经济组织负责人的产生上，尽管章程明确应由成员大会选举产生，总经理由董事会聘任，但实际上许多地方仍然将其视为党政干部由上级党委任命。农民是社区合作经济组织的主人，在很多情况下，既不能真正选举合作经济组织的领导班，并对它实行监督，又不能行使"退出"机制。由于社区的封闭性和排他性较强，退出社区要受到户籍制度管理、城市用工制度、社会保障制度等方面的制约，农户离开社区的成本太大。

4．服务和协调能力不强

村社区合作经济组织本来应履行"生产服务、管理协调、资产积累、资源开发"等基本职能，向着自我管理、自我服务的方向发展。从实际情况看，相当多的村社区合作经济组织停留在机构的"挂牌子"上，在发挥其经济功能中更多的是利用了以村党支部为核心的党支部、村委会和村合作社三位一体、人员交叉任职的组织体系。相当多的村社区合作经济组织只是履行土地承包的管理协调功能，农户最需要的产前产后服务很多都是由包括私营企业和新型合作经济组织在内的民间服务机构承担的，更谈不上"资产积累与资源开发"。在为数不多的为农户提供服务的村社区合作经济组织中，其服务方式、服务内容也不存在统一的模式，呈现多样化的特点：从提供综合性、全方位服务到就农产品流通某一环节开展服务；从直接兴办经营实体带动农民入市，到仅是协调农户与公司或农民经纪人之间的关系。

四、新型农业经济合作组织形成的博弈分析

在市场经济条件下，农户为了适应市场的需求，消除交易的外部性和风险成本必然达成某种契约。这种契约是通过农户交易的反复博弈过程来实现的。那么，农户是怎样经过多次重复博弈，通过达成协约最终走向合作，形成农业经济合作组织的呢？假定有农户A和农户B，其在交易中有两种选择：合作和背叛。每个人都是在不知道对方选择的情况下做出自己的选择，由此形成了"囚徒困境"博弈模型（表2-1）。

表 2-1　农户的"囚徒困境"

农户 B	农户 A	
	合作	背叛
合作 背叛	$R = 3$，$R = 3$ $T = 5$，$S = 0$	$S = 0$，$T = 5$ $P = 1$，$P = 1$

在表 2-1 中，R 表示农户 A 与农户 B 都合作时的收益；T 表示农户 A 或农户 B 背叛时的收益，即背叛者"聪明"的报酬；S 表示农户 A 或农户 B 合作，而对方背叛时的收益，即合作者"愚蠢"的报酬；P 表示农户 A 与农户 B 都背叛时的收益。

在农户"囚徒困境"博弈模型中，农户 A 或农户 B 为了实现个人货币收入最大化，在不知道对方选择的情况下，每个人必须做出决策。当农户 A 选择合作时，农户 B 有两种选择：合作或背叛。当农户 B 选择合作时，两个农户的收益均为 3 个单位，即选择了 (3，3)；当农户 B 选择背叛时，农户 A 事先并不知道农户 B 的背叛而选择了"愚蠢"的合作，故遭受损失收益为 $S = 0$，而农户 B 由于事先"聪明"获得收益 $T = 5$，即选择了 (5，0)。当农户 A 选择背叛时，农户 B 仍有两种选择：合作或背叛。当农户 B 选择合作时，其遭受损失，收益为 $S = 0$，即选择了 (0，5)；当农户 B 选择背叛时，两人同时分别遭受损失，收益均为 1 个单位，即选择了 (1，1)。

农户 A、B 同处于一个社区中，这种博弈会经常发生。当 A、B 出于善良的行为选择了合作，双方获益，利益均沾，$R = 3$；当 A、B 两个人都是极端自私者，都想达到最大收益，都认为对方会合作，自己选择背叛会获最大收益，其结果都进入了困境，遭受损失，获得最小收益，$P = 1$。由此可以看出，不论对方选择什么，选择背叛总能比选择合作时获得较多的效用或收益。但当双方都选择背叛时，其结果比双方都合作时获得的效用或收益少。背叛是个占优战略，但该战略最后所形成的结果为不合作，因此，该均衡是无效率的。

以上博弈有三个前提：①参与双方不能承诺遵守合作的义务；②博弈只进行

一次；③每个参与人都只关心自身收益的最大化，使得在博弈中参与人无法抗拒背叛的诱惑。如果参与人能达成某种协议，即假定在博弈一开始之前，要求每个参与人都签订一份文件，如果某人背叛，它将支付给对方10个单位的收益，这将导致一个新的博弈，即每个参与人都预期会签订合同，并且进行合作。另外，如果农户A选择合作，农户B选择合作比选择背叛能获得更高的收益；并且，如果农户B选择合作，农户A选择合作比选择背叛能获得更高的收益，则可将表2-1修正为表2-2，合作的结果在一定程度上可作为一种均衡。

表2-2 农户的"囚徒困境"

农户 B	农户 A	
	合作	背叛
合作 背叛	$R=5$, $R=5$ $T=4$, $S=0$	$S=0$, $T=4$ $P=1$, $P=1$

当第一轮博弈结束后，合作者A发现B背叛而遭受损失。在第二轮博弈中，A可能会"报复"性背叛，因为B的良知发现而在第二轮博弈中可能采取"合作"。第二轮A、B的收益值恰巧对换。第三轮可能会出现双方背叛。第四轮有可能出现前几轮选择中的一种，这样循环往复。但农户A、B每一次选择都依据上一轮博弈的经验，都把新一轮博弈的收益看作前一轮博弈收益的一部分，即新一轮博弈是前一轮博弈的收益权重，记为r（$0<r<1$），表示在每一次博弈中的收益都是对前一轮博弈的收益的折扣系数。假定B第一轮背叛获得T；第二轮可能遭到A的报复，B的应得收益值P被打折扣，即为rP；第三轮是r^2P……

在交易过程中，双方在合作、背叛及惩罚中最终必然走向合作。其条件是：双方都不放弃惩罚不合作的行为，当惩罚足够大，即系数r大到永远不会交易等，这就会威慑到那些有不合作或背叛动机的交易者。长期交易与博弈就会使经济人走向合作，达成交易遵守协约。在多数人交易中，不合作行为必然遭到"惩罚"，"惩罚"逐渐演变成戒律、伦理道德、风俗、习惯、家法（宗法）、村规民约等。

两人交易"合作"或遵守协约的收益一般具有外部性（第三人了解合作的收益），外部性利益的内在化会导致第三人和更多人参与，或者交易双方达成协议是为了降低交易费用，如果还可进一步降低交易费用，就可能把交易的范围扩大到第三人甚至更多。从而两人合作走向多人合作，逐渐形成集体，多个农户博弈就会形成组织。由此可见，在个人理性的驱动下，多人长期相处于一个组织，经过多次反复的长期博弈，从而形成农业经济合作组织。

（一）农业合作社组织的生命力分析

农业合作社是现代企业制度的一种重要形式。决定现代企业制度的特征主要概括为产权明晰、责任明确、政企分开、管理科学。第一，农业合作社是通过筹集社会资金而形成自身经营资本的法人组织。社员以其投入合作社的股金份额承担有限责任，合作社以其筹集的全部资产对其债务和经营风险承担有限责任。第二，农业合作社实行独立核算、自主经营、自负盈亏的经营体制，经营活动不受其他制约影响。第三，农业合作社是实行开放型的民主管理体制。合作社经社员代表大会通过可以吸收任何先进的科学管理制度，实行各种与社会经济发展状况相适应的现代化经营方式。可见，农业合作社制具有现代企业制度的基本特征，应该是现代企业制度的一种重要形式。

（二）农业合作社制度的利弊分析

新制度经济学分析经济组织的一般逻辑轨迹：①低成本组织趋向替代高成本组织；②如果发现高成本组织的存在，而似乎只要重新进行组织就可以增加净产出，要认识这些高成本组织就应当寻找一些隐藏的利益；③如果没有找到潜在的利益或契约限制，就转向寻找阻碍产权重新安排的政治约束。我国的专业合作组织三要是参照国外合作社的组织制度模式建立起来的。一般来讲，合作社是不以营利为目的，实行财产公有，经济剩余为全体成员共同所有的组织。合作社的优势在于将部分市场关系内部化，形成了互惠互利机制，减少了中间环节，节省了中介成本，争得了公平竞争的机会，获得了平均利润，能合理分享增值和交易利益，对于农民来说更为便捷。但与其他组织相比，合作社的组织成本很高，主要表现在：一是为了减少机会主义行为而使监督成本变得很高；二是合作社在管理和决策等方面成本较高。

尽管合作社的组织成本较高，但其能够生存和发展显然还有其他原因。埃森堡认为，合作社的组织效率只是手段，增进社员利益才是目的。福斯特通过对德国合作社的发展历史研究得出，恶劣的经济社会环境是推动合作事业发展的主要动力。这说明，合作社在提供公平收益方面具有重要作用。同时，哈内尔认为，社会的不确定因素越多，社会成员对于合作社的制度需求也越大，从而合作社提供的公平收益也越多，其效率收益也越低；反之则相反。造成合作社效率损失的原因就在于为提供公平收益而做出的组织制度安排。总之，合作社在组织制度上的缺陷主要表现在：

(1) 管理人员缺乏激励。勒普克认为，合作社对于社员及其管理者之间的权力结构安排使得管理者的经济激励不足，从而难以产生创新冲动。德姆塞茨认为，由于管理者并不拥有剩余索取权，因而通过改善管理所得到的收益不可能资本化为管理者的个人财产，这就导致了投机取巧行为比其他类型的组织更为容易，提出的方案是赋予管理者占有经济剩余的权利。但这又与合作社的组织目标不一致，因此，合作社必须采取一系列的组织制度对管理者进行全面监督。

(2) 监督成本过高。监督成本既包括社员对社务工作的监督权和通过监事会进行直接监督，又包括社员参与重大经营管理决策及分配决策实现的监督，还包括定期由专职审计机构进行的强制监督。要进行监督就必须支付费用，必然降低了组织效率。

(3) 决策效率过低。合作社的重大事务均需全体社员（或社员代表）共同决策，必然造成效率损失和高额的交易成本。

(4) 资本筹措能力不足。主要表现在：①股金是合作社自有资金的第一来源，但为了保证社员个人利益与合作社组织目标的同一性，只有从事相同职业或业务，并在合作社经营地域内居住的个人才可能成为社员，使得合作社的资金来源受到限制；②由于需要限制资本的权力，合作社对于入社成员的股金数量和股金参与剩余分配的权利均给予了严格的限制，从而投资的激励机制不足；③合作社允许社员自由入社和退社，即使合作社自有资本的不断变化，难以持续稳定地生存和发展，也削弱了合作社的资信实力，使贷款融资和订立契约增加了难度；④在社员分配决策中，社员更倾向于将合作社的经济剩余尽可能多地归到个人名下，导致合作社的经济积累不足。以上几点决定了合作社不具备在短期内大量筹集资金的可能性，从而不适合从事那些需要大量的初始资金投入或受经济和技术等方面的限制，必须达到足够大的经营规模才能取得的规模经济项目。

五、新型农业经济合作组织的运行模式比较

由于新型农业经济合作组织参与农业产业化经营的运行模式多种多样，此处主要以"公司＋农户"组织模式为主线，按照公司与农户结合方式的不同进行分析。

（一）市场交易型

该形式主要是公司同乡政府、村委会或中介组织签订购销合同，这些部门或中介组织再通过下达订单同社区内的农户发生产销关系。也有不少龙头企业通过订单形式，直接与农户签订合同。其特点有：①公司与农户都是独立的经济实体，农民并不是公司的职工，只是一种用契约关系固定的松散联合。②公司与农户各负其责。公司向农户提供种子或种畜、种养技术、销售服务，按合同付费，使公司通过廉价劳动力获得稳定货源。农户按合同要求进行生产，使农户从盲目生产纳入了公司产销一体化的有计划生产，使"卖难"得以解决。

该模式在维持农户作为农业生产基本组织单元的同时，又发挥了企业从事农副产品加工和销售的优势，并实现了农民进入市场，给双方均带来了利益。但该组织形式存在严重的缺陷：一是契约约束的脆弱性和协调上的困难性；二是农副产品市场的多变性，这必然导致农户和企业均有可能违约。当市价高于合同规定价时，农户存在把农副产品转售给市场的强烈动机；反之，企业更倾向于违约从市场上进行收购。解决内在缺陷可依靠仲裁机构（如法院）进行，但存在交易成本。其原因在于自利性和外部交易关系的多变性会引发甚至加剧企业与农户的机会主义行为，加之农业生产本身存在着许多不为人控的自然变数（如天气）和经济变数，故在签订契约之初就能准确预见未来农副产品的价格基本上是不可能

的。因此，在履行契约时必然会有一方采取机会主义行为，但真正的困难在于无法制约这种机会主义行为。若农户违约，企业在采取对簿公堂或请求第三方规制对方行为时，存在一个成本-收益的权衡。对于单个的农户，企业胜诉的收益较小，而成本较大，因此企业理性选择是沉默。若企业违约，同样存在一个成本-收益的权衡。单个农户的胜诉收益较小，成本较大，且存在普遍的"搭便车"问题，故农户的理性选择是忍气吞声。

（二）互惠契约型

互惠契约就是龙头企业与农户直接签订比较规范的合同文体，但合同的具体内容存在较大的差异。在有些地区，除了公司和农户约定农产品购销关系（保护价格）外，还规定企业以协议价格向农户供应生产资料，并提供技术指导。还有些地区甚至还规定企业将一定的经营利润返还给农户，用于指定农产品的生产。

该形式较市场交易型前进了一步。通过保护价格，既保障了农户的利益，使他们能够获得比较稳定合理的收益，又为企业提供了较为稳定的原材料来源；通过向农户供应生产资料、提供技术指导和利润返还，加强了二者的联系度。但通过保护价格、向农户供应生产资料、提供技术指导和利润返还的方式不是同时运用于同一企业中，只是其中的一种（如利润返还）或两种（如保护价格、向农户供应生产资料、提供技术指导），不利于农户积极性的调动。

（三）公司＋合作社（协会）＋农户

"公司＋合作社（协会）＋农户"运行机制是：首先由龙头企业根据市场需求预测，通过合同与合作社（协会）约定本年度生产的数量、品种及主要品质和技术指标。合作社（协会）再把生产任务分解落实到各个农户。在生产过程中，有的合作社（协会）还为农户提供购买生产资料的服务。生产过程所需的技术服务，一般由合作社（协会）提供，但也有由龙头企业提供或由龙头企业为合作社（协会）培训技术人员。农副产品成熟后，由合作社（协会）（或与龙头企业一起）验级、收购，有的还做初加工，然后由龙头企业集中并做最终加工和销售。企业把收购款拨付给合作社（协会），由合作社（协会）分给农户。

这种模式的优势在于：通过有效的合作方式把农户与市场联结起来，既保持了家庭经营的独立性，又提高了农户经营的规模效益；通过生产、分配、交换、消费各个环节的合作，降低了中间交易成本并把由此形成的交易费用保留在农业内部，利于农业积累机制的形成；合作显示了集体的力量，提高了农户在市场、政府、消费者面前讨价还价的能力，增强了与工商企业的市场竞争力，利于形成农户利益的自我保护机制。但该优势的发挥有赖于合作社（协会）管理层的综合素质及合作社（协会）内部完善的管理监督机制和利益调节机制的建立。这种模式的不足之处在于：组织的建立成本高，形成合作过程慢；合作组织运作过程中的管理监督成本较高，如果单个农户分摊的管理费用高于市场交易费用，农户就会放弃合作。

张裕葡萄酒公司的生产基地选在烟台赤山镇，其葡萄品种的改良就是由张裕公司先为合作社培训技术人才，然后由合作社提供技术服务。葡萄生产出来后，由合作社进行检验、收购，并组织运输，把葡萄集中交售给张裕公司。当葡萄市场价高于合同价时，农户为了短期利益，也可能违约把产品转售给市场，但单个农户的行为处于合作社成员的监督之下，合作社从长远利益考虑会主动对农户的机会主义行为及时予以制止。

（四）公司＋大户＋农户

在该模式中，大户和合作社的作用基本相似。大户本身也是农户，相对于一般农户而言，其资金实力较为雄厚，市场意识更强。大户是指经营专业化、产品商品化、经营规模和经营效益高于一般农户的承包户。他们多是农村中的能干人、聪明人、勤快人，他们的家庭素质大多高于一般农户，能干会干加苦干，使他们很快脱贫致富，成为农村中率先富起来的人。该模式的运行是，龙头企业并不通过大户规定农户的生产计划，大户只是起集中收购的作用，只有少数大户进行初加工。大户和农户间是一种纯粹的市场交易关系，收购时双方直接用现金结算。大户在收购时进行验级，将集中收购的产品销售给龙头企业，龙头企业将对产品再次验级。大户与企业之间同样是市场交易关系。

"公司＋合作社（协会）＋农户"和"公司＋大户＋农户"这两种组织模式与

"公司＋农户"相比，由于大户或合作社（协会）的介入，既融合了二者的优点，又放大了组织的优势。具体表现在：①在一定程度上降低了农户的违约率。在农村，农民之间不仅相互了解，而且存在相互间的监督，道德约束有着极强的约束力。大户或合作社与农户之间可以利用相互之间了解的信息予以更直接更有效的监督，在一定程度上弥补了"公司＋农户"的组织缺陷。②农副产品经过合作社或大户集中收购和简单粗加工后，降低了交易费用，产品质量和价格更加稳定，农户收入也稳定了。③龙头企业只需和大户或合作社签订合同，由一方对多方（散户）到一方对几方（大户和合作社），简化了合同履行的对象，节约了验级的次数以及由此耗费的时间和资源，监督起来也比较容易，降低了签约、执行和监督契约履行的成本和风险值。另外，使企业与农户的购销关系趋于稳定，既有利于企业进行扩大投资，开拓市场，又有利于农村经济向专业化方向发展。

在"公司＋合作社（协会）＋农户"和"公司＋大户＋农户"这两种组织模式中国样存在制度缺陷，具体表现在：一是由于契约不完全，当市场价格低于契约规定价格时，合作社和大户不能制约企业的压级收购行为。二是由于合作社和大户的资产数量十分有限，即使发生违约行为，企业不能在事后制约它们的机会主义行为。另外，在"公司＋大户＋农户"这种组织模式中，大户与合作社又有不同，大户有着更强的利润最大化动机，大户与农户之间是一种直接的市场交换关系，在收购农副产品时大户有着更强的压级和压价的动机和可能，这会使双方的合同关系变得较不稳定。但由于大户受资金、技术、人才的限制，不可能建立大型合作组织来从事农业科技服务。

（五）出资参股型

出资参股就是企业运用股份合作经营机制，通过吸收广大农户入股，使企业与入股农户以股份为纽带，结成"互惠互利，配套联动"的经济共同体。龙头企业演化成为股份合作式的法人实体；而农户则成为企业的股东，农户经营成为"车间型"的经营单位。

该形式通过股份合作，实现了龙头企业和农户的自觉联合，使两者在一定程度上结成了相互依存、共存共荣的关系。入股农户能够以低于市场的价格购进生产资料，以高于市场的价格出售农副产品，从而既获得较高的农产品收入，还可以凭借股权分得红利。但该形式也有缺陷，由于农户的股份占企业的总股份比例很低，使得农户参与企业的决策及民主管理的能力较弱，在利润分配时的谈判能力十分有限。

（六）返租倒包型

返租倒包就是公司以一定代价把原由农户家庭承包的土地从农户手中承租过来，对承租土地进行统一规划，并建设水、电、路等农田基础设施，然后再切块承包给农户耕种。公司与农户之间签订土地承包合同，明确双方承担的义务，即农户承担按公司要求的品种种植，交纳承包费，以及把产品全部卖给公司的义务，公司则承担向农户提供种子、技术服务和保证按一定的价格收购产品的义务。

该模式运行的前提条件是：①该地区非农产业有了相当程度的发展。许多农民在非农产业领域有了比较稳定的谋生职业，从而有足够数量的农民不会因转让土地使用权而感到其生存的基础在长期内会受到威胁。②由一个具有一定经济实力的企业作为土地承租主体。该企业有能力消化所租土地的大部分或全部产出，并有能力对原土地承包户支付足以诱使其出租土地的租金。

河南科迪食品集团采用"返租倒包"模式主要是应用在芦笋种植上。其缘由是由于芦笋生长周期长达 20 年，且种下后前两年均无收成，第三年也只有少量的收成，第四年才进入收获盛期，使一般农户在种植芦笋上止步不前，不能满足公司对该产品的需求。具体做法是：①公司以每年每亩[①]250 千克玉米和 250 千克小麦（按市场价折算约 500 元）的代价与原土地承包户签订承租合同，期限可无限延长，附属于土地上的公粮及各种提留仍由农户承担；②公司将土地统一规划布局，并建设水、电、路等农田基础设施，然后以 5 亩为一使用单位再返包给农户（可以是原土地使用农户或其他农户）；③再承包户只能种植公司制定的品种，公司无偿供给种子，并负责技术培训和服务；④再承包户以农产品实物形式

---

① 亩为非法定计量单位，1 亩≈667 平方米。

向公司交纳土地使用费。考虑到种植芦笋前两年无产出，合同规定再承包户前两年不须交纳实物土地使用费，第三、四年每亩分别交纳 50 千克和 100 千克芦笋，第五年及以后每年每亩交纳 200 千克芦笋。除种子外，生产产品的农药、化肥及劳动力等一切费用由再承包户承担。对前期投资确有困难的农户，公司可适当预借部分资金。⑤再承包户按照合同规定的数量无偿交纳实物土地使用费后，剩余芦笋按保护价 4 元/千克全部卖给公司。若市场价高于保护价，按市场价执行；若市场价低于保护价，按保护价执行；⑥再承包户承包土地的期限一般为 5 年，期满后可与公司续签协议，延长再承包期。

"返租倒包"模式所产生的效益主要表现在三方面：①原土地承包户：原来每年亩产粮食约 500 千克（按市价折合约 500 元），扣除公粮和各项支出约 125 千克（折合约 125 元）和生产成本 150 元，最终纯收入不超过 300 元。土地转租后，不但每年每亩土地可获得 500 千克粮食（约 400 元），且可从事其他经营活动，从而增加收入。②再承包户：每年每亩芦笋产量为 1 500～2 000 千克，按保护价计算，每亩总收入为 7 000 元（6 000～8 000 元），总成本为 2 300 元，净利润为 4 700 元。若再承包户是原土地使用者，净利润可达 5 100 元，比原利润增长了 16 倍。③公司：经过投资建设，一方面稳定了公司的原材料供给；另一方面公司平均每年每亩土地可获利 390.6 元，土地投资利润率为 7.2%。

（七）企业组织模式

这种运行机制指农户融入农业企业，农户既是企业的所有者又是生产者。此时，农业企业已经成为农业经营的基本盈亏单位，农户基本上只是一个生产承包者，其自主决策权进一步失去，家庭承包经营制已经被进一步放弃。该模式运行的特点：①农产品的生产、加工、销售各环节集中在一个企业内；②企业是一个产权独立的市场主体、决策主体；③企业有其相对独立的农产品原料生产基地。

显然，这种运行机制的信息和交易谈判成本得到了大幅度降低。但是，由于在这种运行机制下农户与企业统一管理要求之间可能存在一定的冲突，如农户自身的经营素质及股份的多少等，在运用协调、激励和约束等多种手段强化内部管理的过程中，要让农户彻底放弃经营自主权而成为企业的一个内部单元并非易事。农户融入农业企业的更进一步形式就是原先意义上的农户解体，农户转化为农业工人。

由以上分析可知，"公司+农户"组织模式的发展具有阶段性，初级形式是农户和加工（流通）企业之间基本是市场商品交换关系，但龙头企业对农户有信息传递、经营指导和技术、销售服务。相对稳定的形式是企业和农户通过产销合同和服务契约联系，购销价格有随行就市、优惠价、保护价等。较高级的形式有农户与企业相互参股、资产结合或资金融通。上述七种组织模式不是相互排斥，而是互为补充的。家庭经营通过合同、入股等形式的联合，形成各种组织形式，其核心都是以农民追求经济效益，达到公平参与社会利益分配为目的。从发展的观点看，目前所存在的各种经济组织形式最终的目标是农村家庭经营在逐步协作化和专业化的基础上，利用现代技术把工业、商业、金融和科学等与农业有关部门的技术经济管理和国家政策更紧密地联系在一起，逐步发展成为多元化的经营组织模式。无论是松散的合同关系，还是以入股入社等组织形式，在生产资料获得和农产品加工销售方面都纳入统一的经营体制之中，在一定程度上避免了单一农户生产的盲目性和市场经济的不确定性，使农业生产在家庭经营的基础上实现商品化、标准化和社会化。各地区应因地制宜地选择相应的组织模式，把分散的农户组织起来，为推动农村经济发展服务。

六、新型农业经济合作组织的绩效评价

对新型农业经济合作组织的绩效进行评价，有利于全面考核各类农业经济合作组织；有利于总结经验，改善组织经营管理，推进农业产业化经营的进程；有利于政府制定有关政策、法规，加强对农业产业化经营的支持和引导；有利于加强对农业合作经济理论的研究。

（一）新型农业经济合作组织绩效的定性评价

"结构—行为—绩效"的分析框架在产业组织理论中占有十分重要的地位。在此，将其引入来分析现存农业经济合作组织的绩效。

$$Q = F_R [C\ (T,\ A,\ I)\ |L,\ K,\ M]$$

式中，Q代表一个经济组织的产出，是劳动、资本和原材料投入（分别用L、K和M表示）的一个函数。C代表了经济组织可采用的组织形式的选择集，由组织内部的有关技术和知识（T）、资产特性（A）、产业特性（I）等的状况所决定。F是所有生产函数的总称，它能按照产权制度分割。F_R是对应于产权结构（更广义地说是制度结构）R的一个生产函数。制度结构R由制度环境（或制度约束）和组织制度安排所共同构成，它决定着组织形式选择集C（决定何种组织形式被允许或被反对），一个约束较多的R会决定一个较小选择空间的C。C必须与R相容，否则会导致某种组织形式极高的运作代价。组织形式C的选择会影响到劳动及其他生产要素的投入行为，从而决定着经济组织的绩效高低（生产可能性边界）。

一个经济组织的经济绩效，既取决于组织内部的制度安排，也取决于组织制度安排与环境的相容性。这里的环境不仅指制度环境（如宪法秩序、政府政策框架、意识形态等），而且还包括经济组织运行的资源环境、产业特性及其市场环境。不同的组织其产权结构（制度安排）不同，隐含的激励与约束机制也不同，从而影响作为理性经济人的参与者的行为努力（生产性努力或分配性努力），进而导致经济组织的不同绩效。要对经济组织绩效进行评价，必须首先分析其影响因素。影响农业合作经济组织的因素很多，主要可划分为外部因素和内部因素。外部因素主要包括法律秩序、政府政策、资源条件、产业特性和市场环境等；内部因素主要包括组织、组织与农户的关系、农户三个方面的因素。组织因素主要包括产权结构、资产规模、创新能力、投入机制、积累机制、风险机制等；组织与农户的关系主要包括合作方式、利益分配、监督成本、激励机制等；农户因素主要包括资本规模、科技水平、经济意识等。正是由于以上因素的综合影响作用，从而决定了组织中不同行为主体的不同表现（包括积极的和消极的），最终决定了组织的绩效。

农业经济合作组织绩效的定性评价步骤为：第一，选取组织类型。此处选取了公司+农户（包括纯合同、合同带附加条件、股份合作、返租倒包四种形式）、公司+大户+农户、公司+合作社+农户、企业组织等模式；第二，选取制度结构、公司与农户的关系和公司内部等三方面因素作为分析指标；第三，根据各种不同组织类型进行比较。

①不同的组织制度安排，隐含着不同的激励与约束机制，诱导组织主体不同的经济行为，最终导致经济组织的不同绩效。②同一制度安排在不同的资源环境下，具有不同的比较优势。③制度绩效的高低在相当程度上取决于制度安排所导致的对生产性努力与分配性努力行为预期。④在信息不对称的情形下，通过设计不同的风险分担机制、剩余索取权安排以及不同的契约期限，会产生不同的影响经济组织绩效的激励效果。⑤企业组织模式总体上优势较为明显，这说明从组织形式上看，我国农业最终必然走向农业企业化。

（二）新型农业经济合作组织绩效的定量评价

1. 设置评价指标体系的原则

(1) 科学性原则。主要是指设置的指标体系要能反映现存农业经济合作组织的本质和特点。设置指标要以市场为导向，以各类农产品商品基地为基础，以各类农业经济合作组织为依托，具体反映农工商、产加销有机结合的产业链之间的关系及其各主体之间的利益分配机制。设置的指标既要反映农业经济合作组织的规模和经营水平，又要反映农户在参加各类农业经济合作组织后的增收情况。

(2) 系统性原则。主要是指设置的指标体系尽量要能反映现存农业经济合作组织运行的全过程和全方位。全过程是指设置的指标既要能反映农产品生产、加工和销售的全部经营过程，又要能反映农户、各类农村合作经济组织的、基地和社会化服务体系等各个构成部分。同时，由于经济活动本身各组成要素之间具有很大的关联性，因此设置的指标之间又具有较强的相关性，以便促成一个完整的指标体系。

(3) 综合性原则。由于各类农业经济合作组织的形式多种多样，经营规模和发展水平各不相同，要想全面系统的反映各类农业经济合作组织的情况，必将涉及各个方面，从而使形成的指标错综复杂，多种多样。为了研究问题的需要，不可能全部选取这些指标，因此，只有对各个指标进行分类，然后根据不同类别，选取其中共性较强、代表面较广的一些综合性指标来进行评价。另外，在指标具体测算时，应以价值量指标、绝对量指标和相对量指标为主来进行，如产值、利税率、占有率、劳动生产率、带动农户数等指标。

(4) 层次性原则。由于全国各地经济发展水平存在较大差异，各地各类农业经济合作组织产生和发展的时间均不可能相同，因此，现存各类农业经济合作组织的组织化程度有很大差异，有的地方已发展相对完善，有的地方是刚刚起步，有的地方还未发展，处于酝酿阶段，这就要求在具体评价时要体现区别对待的特点。

(5) 规范性原则。主要是指设置指标体系时，为了体现评价指标的公正性和权威性，要尽量和各级各部门的统计指标相吻合，凡能利用统计指标的，尽量选用统计指标，对于暂时尚未列入统计指标的，也要符合统计规范，只有这样，设置出的指标才能得到大家的认同。

(6) 实用性原则。主要是指在评价各类农业经济合作组织时，设置的指标体系必须具有可操作性。评价指标的数据要便于收集、整理，要具有较强的针对性，便于实际的运用。

2. 农业经济合作组织评价指标体系的设置的思路与步骤

农业经济合作组织指标体系设置的基本思路是以实行农业产业化经营为主体，以农业经济合作组织、农产品生产基地、基地农户、组织与农户之间的利益分配关系、社会化服务等为切入点，根据各自不同的特点，分别设置相对应的指标，然后进行指标的层层筛选，最后确定出农业经济合作组织、农产品生产基地、基地农户、组织与农户之间的利益分配关系、社会化服务相对应的指标，从而组成评价指标体系。

农业经济合作组织评价指标体系设置的步骤为：第一步，提出农业经济合作组织类型。第二步，确定各主体的衡量指标。根据各构成要素的主要内容，分别提出评价指标体系。第三步，筛选指标。根据综合性强、重点突出、量化、可比、精简适用的原则，对上述指标进行归纳、分析、精简和筛选，确定出评价指标。第四步，计算，得出结论。

3. 农业经济合作组织评价指标体系的设置

第一，各类农业经济合作组织评价指标，具体如下：

龙头企业评价指标：①加工企业性。生产总额；农产品收购总量及加工量；农产品收购总值；加工增值率；加工总产值；加工总产值占公司总产值的比例

%）；年出口创汇额；年利税额及利税率；年利润额及利润率；职工人数等。②经销企业性。资产总额，农产品收购总量及经销总量；农产品收购总值，经销增值率；经销总产值，经销总产值占公司总产值的比例（%）；年出口创汇额；年利税额及利税率；年利润额及利润率；职工人数等。③专业市场型。投资总额；农产品年交易量；农产品年交易额；年出口创汇额；年利税额及利税率；年利润额及利润率；职工人数（含市场中介和服务人员）等。

合作社评价指标：资产总额；农产品收购总量或加工量；农产品收购总值；加工增值率；加工总产值；年利税额及利税率；年利润返还额及返还率；职工人数等。专业协会评价指标：资产总额；农产品年交易量；农产品年交易额；年利税额及利税率；年利润额及利润率；职工人数（含市场中介和服务人员）等。

社区合作经济组织：资产总额；农产品收购总量或加工量；农产品收购总值；加工增值率；加工总产值；年利税额及利税率；年利润返还额及返还率；职工人数等。

农业技术服务公司：资产总额，农产品年交易量，农产品年交易额，年利税额及利税率，年利润额及利润率，职工人数（含市场中介和服务人员）等。

第二，农产品生产基地评价指标，具体如下。

（1）种植业。种植面积，单位面积产量及产值，农产品总产量及商品量，商品率，农产品商品产值，生产费用总额，种植业投入产出比，全年用工数（工日），农户年均增加收入，农户年均增加收入占其总收入的比例（%）等。

（2）畜牧业。全年饲养量（自然头），年末存栏数，出栏率，商品率，年商品产量及产值，单位牲畜生产费用总量及总值，畜牧业投入产出比，全年用工数（工日），单位牲畜用工数（工日），农户年均增加收入，农户年均增加收入占其总收入的比例（%）等。

（3）林果业。种植面积或株数，年商品产量及产值，林木蓄积量及价值，投资成本总额，林果业投入产出比，全年用工数（工日），农户年均增加收入，农户年均增加收入占其总收入的比例（%）等。

（4）渔业。全年饲养量，商品率，年商品产量及产值，单位生产费用总量及总值，投入产出比，全年用工数（工日），农户年均增加收入，农户年均增加收入占其总收入的比例（%）等。

第三，基地农户评价指标，具体如下：

参加各类不同组织的基地农户的户数，基地农户的户数占全县农户总数的比例（%），参加各类不同组织的农户年均增加收入数及占其总收入的比例（%），基地农户户均纯收入水平及其增长率。

第四，利益分配评价指标，主要包括：

利润返还率（%），合同违约率（%）。

第五，基地社会化服务评价指标，主要指在某种农产品商品生产基地范围内，有关商品产前、产中和产后所提供的各种物资供应、技术指导、各项作业、信息和销售等服务。在这里，评价基地社会化服务主要以所提供的各种服务的价值量来衡量，具体指标有基地产前服务费及其占基地生产总费用的比例（%）；基地产中服务费及其占基地生产总费用的比例（%）；基地产中服务费及其占基地生产总费用的比例（%）。

第六，综合指标，包括：

（1）农业合作经营水平。农业合作经营水平（%）=组织的利税率（%）×权重+基地农业劳动的产值率（%）×权重+基地农民人均增收率（%）×权重+组织利润返还率（%）×权重+基地服务费占基地生产总费用的比例（%）×权重。

（2）农业合作经营占有率。一般以一定的区域（如县或乡）为计算对象和评价单位，反映农业合作经营规模的数量性指标，一般以百分数（%）表示。其计算式以各类组织的经营总额占区域农业总产值的比例（%）、参加各类组织的农户数占特定区域农户总数的比例（%）、基地规模占特定区城土地总规模的比例（%）等三个指标为基础，采用专家打分法赋予各自相应的权重，然后综合计算而来，即：农业产业化经营占有率（%）=各类组织的经营总额占区域农业总产值的比例（%）×权重+参加各类组织的农户数占特定区域农户总数的比例（%）×权重+基地规模占特定区域土地总规模的比例（%）×权重。

经指标筛选后，最后确定以下指标：一是龙头企业。收购农产品的总量、总值；年利润额、利税额、利润率和利税率；违约率。二是基地。农产品商品总量、总值；农产品商品率；土地生产率；劳动生产率。三是农户。参加各类不同组织的基地农户的户数；基地农户的户数占全县农户总数的比例（%）；参加各类不同组织的农户年均增加收入数及占其总收入的比例（%）；农户户均纯收入水平及其增长率。四是利益分配。净利润返还率，违约率。五是社会化服务。基地服务费占生产费总额的比例（%）。六是综合指标。农业合作经营水平；农业合作经营占有率。

另外，由以上评价指标可以看出，评价指标体系仅是从经济效益方面进行评价，而对于现存各类农村合作经济组织的评价来说，它的每一项经济活动均必然对社会和生态造成一定的影响，因此，必须对其社会效益和生态效益进行评价。

社会效益方面：各类组织所交纳税金的额度，采用农业合作经营方式的组织所交纳的税金总额占特定区域一年财政收入的比例（%），解决就业人数总量及其占区域总人口的比例，农户科技水平提高的幅度等。

生态效益方面：废水的排放量，生活垃圾排放量，区域大气质量指数，土壤有机含量的增加幅度等。

七、我国农业经济合作组织的原则创新

我们应当如何认识国际合作社基本原则呢？从国际合作运动的发展过程来看，我们可以总结出以下几点：①合作社原则是不断发展的，各国均灵活运用。国际合作事业的发展历史表明，合作社的基本原则是处于不断地发展、修订与完善之中的。即使是已确认的原则，各国的合作运动也有不同的实践。而且，国际合作运动的基本原则对于各国仅是参考性的，并无刚性约束作用；各国根据自己的国情和目的来理解和运用，在合作社立法中大多加上自己的"创造"和变通。②各国实践表明，"一人一票"不是合作民主的唯一模式。这固然体现了每位社员的平等权利，但对于那些在社内持股比例高且与合作社日常交易量大的社员来说显然是不公平的。事实上，即使在罗虚代尔原则发源地的欧洲，表决权的一人多票已十分普遍，具体表现为承认个人能力差别，并由此决定其在组织中的地位。在一些合作社中，投票权是按照交易量分配，而不是一人一票。③资本报酬分配原则使合作社缺乏投资激励，限制了对资本的红利份额，不利于合作社的长

远发展。事实上，各国对按股分红与按交易额分红的比例是由代表大会或董事会来定。例如，美国法律明确提出，合作社实行民主管理，或者采用一人一票制，或者按股金分配的红利不得超过 8%。④退社自由严重影响了合作社的资信水平。现在国外很多合作社在章程中都明确规定：入社社员股金一般不得抽资退股，如有特殊原因，经获准后转让给其他社员。⑤合作社原则只注重自身内部的管理，而忽视了对外部市场的联系。即现行的合作社原则只强调其内部管理的民主化，而没有合作社成立应以市场为导向的原则。

我国是严格按照国际合作社基本原则规范农业合作社，还是采取灵活态度呢？有些人坚持把"国际合作联盟"关于合作社的原则作为划定合作经济组织的标准，这显然是不符合我国城乡实际的。我国近年来发展起来的新型农业经济合作组织，如果用该原则来衡量，那么不论是山东的"莱阳模式"，还是河北的"邯郸模式"，都很难找到一个符合国际合作运动基本原则的合作社来。在这种情况下，如果坚持套用传统合作社模式来规范这些组织，其结果将会是违背广大农民的意愿，扼杀农民的创造力。目前，合作领域已扩大到我国，农村经济的所有领域，广大农民既需要组织服务性的合作社，也需要发展营利性的合作企业。合作社要与时俱进，不拘泥于形式，不断进行组织制度创新，才能适应市场竞争不断加剧的压力，必须根据我国的国情来理解和运用国际合作社基本原则，建立适合我国实际情况的合作社原则。

中国农业合作社的基本原则是什么？有人认为，应坚持自愿互利的原则、按经济规律办事的原则、民主平等的原则和"资本报酬有限"的原则。有人认为，应坚持根据市场经济需要办社、要遵循自愿原则办社、要跨出社区界限横向联合办社；要大力扶持农民办社等原则。有人认为，我国建立新型农村合作经济组织除了在广义上坚持因地制宜原则、市场导向原则、以服务为宗旨及以效益为中心原则和以科技为支柱原则等四项原则外，还应在狭义上坚持自愿和自由原则、民主管理原则、等价交换原则、培训原则和民办公助原则等五项原则。本书认为，合作社是农户或市场经济中弱小的实体为了抵御经济领域各环节的垄断力量或强大对手而组成团体开展自我服务、自我保护的组织形式，是小农户联合起来走向市场的组织形式，是弱者群体的合作。我国农业合作社的基本原则主要包括：

（1）市场导向原则。农业合作社是经济组织而非行政或政治组织，是广大农户面对市场经济的必然选择，是提高农民组织化程度的重要途径。在市场需要时，农业合作社可以成立；在市场不需要时，它会自动撤销，也可破产。

（2）自成体系原则。纵观世界各国农业合作社的组织架构，无不是从基层到国家自成体系，形成规模来开展业务的。因此，我国发展农业经济合作组织必须坚持这一原则。

（3）自愿互利原则。该原则无论对法人或自然人都适用。农民有选择合作的自由，也有不选择合作的自由。合作的程度及合作的规模完全由参加合作经济组织的农民自己决定，不能采取行政手段强制撮合。但是，搞合作社并非完全不需要政府，而恰恰相反，世界各国在发展合作社的过程中政府都分别采取了较为优惠的政策，具体表现在信贷、税收等各方面。

（4）股份合作原则，即在资金筹措上实行股份合作，在利益分配上坚持按交易额分配与按资分配相结合的原则。穷人希望合作社充满公平色彩，但合作社又要在竞争中求生存。所以，合作社只能是劳动者在合乎国家法律及其他制度规定的前提下，遵循合作社原则实现劳动的联合和资本的联合，通过资本的集中运营和劳动的分工协作，采用按劳和按资相结合的分配制度，以改善劳动者经济状况的经济组织。目前中国农村真正意义上的合作社刚刚起步，必须聚集一定量的资金来发展合作事业，客观上要求突破"一人一票"的框框。如果绝对地实行"一人一票制"，就会产生由于资本实力的原因限制合作社的发展。因此，要发展合作经济必须要依靠股份合作的筹资方式。合作社在利益分配上坚持按交易额分配与按资分配相结合，但股金分配的红利不得超过合作社章程所规定的比例。

（5）义利并重，企业化经营的原则。义利并重指合作社首先是对内搞好服务，这是其基本职责，服务搞不好，就无法吸引农民入社，其次是合作社对外要营利，实行企业化经营，追求经济效益。

（6）民主管理的原则。合作社作为一种"弱者"的联合必须实行民主管理，即"合作民主"，而非"股份民主"。原则上实行一人一票制，对于大股东在决策时，其所拥有的票数应限制在某一比例之内（如3%）。

（7）教育培训原则。合作社主要对社员进行文化教育、互助合作思想的教育、农业科技知识的培训和市场经济理论的教育。

（8）合作社间的合作原则和关心社区原则。合作社是一个不参与政府和宗教的经济团体，不存在任何政治背景和政治目的，并欢迎各种不同政治观点和宗教信仰的人加入。合作社应以各种不同的方式与区域性的、全国性的和国际性的合作组织加强联系和合作。以上8项原则中，前4项原则是合作社组建原则，后4项原则是合作社的运行原则，两者是相辅相成的。

八、新型农业经济合作组织的发展及改革

（一）发展新型农业经济合作组织的指导思想

现阶段，我国新型农业经济合作组织尚处在起步阶段。因此，发展新型农业经济合作组织的总体思路是：以市场需求为导向，以家庭承包经营为基础，以增加农民收入为目标，发挥资源优势，培育支柱产业，在巩固试点成果和总结各地经验的基础上，稳步地办好一批农村专业合作经济组织，充分发挥农村专业合作组织在农村社会化服务体系及农业产业化经营中的示范作用，自下而上地、循序渐进地、实事求是地引导专业合作经济组织健康发展。

大力发展新型农业经济合作组织是我国农村经济发展的客观要求。这既涉及政府部门如何引导新型农业经济合作组织，又涉及新型农业经济合作组织经营者如何具体开展业务。

1. 政府部门在引导发展新型农业经济合作组织的指导思想

（1）以增加农民收入为目标。

（2）因地制宜，因势利导，多样化发展。中国各地的自然、社会经济条件不同，发展很不平衡，新型农业经济合作组织的建立和发展不可能采用统一模式。在引导其发展中，要坚持因地制宜，百花齐放。实践证明，扶持新型农业经济合作组织健康发展的最有效途径就是先抓典型，开展试点示范，然后在巩固试点成果和总结经验的基础上，再逐步推开，稳步地、一批一批地办好农业经济合作组织。这样做使广大农民亲自体验或亲自看到参加农民专业合作组织的好处，从而调动更多农民参与的积极性，也使政府部门领导在实践中掌握指导农业经济合作

组织发展的经验，然后再去指导实践，同时还可增加对有意兴办或参与农业经济合作组织的各种社会力量的吸引力。只要能解决农民的实际困难，能帮助农民办实事，都应大胆地试验和发展。与此同时，还要鼓励各地根据实际情况，创造和总结一些成功的管理经验。具体到每一个合作经济组织，应当从当地农业生产力发展水平和商品生产的发展需要出发，适合什么形式的合作就搞什么合作，商品生产达到什么规模就搞什么规模的合作。

(3) 实行分类指导。对那些以有技术专长和经营能力的能人为依托，联合周围农民自愿结合兴办的农民联合体，要制定优惠措施，积极引导他们从合伙制走向股份合作制。对那些专业生产合作社，要按照合作制原则，建立和完善其分配和积累制度，使之尽快走上规范化发展道路，并积极创造条件，打破地区界限，实现跨地区发展。对社区合作经济组织要根据社区的具体情况，按照股份合作制的思路有计划、有步骤地进行引导和发展，搞好组织转轨使得资产确认。当这些组织在扩大规模、加快发展步伐时，要在自愿的前提下，引导组织成员和农民向组织投资参股，办成股份合作制组织，为农业企业化经营培育新生力量。

(4) 加强立法。

(5) 制定优惠政策。

(6) 广泛开展合作教育。

2. 新型农业经济合作组织经营者在开展业务中的指导思想

(1) 坚持民办性质。发展新型农业经济合作组织必须始终坚持"民办、民管、民受益"原则，防止演变成政府所属的企业，具体做到：①坚持以农户为主体，体现专业性；②有比较明晰的产权关系，做到不改变土地承包关系、不改变成员的财产关系和组织的资产归其成员共同所有；③坚持自愿，实行民主管理；④开展力所能及的经营活动，对外追求经济效益，对内不以营利为目的；⑤开展多种形式的服务或实行二次分配（按交易量大小返还利润），使其成员得到实惠；⑥可以在村级范围内，也可跨乡、县甚至跨市、跨省进行合作。农业经济合作组织的负责人既不能由乡镇党政班子的负责人兼任，也不能由上级党委任命。经济组织内的一些重大决策，如领导人员的选举、管理人员报酬的确定、投资项目的决定和分配方案的制订等事项，都应由成员大会或成员代表大会民主讨论决定，而不应当由乡镇党委和政府包办代替。

(2) 强化组织建设。对已成立的专业合作经济组织，要理顺其内部各个方面的相互关系，完善合作社章程和与之相应的规章制度，并通过签订合同、协议、契约等形式明确双方的权利和义务，规范并约束各自的行为。特别要重视制定财务管理、生产经营各科室岗位职责以及合作社人员的绩效管理等一系列规章制度。在理事会、监事会成员中农民要占大多数；在重大决策时要以社员是否拥护、是否愿意作为决策的主要依据。在利益分配上，要使农民在生产中增收，在盈利中分红，同时合作社也要有所积累，可采取建立风险基金、合理让利、制定最低保护价、利润返还、预付定金、赊销生产资料等方式扶持农民发展生产。在财务上，要强调透明度，实行财务公开，让社员放心。在对社区合作经济组织的改造上，乡镇社区经济组织现有的净资产可以依据各村人口、土地等，量化到各村经济合作社；村经济合作社也要将所有的净资产额量化到所有村民。股份合作社内部要设立若干经营管理机构，受社区股份合作组织的委托，从事社区资产的经营和管理。

(3) 实行资本积累，且保持资产价值的相对稳定。这既是新型农业经济合作组织稳定发展的前提，也是其信誉的物质支撑，又是与其他经济组织建立长久合作关系的依托。解决的途径要从新型农业经济合作组织内部和外部两方面同时着手。从其内部来看：①要在制度上有所创新，在社员自愿合作的基础上，充分吸收股份制的优点，根据其经营规模及与交易量，既要允许大户社员持大股，又要在"一人一票"的基础上适当按比例增加持股多和交易量多的社员的投票数，以扩大新型农业经济合作组织的资产规模。②新型农业经济合作组织要对成员的自由退出机制进行适当限制，提高退出的条件，以保持组织的相对稳定性。③要对广大农民进行广泛的合作教育，提高其对合作经济的了解，扩大合作的范围。从其外部来看，主要是政府要为专业合作组织的发展提供一个良好的环境。

(二)"公司＋农户"模式的发展趋势

近几年，"公司＋农户"模式之所以能在我国得到广泛的认同和采纳，主要是由于有其内在的合理性。与其他模式相比较，该模式具有更大的优越性，具体表现在：①它迎合了市场的需求，在一定程度上缓解了农产品卖难的问题；②通过发挥公司在资金、技术、管理、销售等方面的优势，实现了公司与农户的连接，符合现代农业向一体化经营方向发展的趋势；③在产业组合中，实现了市场价格机制和非市场组织的有机结合，形式灵活，组织成本低；④可有效降低市场经济条件下单个农户从事农业生产的市场风险，有较大的适应性；⑤通过公司向农业引入资金和现代技术要素，可以促进农业的升级；⑥与传统的国合企业相比，更符合市场经济的要求。

但"公司＋农户"模式有其固有的制度局限性，与农民合作社相比较，缺乏与农民利益更紧密的结合，主要表现在：①在经营目标上，公司的宗旨是为投资者获取资本回报，并不考虑农民利益的得失。当农业经营可得到丰厚利润时，公司会把资金投向农业；一旦农业利润下滑，则会投资于其他领域。当农户需要与公司利益一致时，农户能够通过公司销出产品，得到一定的资金和技术支持；当农户需要与公司利益发生摩擦时，如农户要求分享农产品高额利润、要求联合起来自销产品、要求公司承担价格风险等，公司不仅很难给予满足或支持，甚至可能反过来对农户施以压抑、控制或转嫁风险。农户由于力量分散，不得不屈从、依附于公司，从而难以实现其目的。②在收益分配上，公司并不承担将利润向农户返还的义务，即使有的公司对农户实行利润返还策略，其目的也只是为了稳定原材料供给，额度仅占总利润中很小一部分。③在决策上，公司的扩大再生产与农户没有多大关系，其经营行为和发展方向不受农户约束。④在职能上，公司不可能完全为农户着想，农户生产经营需要全面而有效的社会化服务，而公司不可能按农户的需要摆布自己，也没有义务这样做。公司虽有一些服务项目和内容，但总本上只是联系农户的诱饵。⑤在监督机制上，公司与农户缺乏制约机制，农户权益难以维护。当公司经营目标与农户生产趋向吻合时，二者尚能同舟共济、共享利益。一旦公司利润减少或经营思想不健康时，就会发生损害农户利益现象。由于农户没有对公司的制约监督手段，因而无法保护自身权益。

面对它本身的固有制度缺陷，其下一步向何处去？发展前景如何？本书认为，随着我国农业商品化程度的提高、农民自组织能力的增强及合作教育的大力普及，"公司＋农户"模式将朝着以下方向发展：

方向一：对于资金实力强，生产能力大的从事农业产业化经营的公司，为了稳定其与农民之间的利益关系，将通过农民向公司入股，成为公司的股东，朝着股份合作的经营模式发展。在此基础上，随着我国农业企业化的逐步实现，农民家庭经营将真正成为公司的生产车间，更准确地说，将成为保证公司生产顺利进行的原材料车间，农民成为公司的职员，转变为农业工人，朝着企业组织模式的方向发展。

方向二：对于农民专业协会已经起步，并呈现良好发展势头的地区，"公司＋农户"模式有可能越来越多地被"公司＋协会＋农户"模式所替代。但随着农业产业化经营的进一步深入，协会的不足逐渐地便会显露出来，此时，协会将被合作社制度所代替，"公司＋协会＋农户"模式进而被"公司＋合作社＋农户"模式所替代。随着合作社经营规模的不断扩大和自身积累的不断增加，合作社必然将兴办一些经济实体，专门从事农产品的加工及销售，最后，"公司＋合作社＋农户"模式将被"合作社＋农户"模式所替代。从这个意义上讲，"公司＋农户"模式有可能成为孕育"合作社＋农户"模式的孵化器。

方向三：在有些地区，"公司（股份合作制）＋农户"模式有可能与"合作社＋农户"模式成为长期并存的竞争性制度安排。

（三）农民专业合作经济组织的发展

发展农民专业合作经济组织的总体思路是以市场需求为导向，以家庭承包经营为基础，以增加农民收入为目标，发挥资源优势，培育支柱产业，在巩固试点成果和总结各地经验的基础上，稳步地办好一批农民专业合作经济组织，充分发挥其在农村社会化服务体系及农业产业化经营中的示范作用，结合各地的具体情况，按照合作制和股份合作制的一些基本要求，专业合作经济组织将逐步向多模式、网络化、区域化的方向发展。

目前，专业合作组织的发展方向有两个：一是按照合作制的原则进行继续改造；二是通过引进股份制，实行股份合作制度，以保证组织实力的增强。前者强调社员的权利，体现公平的原则，其发展速度会很低；后者强调资本的权利，体现效率的原则，其发展速度会较高。本书认为，后一种道路更适合目前的实际。

理由如下：①目前我国农民的合作意识仍然不高，专业合作组织处于起步阶段，完全采用合作制会严重影响其发展速度，减缓我国农业产业化经营的进程；②现存的专业合作组织由于资金缺乏，在市场竞争中处于不利的地位，完全实行合作制不利于调动农村资本拥有者的积极性，造成组织严重缺乏资金，而资本拥有者又资本闲置；③股份合作制度的实施有利于提高农民收入。

四川蓬溪县鸣凤养羊协会已发展为一个股份制专业协会，协会规定：正式会员必须入股，每股 10 元，每人最多 100 股；正式会员有选举权和被选举权，实行一股一票，并有监督理事会的权力，剩余分配按股分红，积累为正式会员共有。正式会员在协会提供的服务方面享有"六优先"，即可优先购买和饲养良种羊、优先配种、优先安排货款、优先享受技术服务、优先收回良种羊和优先得到市场信息。在服务收费上，正式会员免费，联系会员减半收费。

（四）社区合作经济组织的改革

1. 社区合作经济组织改革的思路

在建设社会主义市场经济体制的大背景下，分散经营的小生产与大市场的矛盾日益突出。由于家庭承包制并未打破城市－工业，农村－农业这样的传统经济发展二元模式，城乡分割、产供销脱节、农工商分离的旧格局未打破，小生产形式没有改变，农村自主经营的农户达 2 亿多，平均每户耕种土地仅 0.42 公顷，农业规模过小，限制了系列化农业机械的使用和高新技术的推广，农户抗御自然灾害的能力与农产品商品率、农业劳动生产率、农产品比较效益都很低，农民的生产积极性受到挫伤，许多地方竟然出现了土地撂荒现象。因此有必要将农户自经营的土地再连成片，可视为农民再次以土地入股加入合作社，当初农户之间结成的资本合作关系自然就恢复了。这时农民交给合作社的是土地经营权，因而产生了新形势下的农村股份合作制这样一种崭新的农村集体经济形式。浙江武义县与广东佛山市南海区是我国最早推行农村股份合作制的两个县（区）。武义县的做法是：承认农户对土地的承包权与使用权，通过入股和合理确定收益分成比例，量化为价值，土地则统一规划，实行规模经营。南海区的做法是将农民承包的土地与其他资产量化为股权，分配给个人所有，农民以占有股权的形式共同占有集体的土地与其他财产，原有的集体所有制企业则以股份合作制企业或农场、股份合作社的面貌，对土地实行统一开发，规模经营。两种股份合作制模式都只改变了家庭承包制与土地公有的形式，变个体经营为集体经营，变有差别的土地所有权与经营权为无差别的股权，而未改变实质。农民对土地的承包权、使用权，集体对土地的所有权继续得到承认并以股权形式被固定下来，分配机制未有改变，因而能得到国家、集体与广大农户的认同与支持，因此在普遍推行了家庭联产承包经营的农村建立股份合作制经济，不会有多大阻力，推广起来比较容易。农村集体经济的发展是一个螺旋式上升的过程，建立合作制与股份制相结合的适应市场经济要求的农村股份合作制是我国农村集体经济发展的必然选择。将家庭联产承包经营交给农民的经营权转化为股权不仅是可行的，而且对农村合作制的发展也是有利的；集体拥有的土地所有权转化为股权对于集体资产的保值增值并实现土地的流转、资产的重组，建立城乡统一的资本大市场都是必需的。

在市场经济的条件下，引导农民进入市场日益成为社区合作组织的主要任务。因此，我国农村社区合作经济组织应该适应这一形势进行改革，改革的方向是通过引入股份公司的组织制度和治理结构，把原来的社区经济组织改变为社区股份合作经济组织。从区域上考虑，改革应先从社区经济实力较雄厚的区域逐步向周边区域扩散。农村社区股份合作经济组织的改革虽可借鉴了现代股份公司的治理结构，但具有独特的地方。①它是一种社区经济兼行政型的法人团体。②其治理结构表现出强烈的社区封闭性。③社员既是组织的所有者，又是其经营者。④社区股份合作经济组织与其经济实体的关系多种多样。社区股份合作经济组织的建立，在制度上，用明确农民共同占有制代替原来模糊不清的集体所有制；在组织形式上，以股东代表大会制代替原来的领导干部家长制；在经营运作上，用市场调节生产代替原来的计划指令性生产；在组织管理上，以章程、合同、群众监督等制度规范股民的行为，代替原来指令的权力约束农民的行为；在利益分配上，以按股分红、按资分配代替原来的平均分配，使改造后的农村合作经济组织更能反映农民意愿，逐步与市场经济衔接。

在我国现实条件下，发展合作经济要充分利用社区这一组织资源，但又不能局限于社区合作。随着农村市场经济的发展，农村社区股份合作经济组织必然会超越社区的界限，要求在更广的范围内发展多种形式的联合与合作，并有可能引起我国社区组织规模的扩大和重组。

2. 社区合作经济组织股份合作制改革的可行性分析

(1) 政策条件具备。从我国社会制度和基本国情来看，公有制是社会主体，人多地少是基本国情，虽然农民解决了温饱问题，但多数家庭经济水平仍处于资本积累时期，决定了在社会剩余分配形式上，资本的地位和作用是有限的，社会剩余的分配不可能由唯一的资本来分配，而是以农民劳动为主。通过资本与劳动的结合，既充分体现了资本要素的作用，又体现了劳动要素的作用；资本和劳动共同分配社会剩余，资本与劳动结合实现同步致富。因此，股份合作经济符合中国农村经济发展的大政方针。另外，在土地承包权不变的前提下，允许农户在承包期内转让土地使用权，建立土地投入补偿制度，使土地、劳力、资金等生产要素合理组合，在保证农民利益的同时，提高各要素的利用率。股份合作经济的内涵恰恰适应了这些基本条件要求。

(2) 理论依据充分。股份合作经济既不同于股份经济，也不同于传统上的合作经济。在股份合作经济组织内以劳动者的劳动和拥有的资本双重合作为内容，既承认资本所带来的发展，也承认劳动所带来的平等，二者联合产生公平与效率，可以借用股份形式来确定其资产份额与劳动份额。

(3) 微观组织成熟。发展我国农村股份合作经济存在两个源泉：一是以原有的社队工业、集体企业为基础的经济组织形式，二是以农民个体或家庭为基础的生产单位。我国个体利益主体（家庭）以农户形式大量存在，但由于家庭拥有的分散而少量的生产要素，很难适应扩大生产经营规模和国内外大市场的要求，生产的单一性又使得经营利益分割于社会再生产中的各个环节，农民生产交易成本高，增产不增收，影响了家庭资本的积累，产品品质结构和产业结构调整困难，这是股份合作经济发展的微观组织基础。另外，统分结合的双层经营体制经过多年的运作，已使农户摆脱了贫困，并有了一定的资本积累，资本意识开始复苏，这也是制度创新和生产要素重新组合的必要条件。

(4) 宏观基础坚实。目前，农村社区已逐步形成了除社区经济以外包括私有经济、合伙经济、合资经济、独资经济等各种经济形式并存。多种经济成分共存理论与实践，造就了经济运行主体和运行主体内各个个体之间的利益差别，即用法律形式保证财产权利和生产资料及劳动权利的实现。承认个人财产权，生产要素和劳动双向索取权，形成了资本权与劳动权的双重自主性，为现实资本与劳动的重新联合提供了可能，即为股份合作经济的产生和发展提供了宏观基础。

3. 社区合作经济组织股份合作制改革的方案

(1) 按照小政府大合作的思路构建农村的政治组织与经济组织。所谓小政府，就是说要精简乡镇党政机关，使其专门从事本地社会事务及长期发展战略，不再具体管理农村的经济工作。所谓大合作经济组织，就是说政社分离后大部分干部要转为农村合作经济组织的职员（包括成为这个组织的领导成员），指导和帮助农民从事各项经营性活动。一般来说，以目前的经济发展水平来看，一个拥有 5 000 户以上及万名左右劳动力的乡镇范围，有百十名职员为农民提供所需的各种服务并不会产生人浮于事的问题，在经济发达的地方甚至会感到人手不足，所以在农村彻底进行政社分离的改革并不会在人员安排问题上遇到很大障碍。真正的困难可能在于习惯了已往工作方式的干部们能否顺利地实现角色转换，要从"管农民的干部"到"为农民服务的职员"。

(2) 农业用地要在法律上明确规定归行政村范围内的基层社区股份合作组织所有，乡镇不再拥有土地所有权。

(3) 涉农服务的"七站八所"的现有财产一律归社区股份合作组织所有。

(4) 县级以上对应部门的财产则归同级合作联社所有。

(5) 灵活选择改制方式。近年来，农村涌现出一批运用股份合作制对传统集体经济进行改制的典型。改制大体上有两种形式：第一种形式是出让股权，集体收回投资。有的全部出让，有的部分出让。从原来乡村公有变成众多出资者的公有，或集体、个人混合所有。这实际是产权重组，产权置换。这种改制形式可以盘活存量，引进增量，实现资产迅速扩张。第二种形式是股权量化，明确到人。将大家创造的财产积累，用股权的形式明确到人，企业还照常运转，企业仍是集体的，变化的是大家从不知道自己有多少份额的财产，变成知道了。从产权模糊的集体，变成产权明晰的集体，是恢复了合作制的本来面目。以上两种方法各有优缺点，要根据其实际情况慎重选择。

4. 社区股份合作制经济组织的运行

(1) 治理结构。社区股份合作组织要把改制与转换经营机制紧密结合起来，按股份制组织原则建立股东会、董事会、经理委员会和监事会，并建立与市场经济体制相适应的选举制、任期制、分权制、监督制等运行机制。由于股份合作制一般不对外发行股票，内部社员持股数又基本相同，因此，社员大会可以与股东大会合二为一，并由社员大会按一人一票原则选举产生董事会，董事会仍实行一人一票制原则。由董事会聘任的总经理主持日常事务，负责经营管理。

(2) 组织框架。社区股份合作经济组织实行股东代表大会领导下的董事长负责制。股东代表大会是其最高权力机构，主要行使以下权利：通过和修改本社章程；选举和任免本社董事会干部；审查和批准本社的发展规划、年度计划和经济预算；讨论和通过其他重大事项。董事会是股份合作社的常务决策机构和管理机构，实行董事长负责制。董事会负责管理本村社区企业，制定发展规划，组织生产经营，管理和制定本社资金的使用和规划，监督和检查资金的使用情况，分年度做好股金的偿还本息和社员分配股的分红工作，健全和保管好本社的有关工作资料，完善有关事宜，根据社区经济的发展情况，适时研究本社的扩股、配股和分红等问题。监事会行使下列权利：列席董事会；监督董事、经理和其他管理人员；检查业务、财务等有关材料；审查股东提出的重大质疑事项。

(3) 激励机制和约束机制。社区股份合作经济组织的激励机制来自于剩余索取权的普遍分享。社区股份合作制的改革通过折股到人，明晰个人在社区财产中的份额，并按股分红，这就从制度上保证了普通社员的权益，从而调动了他们对社区经营状况、剩余使用流向的关心。但是，剩余索取权的普遍分享带来的激励和监督机制不会是很强的，由于每个成员的收益只是其中的一个很小的部分，集体行动中不可避免的"搭便车"行为及其程度，会削弱社区股份合作社的这一激励和监督机制。此外，激励制约的强度还要受到领导和经理人员的任选是否取决于"民意"的程度。

(4) 委托代理关系。经济组织是一系列契约关系的总和，委托代理关系是其中的一个重要方面。由于每个人在经营能力、个人资产和风险态度上有很大的差异，庄那些在经营能力和风险态度上具有优势的人去从事经营，将会实现分工效果和规模效果。由此便形成一种委托代理关系，不从事经营的生产要素所有者把自己的生产要素委托给别人经营，而后者则成为代理人。但是，委托代理的分工效果和规模效果是有前提的，即代理人忠实地服务于委托人，把委托人的利益看成是自己的利益。这实际是说代理人与委托人的目标函数是一致的，但现实中却是做不到的。究其原因，除了代理人有自己的目标函数，两个重要的原因是信息的不对称和不确定性。当这两方面的原因同时出现时，就必然产生"道德风险"和"逆选择"这样的委托代理问题。相对于国有企业，社区合作经济组织的委托代理链很短，基本呈现为四级：合作社社员（初始委托人）—社员股东代表大会—董事会—经理，因而其监督和决策效率都明显提高。这是农村社区合作经济组织效率高的原因之一。

(5) 职能定位。社区股份合作经济组织在保障农民自主经营权的条件下，负责本村的经济事务；村民委员会负责行政、民政事务；村党支部保证党的政治领导，搞好分工协作。社区股份合作经济组织在市场农业中的功能定位应该是：①经营和管理好社区资产，努力提高社区资产的营运效益。包括社区资产的经营方式、组织形式的确定，社区经济组织管理人员的报酬等事宜也都应由社区经济组织讨论决定，而无须再像过去那样由党委政府来讨论决定。②为农户家庭经营提供各种有效的服务。如农机、水、电、适用技术培训、引进新品种、产品销售等。如牵头建立农产品市场，有效发挥村农民经纪人的作用；组建中介组织，兴办生产经营实体；以村领导的良好商誉提供担保和协调服务等。应当指出的是，为了使社区经济组织能将这种服务持续地进行下去，服务应当按照有偿的原则，实行成本核算，按成本加微利的原则来确定服务的收费，而不应当由社区经济组织来大包大揽。通过服务，既促进生产，增加农民的收入，又能增强社区经济的实力和服务功能。③提供公共物品。本社区范围内的农田水利基本建设，以及其他生产条件的改善，如交通、通信等投资建设应与乡镇财政有合理的分工。④作为土地所有者的身份合法运用土地所有权的分配与转移。

第二节 中国农业经济合作组织发展中
存在的问题

农村经济合作组织在深化农村经济改革、优化乡村治理结构、促进农村社区建设和提高农村经济组织化程度等方面发挥着显著的作用，但是应该看到，我国的农村经济合作组织发展还处于起步阶段，其组织发展的层次较低，功能发挥和运作水平参差不齐，运行机制还很不规范。这些问题存在的主要原因在于现阶段我国农村经济合作组织发展面临着种种制约因素，无论是其发展的内在因素还是外在条件仍然有待进一步探索和改进。因此，本节将针对农村经济合作组织发展中所面临的影响因素进行全面系统的分析，并追溯制约因素存在的根源，从而为合作组织的持续发展奠定良好的理论基础。

一、注册管理不规范

据 2018 年国家工商总局数据显示，农民专业合作社数量在我国注册登记总数已累计达到 218.6 万家，注册资金额度达到了空前的 48 796 亿元，加入农民专业合作社的农民数量达到 15 698 万户，农民专业合作社在产销服务一体化经营中的产值达到 12 158 亿元。农民专业合作社已经成为推动我国现代化农业发展的强劲动力。

然而，限于一些历史因素，我国对农业合作经济组织的注册管理较为疏松，不少农民专业合作社中尚未依法登记注册。即使是经过登记注册的，注册名称也不规范。一些合作社登记为"协会"，一些协会登记为"合作社"，甚至一些企业也登记为"合作社"或"协会"。注册单位则比较混乱，一些组织出现了同时在多个部门登记（如"工商＋农业"甚至"工商＋民政＋农业"）的复杂情况，这些组织既有非营利性实体，又有群众组织。注册登记机关不统一，为后序的指导与管理、税收征管等埋下了隐患。

《农民专业合作社法》出台后，明确赋予了农民专业合作社以单独的"合作社法人"资格，明确其在工商部门办理登记，但注册管理的不规范等历史遗留问题依然存在。

二、产业分布不均，发展水平较低

在市场经济结构中，不同的农业产品对市场的依赖度有很大的不同，国内外实践表明，农村经济合作组织的发展与农业的市场化和专业化程度紧密相关，就产品特性而言，产品的商品率越高，对市场的依赖程度越大；农业剩余利润空间越大，市场越不稳定，单个小农户在农产品市场上的竞争空间越小，越容易产生合作组织的需求。具体来看，在农业内部，合作组织多兴起于具有较明显的季节性或时间约束、较强易损性的农产品领域以及规模经济较显著、专业化程度较高的专业领域。

目前，我国农村经济合作组织的发展首先已经逐步拓展到种植、畜牧、农机、渔业、林业、技术信息等农村产业，如山东省从事种植业的专业合作社有24 594个，占总数的49.4%；其次，养殖业有16 669个，占总数的33.5%；再次，与农业生产经营有关的技术、信息等服务有14 249个，占总数的28.6%。但对数据进行详细分析会发现，种植业和畜牧业一直是合作组织分布的重点产业。

农村经济合作组织首先产生并发展于对市场依赖程度较高的产业部门。种植业和养殖业合作组织的比例较高，这一方面说明这两个领域的农产品商品率较高，单个农户参与市场需要承担的风险较大，因而有较强烈的合作需求和动机。另一方面，种植业和养殖业的高比率也凸显了农技服务、金融合作、信用保险等领域合作组织发展的不足。这种发展状况表明我国现有的合作组织多集中于初级产品，产业结构和发展水平还比较低，组织与社员（会员）的利益关系还不够紧密，今后应该注重相关领域的市场培育和政策激励，发挥合作组织在现代农业更高层次发展中的积极作用。

三、内部运作不规范，民主管理原则受到挑战

合作组织的运作机制是否规范、完善是制约其持续稳定发展的重要因素，对我国现有的农村经济合作组织进行考察，可以发现，合作组织运作不规范包括两

个层面的问题：一是合作组织内部管理不规范；二是合作组织被经营大户或龙头企业把持，出现民主管理原则无法贯彻落实的状况，而这两个方面的问题又是互相联系和互相影响的。

（一）合作组织内部运作不规范

自《农民专业合作社法》颁布实施以来，多数合作组织依法进行了登记注册，并制定不同制度规范以彰显其内部管理的规范性，但是从总体来看，大多数合作组织对内部管理制度重视不够；很多合作组织还没有形成规范有效的组织章程和具体管理制度，一些合作组织只是在登记注册时借鉴其他组织的章程模本改头换面而成，有些合作组织虽然制定了章程但并没有严格按章程进行管理，运作和管理的随意性较大；多数合作组织的机构设置不健全，没有按照相关要求设置成员大会、理事会、监事会等组织机构，经常是由领办的经营大户或龙头企业主导了合作组织的决策和管理；大部分合作组织的财务管理制度和收益分配制度十分混乱，有些合作组织未实行二次分配，财务管理和盈余分配、亏损处理制度形同虚设，根本无法实现合作互助的目的。

中国社会科学院的农村研究学者苑鹏曾考察过天津市宝坻区的一个养鸡合作社，发现"农民几乎不参加成员大会，多数情况下都由理事长说了算"。而这种情况在国内其实比较普遍。笔者曾经去山东一家养牛合作社调查，社长介绍他们从农户手里收购一头牛只需2万元左右，而其经过专业化深加工，一头牛不带牛皮就可以卖出12万元，但合作社对农户的盈余返还却只有50元。由于缺乏规范的管理制度和运作机制，组织与社员（会员）的利益关系还不够紧密，很多合作组织都处在"有组织无合作"的松散状态。

（二）合作组织民主管理制度无法贯彻落实

我们应该看到，合作组织的内部管理不规范既与农户相关，更是经营大户或龙头企业把持的结果。一方面，大部分农户关心的主要是合作组织的领办人能否帮助他们购买价格低廉的农业生产资料，引导其生产、销售适销对路的农产品，及时提供市场信息和技术服务，至于对合作组织怎样运作、怎样管理、会员应该拥有哪些权利、承担哪些义务等问题却不大关心，对农民合作具有的民办、民管、民受益等特点和优势也缺乏了解和认识；另一方面，虽然我国农村经济合作组织的领办主体呈现多元化趋势，但就具体情况看，农村能人和专业大户牵头领办的农村经济合作组织占很大比例[①]。

在这样的现实条件下，虽然我国《农民专业合作社法》第十七条明确规定："农民专业合作社成员大会选举和表决，实行一人一票制，成员各享有一票的基本表决权。出资额或者与本社交易量（额）较大的成员按照章程规定，可以享有附加表决权。本社的附加表决权总票数，不得超过本社成员基本表决权总票数的20%。享有附加表决权的成员及其享有的附加表决权数，应当在每次成员大会召开时告知出席会议的成员。"但在实际运作过程中，领办大户的榜样示范作用和龙头企业在合作组织中相对的主导权，加之农户对他们的特殊依赖与信任，往往使得前者曾经独当一面，大包大揽。这样，合作组织"由能人（即村干部、技术能手和专业大户）领办的，受能人控制；企业领办的，受企业控制一人一票常常形同虚设"。这就又形成对合作组织内部民主管理制度的破坏。

（三）合作组织出现异化，农民利益无法保障

农村经济合作组织的参与主体应该主要是农民，其根本出发点是要为广大农户的农业生产提供服务，如果合作组织不符合相关规范、原则，偏离合作组织的本质，就会出现合作组织的异化。

农民专业合作社是我国当下农村经济合作组织的主要表现形态。以合作社为代表可以清晰地观察到合作组织的异化现象。世界宣明会项目官员常竹青总结了我国七种较为常见的假农民专业合作社以此来说明合作组织的异化，即空壳合作社、个体合作社、家族合作社、企业合作社、官办合作社、村委会合作社和骗子合作社。他认为，所有这些假合作社创办初衷不是为了农民利益，而是为了套取政府的优惠政策。

---

① 中国农业科学院农业经济与发展研究所,2007.新形势下农民专业合作组织研究[J].中央级公益性科研院所基本科研业务费专项成果材料(1).

《农民专业合作社法》颁布实施以后，各级政府部门在扶持合作社发展的大背景下，密集出台了多项财政、税收优惠政策和资金、技术方面的扶持规定，并且呈现扶持力度不断加大的趋势。在现有的政策体系中，合作社经营可以免除增值税、企业所得税、印花税，农业生产又有种粮直补、良种补贴和农资综合补贴等财政补助政策激励，它们在促进合作组织良性发展的同时，也带来了投机的空间和行为。结合现实情况，在我国现有的合作组织异化现象中，尤其应该注意两种现象：

一是合作社的"空壳化"运作。在完成政府任务、套取政府补贴等多元复杂的动机下，部分农村经济主体利用五名农户即可注册合作社的规定成立了一些由亲朋好友组成的空壳合作社；也有部分合作社甚至在农户毫不知情的情况下将其列为组织成员，这些合作社虽然已经成立，但是只限于挂牌宣示，成立后既没有按合作社的章程进行运作，也没有组织成员开展真正的农业生产经营活动，合而不作，徒有形式，在农业生产中没有真正发挥作用。如在江苏南部有多家葡萄合作社，但这里一些种植葡萄的农民竟被"分身"，一个农户加入了好几家合作社。问及原因，农民说，几个种植和经销大户都找上门来，允诺给予一些好处，他们就加入了。至于大户为什么要求农民"凑数"成为社员，该市工商局的一名工作人员说，这是因为合作社成立后，可以拿到农业管理部门的项目经费和扶持经费，经费从几万元到十几万元不等，而单个的农民是拿不到这笔钱的。"申请项目时，管理部门对社员数量会有要求，因此，我们经常遇到合作社负责人前来要求增加社员数量，而现在工商部对合作社社员的登记要求很低，出示身份证就行。"

二是"翻牌"合作社的运作。一些从事农业产业的加工、经销、物流企业为了套取各级政府对农民专业合作社的优惠政策，纷纷翻牌为农民专业合作社。在很多地方，一个企业挂两块牌子的现象非常普遍；企业本身就是合作社，企业董事长兼任合作社的理事长。一位原农业部农村经济研究中心负责人估计，这类"翻牌"合作社可能占合作社总数的20%～40%。由于这些"翻牌"合作社多由龙头企业兴办，有自己的品牌和生产基地，具有较强的经济实力，往往比真正的农民专业合作社更能获得政府扶持，从而进一步挤占后者的发展空间。

异化的合作组织多是以完成政府组建合作社任务或是套取政府财政补贴为目的，它们"有组织无合作"，无法维护农户利益、结成真正紧密型的"利益共同体"。我们在合作组织以后的发展过程中，必须关注其规范化运作和管理，才能真正保障农民的切身利益。

四、农村经济合作组织发展的体制约束

（一）法律缺位

农村经济合作组织的健康发展，离不开法律制度的支撑和保障。由于农村经济合作组织具有多样性，与其相关的法律规范也比较分散。具体说来，这些法律规范明确了农村经济合作组织的法律地位，使其运作有了基本法律保障，但由于缺乏相关配套法律法规和政策，目前仍未形成一个完整的保障体系。

第一，缺乏规范农村经济合作组织的统一法律规范。当前，我国农村经济合作组织包括农村专业协会、农民专业合作社、股份合作社等不同类型的法律实体，但是现有的法律体系中并没有对不同类型的合作组织进行统一的行为规范。以注册登记为例，农村专业协会作为社团组织，主要是依据《社团登记管理条例》在民政部门进行登记注册，成为社团法人；农民专业合作社的法律规范主要是2007年7月1日正式实施的《农民专业合作社法》，以及后来出台的《农民专业合作社登记管理条例》等，合作社农此在工商部门登记注册为经济法人；而股份合作社则是按照企业法在工商部登记注册成为企业法人。

由于合作组织成员赖以遵循的法律法规不统一，许多合作组织内部制度不健全，成员的民主与法律意识淡漠，影响合作组织内部发展和外部交往。多元复杂的管理体制还导致法律和政策的空隙太多、太大，很容易被谋取私利者所利用，也很容易损害农民的整体利益和公共利益，这给合作组织的经营资格、活动扩展等方面带来不同程度的障碍，另外，由于没有统一的法律规范，各地在具体贯彻执行时标准不一，形成各地多样各异的具体管理规定。如浙江省的《农民专业合作社条例》作为我国第一部有关农民专业合作组织的地方性法规是在2004年11月通过并实施的。《农民专业合作社法》颁布后，浙江省于2007年9月又修订颁

布了《浙江省村经济合作社组织条例》。与此形成反差的是，福建省到现在还没有颁布其农民专业合作社条例。而成都市从 2010 年 12 月起，放弃按户籍认定合作社农民成员身份的审查和判断标准，提出凡是从事农业生产的自然人，只要持有农村产权证书及村委会出具的土地流转证明材料，均可成为农民专业合作社成员；允许村委会（或者从村委会中剥离开来的集体经济管理组织）作为成员组建或者加入农民专业合作社；农民专业合作社法人作为农民专业合作社成员应不受《农民专业合作社法》关于团体成员数量比例规定的限制，鼓励合作社之间联合经营。各地方政府不同的管理规定直接影响到各地农村经济合作组织不同的发展进程。

第二，现有法律规范的模糊和不明确，《农民专业合作社法》的颁布实施标志着我国农民专业合作社进入了依法发展的新阶段。但在具体实践中，《农业专业合作社法》在一定程度上存在对合作社的性质、功能、角色定位模糊的问题；在合作社设立、变更、登记方面存在判断标准、价值取向不清楚的问题；在合作社财务制度建设、会计制度构建、农业合作社治理结构和发展方向以及合作社融资方面都存在不同程度的问题[①]。另外，《农民专业合作社法》的某些规定比较空泛　缺乏可操作性，尤其在合作社成员出资的确定性、盈余分配顺序、合作社审计制度等方面的规定存在缺陷，对于成员救济权、合作社联合方面的规定更是接近空白。这将会严重影响农民专业合作社的健康、稳定发展，进而影响农业经济的发展和农村社会的进步。

举例来说，《农民专业合作社法》第二条规定：“农民专业合作社是在农村家庭承包经营基础上，同类农产品的生产经营者或者同类农业生产经营服务的提供者、利用者，自愿联合、民主管理的互助性经济组织。”在这一规定中，农民专业合作应当是同类农产品生产经营者相互之间的合作。但是在“大农业”的环境下，同类“农产品”或同类“农业生产领域”又包含农、林、牧、渔业的大农业生产经营活动和其产出的各类“农产品”。由于法律没有进行明确的产品界定，在实践中各地掌握尺度不一，同样的产业在某些地方可被注册而在另一个地方却

---

① 江俊，2010.新措施出台放宽农民专业合作社经营范围[J].成都商报(12).

被拒之门外，致使法律执行不一致，损害了法律的权威。

在这方面，贵州黔东南州林丽生态农民专业合作社是一个有代表性的示例。2009 年该合作社在筹备时，设想其总水平面积在 20 平方千米以上，主要以太翁村为中心，辐射周围 10 余座村庄。合作社将利用当地溪流峡小地段填坝修建水库，在杂草灌木和荒芜之地建人工草原，种草养畜，选择视野开阔通风处修建微生物发酵床以及"人性化的畜禽栏圈"养殖场。在土质肥沃的地方开辟药材种植基地，存旱地建大棚反季常耕种果蔬基地，将现有粮田耕地整治成田园化基地，在杂林区域建林下养禽，在水库边沿建水上公园、河边公园。在高处建风力发电厂，在有历史遗留的场所恢复历史古迹。在原始森林建林下公园，将原来的村寨公路扩建成宽 8 米的旅游公路，在坡度较平缓的地方建 10 座万亩果园及苗圃基地，在中心地区建旅游中转点和农副产品批发市场、管理中心、娱乐中心、科研中心、教育基地等，在较低洼的地方建污水处理厂和沼气池。在较边远地区建一所动物病死火化场和垃圾处理场，在天然水井处建娃娃鱼养殖场，在较边远的荒山建草食性野生动物养殖场，在合作社的建设规划中，其建成后将集农业观光、畜牧业、果蔬种植、养殖业等 50 多项农业相关项目于一体。该合作社在 2010 年 6 月办理注册登记，经营范围为种草养畜、林下养鸡、反季节蔬菜、果树、花卉、水产养殖、食用菌栽培，生态农业技术指导和信息服务。但是，2011 年 4 月，因牵涉一起经济案件，黄平县工商局责令其办理变更登记，其中一项原因就是其注册登记的业务范围有问题。

第三，现有法律规定无法回应合作组织的发展需求。这主要表现在农村专业合作社联合社的发展受到很大限制。

对市场经济的深度参与激发了合作组织联合发展的强烈需求，但联合社作为一种新生经济组织，在立法方面仍是一片空白。现有的《农民专业合作社法》第十五条明确规定："农民专业合作社的成员中，农民至少应当占成员总数的百分之八十，成员总数二十人以下的，可以有一个企业事业单位或者社会团体成员；成员总数超过二十人的，企业、事业单位和社会团体成员不得超过成员总数的百分之五。"在这样的规定下，合作社成员中 80% 以上必须为具有农民身份的自然人。由于农民专业合作社联合社是由有联合需要的各个农民专业合作社法人组或，在成员结构上不符合《农民专业合作社法》的规定，而当下又没有专项的法律规定对这一联合体的存在形式予以支持，这就导致合作联社面临法律上的尴尬地位。鉴于此，随着合作社经济的不断发展壮大，其主体联合需求与法律限制间的矛盾愈发尖锐。

（二）政策支持不够

政府的政策支持在农村经济合作组织的发展过程中发挥着举足轻重的作用。在其他条件不变的情况下，政府的支持力度越大，农户参与农村经济合作组织的概率就会越高；同时还可以减少农村经济合作组织发展的盲目性，降低农村经济合作组织的运作成本。近年来，为了支持农村经济合作组织的发展，我国陆续出台了一些扶持和优惠政策，在登记、财政、税收、金融、运输等不同方面给予了合作组织一些支持政策。但从实际情况看，合作组织依然存在登记门槛高、资金紧缺、贷款难、公共服务缺位、技术供给不足等问题。这具体表现为：

第一，政策操作性不强。这主要表现为农村经济合作组织的相关政策难以真正落实，一方面，现有关于合作组织的政策法规往往滞后于合作组织的现实需求和发展实践，另一方面，有些政策文件即使明确了对合作组织的支持条款，但也会在操作中难以落实。举例来说，《农民专业合作社法》第七章扶持政策明确规定了中央和地方政府、国家政策性金融机构等相关部门要出台具体的政策对农民专业合作社进行扶持。

第二，财政支持有限。目前，资金问题是我国农村经济合作组织发展中面临的最大问题。虽然现有政策体系不断加强对合作组织的财政支持，但是相对于合作组织发展所需的巨大资金缺口来说仍显不足。这主要是因为我国现有的合作组织财政支持多是通过示范项目进行资金拨付，但是应该看到，我国的合作组织数量非常巨大，平均每一个村就有一个合作组织，因而并非每一个合作组织都能够获得扶持。一般来说，规模化、产业化水平是成为示范项目的重要条件。这样，示范项目只能涵盖到极少数的合作组织，无法解决更多合作组织的财政难题。而且，在现有的农村经济合作组织体系中，能够达到示范标准的合作组织多是由龙头企业等主体领办，农户自发生成的合作组织往往很难在短时间内达到特定的规模和效益，这又在很大程度上促成合作组织发展中的"马太效应"，加剧了缺乏资金支持的合作组织的发展困境。

另外，在国外鼓励合作组织发展的政策激励中，一些补贴只有通过加入合作组织才能拿到。但是在我国，农业补贴大多是直接发给农民，不发给合作社。种粮大户补贴也一样。2010 年 5 月，农业部、国家发展改革委、科技部、财政部、水利部、商务部、林业局等 7 部门曾联合出台了《关于支持有条件的农民专业合作社承担国家有关涉农项目的政策意见》，明确提出适合合作社承担的国家涉农项目，都要将合作社纳入申报范围。按规定，国家涉农项目要将合作社纳入申报范围，但实际上很难落实。例如农田综合整治项目、农田水利项目，上面要求的申报主体还是各级政府部门，农民专业合作社不在此列。

（三）体制环境不顺

第一，经济体制的限制。在我国现行体制下，与市场经济发展相配套的诸多农业经济制度还没有完全建立起来，土地、资本、劳动力、技术等各类生产要素市场的发育受到各种政策的制约，因而在一定程度上限制了生产要素的自由组合，客观上不利于各类合作组织独立自主地发育成长。

以我国土地制度为例。按照市场经济的一般规律，市场越发达、越成熟，土地使用权就越重要，土地所有权就相对弱化。但市场经济的发展和农业制度的变迁并没有完全实现农村土地的自由流转。

第二，行政体制的限制。从性质上看，农村经济合作组织是农民的自我组织与互助合作，不应该隶属于任何行政部门，而且政府职能部门过多过深地介入具体管理，容易使合作组织失去活力，不利于其自主经营和健康发展。但在我国现实的法律和政策环境下，农村经济合作组织从一开始就与各级政府部门衍生出十分复杂的关系。合作组织主动寻求政府的支持，依托于各种部门甚至直接由政府来组织建立，以此来保证组织的正常运行；而政府相关部门也直接参与合作组织的组建甚至直接介入其管理，从而在一定程度上改变了合作组织的组织特性，使得一些合作组织实际成为政府部门的附属物，甚至成为这些部门有效行使其职责的组织手段。在这样的现实条件下，合作组织在很大程度上受到了来自于各级政府及相关部门的控制，合作组织很难真正发展成为农民自己的组织。

第三，管理主体混乱。现有的政治体系中，多个部门与农村经济合作组织的发展存在联系。以市县范围为例，既有农业局、财政局、工商局等行政部门，又有中国科学技术协会、农机站、气象局等事业单位，还有供销社、信用社、共青团等其他组织。虽然当下中国农村经济合作组织的发展是一种开放性的格局，服务需求往往是综合性的，但这种部门化、专业化的多主体供给格局在促进服务专业化的同时，也带来了多头管理体制下缺乏沟通和协调的矛盾。另外，以上部门虽然都在以各自方式支持合作组织的发展，但由于其资源实力和服务绩效不同，服务方式也呈现出多元化和差别化特点，这势必会增加合作组织寻求服务的成本和衔接各项服务的难度。再者，这种政府条块分割体制下的惯性运作，会使得行使国家权力的不同部门之间经常出现利益博弈。如果多部门竞争一项服务需求，且缺乏优胜劣汰的竞争机制，必然会造成对合作组织财政扶持资金的过量需求以及专业化发展动力不足的问题。这对农村经济合作组织的发展形成极大挑战，需要根据管理政策上的弹性来进行积极回应和修正。

五、农村经济合作组织发展的思想文化和经济发展约束

（一）农民合作意识淡薄，民主权利意识欠缺

马克思曾用"一麻袋马铃薯"来描述农民高度分散的原子化状态，在我国，几千年的封建专制传统使得农民被长期排斥在国家政治之外，而传统小农自给自足的生产方式使农民缺乏集体生活习惯和组织能力，阻碍了农民的相互交往和联合协作，中华人民共和国成立特别是改革开放以来，市场经济的推进和村民自治的实践与发展已经深刻地改造了乡村社会的传统结构，但传统作为一种巨大的历史惯性力仍在发挥着作用，特别是经济体制的影响和政府在社会管理中的权威地位在很大程度上减少了农民权利意识养成的机会。家庭联产承包经营以后，农村经济主要是以家庭为生产单位，而市场经济的利益竞争冲击着农村传统的守望相助价值观，农村地区呈现出社会关系疏离、联合协作意向不积极的状态。合作意识的淡薄和民主权利意识的欠缺使得农民缺乏集体行动的能力，无力扭转市场经

济发展中的弱势地位和不能有效维护其最大化利益。

（二）地方政府思想认识的错位

新农村建设的开展和《农民专业合作社法》的实施促成了合作组织快速发展的社会背景。各地方政府也开始把农村经济合作组织作为提高农民市场组织化程度、增强农业竞争力、提高农民收入的有效途径，进而采取各种政策措施支持和倡导合作组织的发展，但是应该看到，我国仍有相当一部分政府部门和领导干部对农村经济合作组织的重要性认识不清，这主要表现在：

一是对农村经济合作组织的界定把握不准，把经济合作组织等同于集体经济组织，很多人受以前的"合作化"运动影响，对合作社概念认识严重扭曲。如，对经济合作组织的性质存在误解，这对合作组织的健康发展产生了极为不利的影响。

二是对农村经济合作组织的发展有所顾忌。有些地方的合作组织发展迅速，在拥有较强的市场竞争力的同时，也开始在社会和政治领域发挥越来越重要的作用，在这样的情况下，有些政府部门担心合作组织的发展壮大会形成政府无法控制的政治力量，动摇其在乡村治理中的行政管理权威和领导地位，成为政府的"对立面"，从而在一定程度上更多强调合作组织的自发发展而不进行有效地规范引导和支持培育。

三是对农村经济合作组织的发展持消极应对心理。很多地方都有发展合作组织的实际需求，但是由于对合作组织的重要性认识不足，有些政府部门往往通过分解任务、层层下达的方式进行落实，合作组织的发展成为硬性的指标任务。在这样的情况下，合作组织的成立仅仅是政府命令的结果，而不是农民自我联合的互助合作。由于合作组织被列入绩效考核的指标体系，有些地方还会出现合作组织的统计造假和虚假繁荣。据东部某省农业厅经管总站工作人员介绍，这些年合作社数量增加很快，该省每年要新增 1.3 万家左右，但其中 1/3 都没有发挥作用，根本没有开展任何合作，是"假合作社"，徒有虚名，这都在很大程度上阻碍了合作组织的健康发展。

四是对农村经济合作组织发展的主导权之争。目前，大量的政府部门和相关机构涉入农村经济合作组织的发展规范领域。农业局、供销社、村集体等众多部门机构围绕对合作组织发展的"主导权"进行了激烈较量和争夺，争相发展由自己主导的组织。在这种情况下，从合作组织的发展表面上看轰轰烈烈、异军突起。但其内在发展和治理机制却存在很大隐患。很多地方的合作组织虽然统计数字非常多，但能够真正发挥实际作用的合作组织却很少。同时，由于政府部门或相关机构的强力介入和控制，有些合作组织缺少自我治理机制，或者出现合作组织的异变，缺少实质内容。

（三）合作组织理论研究与合作社教育相对滞后

从欧美发达国家的情况看，合作组织的教育是其良性发展的重要保证。一般来说，合作社经营管理人员需要接受专门的教育和培训，包括合作社制度、合作社管理、合作社经营，甚至市场营销等专门知识和技巧。这些教育和培训使合作社经营管理人员具备了专业的管理知识、丰富的营销经验和较强的驾驭市场的能力，充分保证了合作社的良性发展。

但反观我国，合作组织理论研究与合作社教育相对滞后，难以满足农民对合作理论的要求。这主要表现在：

一是合作组织理论研究起步晚，难度大。受制度的影响，中华人民共和国成立以后我国的合作组织理论研究与实践是以马克思主义合作理论为主来进行的，而对于西方合作理论的系统研究则比较缺乏。改革开放以来才开始更多关注现代合作理论，并引进、借鉴国外合作组织的有效经验。综合学者们的研究，当下我国已在农村经济合作组织发展的必要性与总体思路、质性规定和制度边界、制度变迁与成长机理、制度安排与运行机制、制度环境与制约因素、绩效评价与现实问题、国外经验借鉴与比较研究等方面取得了比较可观的成果。但是另一方面，由于中国经济合作组织尚处于发展的初级阶段，虽然上述研究成果已经具有一定的理论价值和应用价值，但就总体而言还存在着明显的缺陷和不足，譬如：相对缺少对其制度安排、制度绩效等问题的深入探讨；相对缺少对国外合作社运动在新形势下所处的困境及其应对的认真讨论及前瞻性借鉴；在对中国农民合作社发展状况的研究与调查上，往往存在抽样随意，缺乏科学性等问题，在案例分析方面，往往就案例谈案例，缺乏理论提炼，相对缺乏理论层面的深入分析和前瞻性的趋势分析，分析方法和工具相对简单化等等。另外，由于研究视角分散，方法不一，我国目前尚未形成符合中国实际的合作经济理论体系。

二是合作社教育缺位。目前我国还没有设立充裕的专项资金用以广泛开展合作社教育，没有形成覆盖学历教育、职业教育和培训、农村基础教育等多层次的合作社教育体系。高校中第一个专门培养合作社高级人才的教学单位是于2008年3月在青岛农业大学揭牌成立的合作社学院。但从全国范围看，合作社专业设置、教学内容、合作社教材、师资等许多方面都处于断层阶段。另外，虽然我国现在开始针对合作组织进行相关的培训，但合作教育没有在农村大范围的展开，农民受教育程度较低，互助合作精神和市场参与能力较差，如果舆论导向、培训引导等跟不上其需要，就会导致他们对合作组织的性质、作用、民主管理制度等知识缺乏准确了解，从而制约了合作组织的发展，我国很多地方经济发展水平和条件相近，但合作组织发展水平却相差悬殊，地区发展很不平衡，这种现状在很大程度上与合作意识的普及度有关。

（四）农村经济发展方面的障碍因素

农村经济合作组织的产生与发展，是市场经济发展到一定阶段的必然结果，与农产品的市场化程度、农户经营规模等联系紧密。但是就我国的实际情况来看，农业生产经营规模小，农产品商品率低，使得农民自我组织、合作互助的动力明显不足，缺乏合作的内在需求。另外，农村社会化服务还比较落后，相关涉农部门和机构还无法与合作组织进行有效的服务对接和资源整合。特别是在现有的网络化社会，农村信息服务手段较为落后，经济合作组织还不能广泛地借助先进的网络技术进行信息收集、反馈和传递，这在很大程度上影响了合作组织对农产品市场中的需求判断，阻碍了合作组织的资源优化和规模扩展。

六、农村经济合作组织发展的内在障碍

农村经济合作组织是一个复杂的组织系统，一般要包括组织目标、规章制度、组织成员、权威性（合法化）和物质条件（资金、设备和活动场所等）5个

基本的一级系统要素。本部分内容将结合这些要素，对阻碍合作组织发展的原因进行相关分析。

（一）资金约束

在影响农村经济合作组织发展的因素中，资本筹措渠道狭窄、资金短缺是制约合作组织发展的重要瓶颈。郑丹等人的调查显示，93.4%接受调查的农民专业合作社在发展中面临资金缺乏的问题；从合作社的资金需求量来看，所需资金最少的为1万元，最多的需要1 200万元，平均资金需求量为157万元。

现在，多数合作组织通过实施产业化和规模化经营来促成农业经济的持续发展，这就需要大量的资金投入和支持。但是多方原因的限制，形成了合作组织发展过程中资金需求和供给的极大缺口，具体说来，合作组织资金的约束主要有以下原因：

一是合作组织成员自身投入不足。依据我国《农民专业合作社法》的规定，农民至少应该占到合作社中成员的80%，但是由于农民整体经济水平不足，收入较低，直接影响到其出资额度，调查显示，合作社整体出资额最少的只有0.7万元，最多的达518万元，平均出资额为60.44万元，其中，有32.8%的合作社出资额不足10万元；而出资额超过100万元的，仅有16.4%的合作社，人均出资额平均为4.29万元，最少的几十元。

二是政府财政支持的政策力度不够。合作组织发展的重要目的就是要解决农户参与市场所遇到的资金、技术、服务等难题，但是现有的政策规定并没有积极促成资金互助合作组织的发展，比如《农民专业合作社法》第二条规定合作社应"提供农业生产资料的购买，农产品的销售、加工、运输、储藏以及与农业生产经营有关的技术、信息等服务"，其中没有明确提到金融服务，虽然有人理解这个"等"字包含金融服务，但合作社融资的合法性问题一直模糊不清。另外，2007年1月22日银监会印发的《农村资金互助社管理暂行规定》给久盼甘露的农民专业合作社和农民带来了希望，但规定中第九条要求，农村资金互助社需有符合规定要求的注册资本，即"在乡镇设立的，不低于30万元人民币；在行政村设立的，不低于10万元人民币，应为实缴资本。"其第三十七条又规定："农村资金互助社理事、经理任职资格需经属地银行业监督管理机构核准农村资金互助社理事长、经理应具备高中或中专及以上学历，上岗前应通过相应的从业资格考试"这些要求在很大程度上增加了资金互助社的设立门槛，与小农资金互助理念相冲突，会将更多的资金互助合作组织排斥在现有的制度框架之外。

三是合作组织贷款较难。在当下金融业全面改革的大背景下，银行业对合作组织的贷款十分谨慎，而合作组织内部财务管理制度不健全、信息透明度差，金融机构难以对其进行详细地了解和风险评估。另外，工商部门在合作社登记注册时，既不进行任何验资提示，又不需要出具验资报告的宽松管理也在很大程度上加剧了资金缺乏的局面。一位国务院发展研究中心原负责人在谈到合作社时说过，现在统计的合作社成员出资总额几千亿元，其实就是个神仙数字，根本靠不住。现在成立合作社太简单了，只要拿着 5 个户口本就能到工商部门注册成立，至于出资额度，自己说多少就是多少，说 100 万也行，说一个亿也行，水分很大。

（二）人才约束

农村经济合作组织要在激烈的市场竞争中求得生存和发展，必须拥有相关的管理、技术和营销人才，完善合理的人才结构和机制不仅能够使合作组织具备丰富的专业经验与技术，保障其有效经营与管理，而且能使其以合作和奉献的人格力量来引导、团结和凝聚组织成员。一般来说，合作组织人才素质的高低关系到合作组织的未来发展层次，其领办人能力更是在一定程度上决定着合作组织的发展方向。

调查显示，有 55.2% 的调查农民认为"没有好的带头人"、48.5% 的农民认为"农民不知道该如何组织"、47.9% 的农民认为"人心不齐，难以组织起来"是目前发展农村经济合作组织面临的主要困难。调查结果表明，人才短缺是目前制约合作组织健康、规范、稳定、长远发展的主要因素。这是因为：第一，在目前的行政体系以及共有的意识形态约束下，农村能人大多会通过各种渠道融入到现有的各级行政链条和城市社会中；加之随市场经济的发展而带来的人才的向南流动和利益分化，很多农村人才不再固守农村，这也加剧了合作组织发展中的人才流失。第二，农村现有的经济能人因存在农民合作意识薄弱、村集体对合作组织的限制等各种制约，未必愿意担任合作组织的领办人。在这样的情况下，很多农村经济合作组织中的带头人往往综合素质不高，适应市场经济的意识和能力不强，从而导致对政府及政府部门的依赖性增强，制约了农村经济合作组织的创新和发展。

（三）合作组织的治理机制不规范

第一，组织结构松散。从组织理论的角度分析，在一个组织系统内部，当制度要素居于主导地位时，组织的内部结构稳定性强，是一个强势组织；当人在组织中起着主导作用时，组织的结构比较松散，系统的稳定性弱，是一个弱势组织[①]。

首先，农村经济合作组织的结构松散表现为"有组织无合作"。完善的内部管理机制和利益联结机制是合作组织健康发展的基础。然而，当前一些合作组织设立的目的是为了利用国家优惠政策，套取国家补助资金，进而组织当地农民凑人数设立合作组织。这种合作组织只具法律形式，成立后并没有按章程进行运作，更没有以组织的名义开展农业生产经营活动，合而不作，无法真正发挥其作用。在辽宁，由于农民入社初衷仅为争取优惠政策和项目支持等利益，合作社大多是通过签订购销合同建立利益关系，这使得辽宁省有 85% 的专业合作社为"松散式"的农民联合组织[①]。

其次，农村经济合作组织的结构松散还表现在合作组织是一个建立在以农民弱势群体为主体、农业弱质性产业为依托基础上的弱势组织，农业在生产中的弱质性、市场竞争中的季节性、反应滞后性和被动性等特点决定了合作组织的基础是脆弱的。同时我国多数合作组织尚处于初级阶段，重营利轻服务、重分配轻积累，与成员只是进行简单合作。这种方式并没有解决把农民组织起来进入市场的问题，农民与农产品营销实体间没有形成稳定的利益联结机制。

再次，合作组织中农民"入社自愿、退社自由"的原则虽然保障了农民的自

---

① 韩喜平，李恩，2011.农民专业合作社管理协同研究[J].学习与探索.(6).

由选择权，但在很大程度上也导致了合作组织的结构松散和利益联系不紧密，不能保障合作组织的稳定持续发展。而且，我国农村经济合作组织发展形式多样，各地管理规范差异较大，合作组织的发展还没有形成统一、固定的模式，加上农民自身的社会意识、文化程度存在差异，合作组织很难形成合理的制度规范。

第二，民主管理制度不足。合作组织的民主管理包括其成员充分的知情权、有效的参与权、平等的投票权，以及对决策过程的最终控制权。这既是合作经济的基本原则，又是保证公平和最大限度地维护组织成员利益分配的基本出发点。但是通过考察我国经济合作组织的成长环境可以发现，合作组织的民主管理制度多为形式化运作，并面临不同程度的异化。如在江西省余干县，有相当一部分经济合作组织内部管理机构不健全，大约有85%的合作组织没有设立理事会、监事会等机构，重大事项未经民主表决就草率决定，造成民营民管的基础不牢；一些合作组织约束机制不健全，有近92%的合作组织没有建立完善的财务管理制度和收益分配制度。

造成这种情况的原因包括：一是很多合作组织是为套取国家补贴和优惠而设立，组织动机严重扭曲，民主管理更是无从谈起；二是很多合作组织中，往往是核心成员、骨干成员承担了合作组织的经营风险。如东部某省的一家地瓜种植合作社从创立初期的2 600多户发展到后来的5 000多户，横跨5个村庄，但合作社核心成员仅有8人，这8人风险共担，与其余5 000多户农户采取"保底价"的方式合作，在这种情况下，合作组织的控制权也自然地向他们倾斜，导致最终决策权往往集中在少数人手里。合作组织的发起人往往既是决策者又是监督者，一人控制合作组织，普通成员的参与度低，导致合作组织缺乏凝聚力，而专事监督职能的监事会则成为摆设，甚至有的根本就不设置，单个农户民主管理的权利也因此往往被剥夺，民主管理成为一句空话。这一问题直接影响到合作组织的可持续发展，可能会导致个别合作组织蜕变为私人企业或解体的现象；三是合作组织普通成员的主体参与意识弱。很多农民加入合作组织强调的是"合作社给我什么好处"，而不是"要用自己的手解决自己的问题"，结果导致小农成员在放弃剩余索取权利的同时，也放弃了控制权。并且，小农普遍存在受教育程度低，知识水平和掌握信息量有限的问题，进而直接限制了他们的决策能力。如江苏南部某市的一家茶叶合作社号称有 1 000 多名社员，理事长原本是茶叶种植和经销大户，合作社成立后，社员采摘的鲜叶都交给合作社统一加工，而茶叶加工企业以及茶叶品牌为理事长个人所有。一位王姓社员说，鲜叶收购价格的确比往年高了一点，社员有所增收，但是，普通社员并不了解合作社的财务情况，不清楚合作社究竟赚了多少钱。合作社的年终分红是象征性的，每户多的不过上千元，少的只有几百元。

第三节　制约农业经济合作组织发展的因素

我国农业经济合作组织发展中存在的种种问题，是由于存在着诸多的制约因素。通过对农业经济合作组织发展状况的分析发现，制约的主要因素归结为以下几点。

一、对农业合作经济组织缺乏正确认识

目前，对农业合作经济组织发展不利的认识分为两种情况，一是消极对待心理。长期以来，在我国的一些政策文件和一些人的观念上，一直把传统集体公有制经济等同于合作经济，以至于合作经济深陷"歧途"。特别是 20 世纪五六十年代。在"左"的思想的指导下，农民从互助组开始，到初级合作社，再到高级合作社，进而跨入"一大二公"的人民公社，导致人们心目中对合作社概念严重扭曲。这种观念的冲突对农民合作经济组织的健康发展造成极为不利的影响，一些具备条件发展合作社的农民不愿再谈论合作经济，谈"合"色变，对新型农民专业合作经济组织的性质存在误解，心有余悸。参与农村经济管理工作的一些干部对此也存在顾虑，担心农民合作经济组织成员之间的关系主要是一种生产关系的变化，发展起来有可能形成不利于当地政府进行管理的政治压力性团体，会在一定程度上动摇乡村现有行政管理地位，造成一些农村干部不愿给予支持。二是激进的推进心理。近几年，由于农民合作经济组织发展开始受到政府的关注和重视，一些政府部门和相关机构围绕对农民合作经济组织发展的"主导权"进行激烈较量和争夺，争相发展由自己主导的组织。表面上看轰轰烈烈，内在却潜伏很

大隐患。统计起来，各种组织数字越来越多，真正发挥作用的很少。同时，由于政府部门或部分企业强力介入和控制，已经挂牌成立的专业协会和专业合作社，多数是"空招牌"，缺少实质内容。

二、法律与需要不相适应

法律地位不明确是影响当前农民合作经济组织健康发展的关键性问题。由于我国尚缺乏规范农民合作经济组织关系的法律，导致农民专业合作组织成立、登记注册、解散和组织的性质、宗旨、服务无法可依，合作组织性质模糊、地位不清楚、行为资格遭质疑，使这类民间组织一直没有获得应有的法人地位，权益难以得到有效保障。在名称上有的称为农民协会，有的称为合作社；在注册登记上有的是中国科学技术协会负责，有的是民政部门管理，还有的是在工商部门登记。从调查情况看，我国多数农民合作经济组织没有进行登记，没有获得法人身份。在进行登记的合作组织中，有的是在民政部门登记，获得"社团法人"的身份，有的是在工商部门进行登记，获得"企业法人"身份。由于没有取得社会公认的法人资格，合作组织在经营资格、银行贷款、税收抵扣、商标注册等方面都不同程度地遇到困难。

三、政府支持政策不明晰、难落实

近年来，为了支持农民合作经济组织的发展，各地陆续出台一些扶持和优惠政策。从登记、财政、税收、金融、用地、运输等不同方面给予农民合作经济组织一些支持政策，但从实际情况看，政策的可操作性不强，农民合作经济组织依然存在登记门槛高、资金紧缺、贷款难、公共服务缺位、技术供给不足等问题，尤其是税收问题已成为制约农民合作经济组织发展的一大瓶颈。

一是财政支持非常少，金融支持极为有限。目前中央和地方财政只是小规模地对合作经济组织发展提供很有限的支持。近年来国家加强对金融市场的整顿，一度比较活跃的非正规渠道融资活动受到遏制，但正规融资渠道没有及时建立或打开，客观上使农民合作经济组织的筹资难度加大。

二是税收优惠缺乏。对农民合作经济组织实行优惠税收政策是通行的做法。

鉴于农业合作社的互助性质和不以营利为目的，许多国家和地区往往采用减税、低税或免税的政策来支持其发展。在美国，农民合作经济组织纳税只有工商企业的 1/3 左右；日本一般股份公司要缴纳 62% 的所得税，农业协会只缴 39%；一般企业要缴纳 35.5% 的法人税，农业协会只缴 27%；一般企业要缴 50% ～ 60% 的各种地方税，农业协会只缴 43%。我国现行税收制度还未体现出对农民合作经济组织的优惠，特别是由于农民销售自己生产的农产品不缴增值税，而农民一旦通过专业合作经济组织来销售就要缴纳增值税，客观上是对农民专业合作经济组织规范发展的一种制约。

三是国家对农民合作经济组织的管理体制不顺。国务院农业、民政、工商、科技等部门、以及全国供销合作总社都参与农民合作经济组织的管理。农业部门从农业产业化的角度对农村合作经济组织进行指导；民政部门从社团登记、管理角度进行管理；工商部门从经营的角度对合作经济组织进行管理；中国科学技术协会从技术角度对一些协会实现归口管理；全国供销合作总社负责对全国供销合作社的管理和发展，代表中国合作社参与国际合作社联盟的各项活动。存在的问题是这些部门之间缺乏沟通和协调，缺乏统筹服务。

四、过度依赖政府或龙头企业

部分农业合作经济组织主要依靠政府发动与支持，靠龙头企业带动，对政府部门和企业的依赖性强。一旦失去政府支持或企业订单，合作组织就面临解散的危险。对政府或龙头企业的过度依赖影响着合作组织的可持续发展，容易导致农业合作经济组织的发展滞胀，并不断显现出各种问题，致使在农业合作经济组织发展中出现各种不利于农业经济发展的因素。

第三章

国外农业经济合作组织发展模式及经验

第一节　美国农业经济合作组织的发展模式

一、建立过程与组织形式

美国是一个移民国家，在早期的农业开发中，通过几乎无所限制的大面积圈地运动，实现了家庭式的农场经营，农民成为农场主。经营规模大是美国农业的一大特点。但经营规模较大，也不能改变农业经营特性，仍然需要合作才能改变弱势地位。

美国农业经济合作组织早期的发展，与欧洲大体上是同步的。这不是历史的巧合，它反映了农业发展的内在要求。美国历史上最早的农民合作经济组织是 1810 年康涅狄格州的奶牛农场主组建的农场主合作社，其目的是加工和销售奶油。1841 年和 1851 年威斯康星州和纽约州又成功地组建了两个乳业合作社，从此各种农民经济合作组织纷纷建立起来。1863 年密歇根州通过法律，允许以合作社方式买卖物品，从这一年开始美国政府建立了合作社统计档案。1867 年，第一次农业危机爆发，农产品过剩，价格下跌，农业收入减少，农场主陷入困境。与此同时，加工商、经销商和运输商趁火打劫，极力压低农产品收购价格，提高运费。农场主为了保护自己的利益，不得不组织更大规模的合作社，华盛顿特区成立的格兰其农场主合作社，是最有代表性的一个，被称为"保护农业社"。1874 年，格兰其农场主合作社派代表到欧洲取经，并根据罗虚代尔原则制定了一套组建合作商店的办法，使合作社得到规范。格兰其农场主合作社主要从事销售、储运和加工方面的合作，并取得了成功。一时间，全国各地纷纷成立格兰其组织，形成了一个席卷全国的合作社运动。农场主的合作社运动损害了私人大商业的利益，因此遭到强烈反对。1890 年，美国国会通过了《谢尔曼反托拉斯法》，农场主合作社被看作"限制贸易的联合"，属禁止之列，合作社的发展遭受严重挫折。但事实很快证明，对合作社的限制是错误的，美国农业不能没有合作经济。在广大农场主共同努力下，1922 年国会通过了《卡帕—沃尔斯坦德法》，把合作社从《谢尔曼反托拉斯法》的限制中豁免出来，确立了合作社的合法地位，这对美国各种农民合作经济组织具有划时代的意义。

第一次世界大战后，美国政府普遍实行农业组织技术推广制度，各地推广员在指导和帮助农民成立合作社方面做了不少工作，促进了农民合作经济组织的发展。农民合作经济组织之间逐步联合，成立了全美农业合作组织联盟，并参加了国际合作联盟。

现代科学技术在农业中的应用，促进了美国农业的发展，也推动了农民合作经济组织的发展。随着工业化进程的加快和农业机械化的发展，农场数量减少，规模不断扩大。相应地，农民合作经济组织也逐步大型化，合作社数量和社员人数减少，但经营管理水平提高。1931 年，美国有 1.2 万个农民合作经济组织，社员 300 多万名，平均每个合作社 251 名社员，社均年营业额仅 20 万美元。社员人数在达到 1956 年的最高值 773 万人之后，于 20 世纪 60 年代开始不断减少，80 年代这种减少的趋势更加明显，90 年代中期社员减少到 400 万人左右。目前，美国约有农场主 200 万人，加入农民合作经济组织的约占总数的 82%，相当于每 6 个农场主就有 5 个人参加了各种形式的农民合作经济组织，有的农场主甚至同时参加几个农民合作经济组织。农民合作经济组织通过减少数量，扩大规模，增强了实力，提高了市场竞争能力。今天农场主参与农民合作经济组织的程度及二者之间的关系，较以往任何时候都要广泛和紧密得多，农民合作经济组织地位更加重要，功能变得更强了。

二、主要类型及其服务功能

在家庭经营占绝对优势的美国，为了解决单个农场难以办到的问题，需要非营利的合作社提供各种服务，降低生产成本。目前，美国农民合作经济组织可分为销售合作组织、供给合作组织、信贷合作组织以及其他服务合作组织等。但实际上，大多数合作社兼营供销和相关服务业务。现有的近 4 000 个合作组织中，52%是以销售为主，36%是以供给为主，其他类型占 12%，它们为农场主提供丰富多彩的服务，在美国的农业一体化服务体系中占有重要地位。

（一）农产品加工和销售服务

在美国农民合作经济组织中，销售合作社的历史最长，数量最多，实力最雄厚，在农业中的作用也最重要。全美共有农产品销售合作组织 2 000 多个，共有社员 166 万人，占全美农民合作经济组织社员总数的 42%。大多数销售合作组织一般只经营一种农产品，经销两种以上农产品的为数极少。这些组织不仅仅从事销售，还涉及农产品的收购、运输、储藏、检验、分级、加工、包装以及最终产品的销售等多个环节，其中加工、储运、批发、零售等环节的增加值可达到 76%。从市场占有率上看，奶牛合作组织的市场占有率最高，达到 86%，粮食和棉花分别是 40%和 41%，果菜为 20%、牛羊肉为 13%。

（二）生产和生活物资供应服务

供给合作组织向农场主供应农用生产资料，并从事相关的技术指导和售后服务。供给合作组织主要有两种类型：一种是专营合作组织，另一种是综合合作组织。专营合作组织只经营一种或一类商品，但覆盖地域很宽，供应量也很大。但更多的合作组织是综合性的，经营范围从饲料、化肥、农药、种子、农机、建材，到汽车配件、家用设备和日用品等，一些较大的合作组织还拥有自己的农用修造厂、化肥厂和农药厂。全美共有农资供应合作组织 1 400 多个，拥有社员 179 万，占农场主合作社总社的 44%。同时，它们还提供相应的辅助服务，如土壤测定、防疫、育种、奶牛改良、作物监测、经济核算和法律咨询等。

（三）农业设施利用服务

有些大型、昂贵的农机具和公共农用设施，单个农场无力承担或无须独立购置，所以提供设施服务的合作组织应运而生，为农业生产和农村生活提供了极大的方便。设施利用合作组织向社员提供设施服务的同时，向使用者收取手续费，用于设施的更新和维护。原来合作组织主要是提供棉花轧花机、烘干机、饲料加工机、谷物收割机、农药喷洒机等，后来牲畜运输合作社、稻谷烘干合作组织也分别于 1992 年、1993 年归入这一类。其他相应的服务内容还有制种、育苗、人工授精、灌溉、施肥、病虫害防治、减灾防灾、仓储、住房等农业设施和大型农机具的使用。美国共有设施利用合作组织 400 多个，有社员 21 万人，占全美农民合作经济组织社员总人数的 5.76%。

（四）农村电力和电话业务服务

因为私人电力公司不愿意为农场主提供电力，所以农场主就成立了电力合作组织。发展农村电气化是农村居民生产生活的大事，农村电力合作组织和电话合作组织在这方面起到了重要作用。这两种合作组织除了农场主外，还有农村地区的其他居民参加。目前，美国有农村电力合作社 800 多个，农村电话合作社 200 多个，美国约 1/2 的农场由农村电力合作组织提供电力，1/3 的农场由农村电话合作组织提供电话服务。

（五）信贷服务

农场主所得的贷款中来自合作组织系统的份额越来越大。目前农民合作经济组织信贷体系提供的贷款已占全部农业贷款的 2/5 左右，包括季节性经营贷款、弥补周转金不足的中期贷款、用于基本建设的长期贷款和支持出口的贷款等四大类。

（六）科技开发和技术、信息服务

为了更好地为农场主服务，保障产品畅销，一些实力较强的合作组织建立了自己的科研机构。如属于农民合作经济组织的兰德莱克公司总部设有食品研究开发部，他们研究的内容很细，包括食品的营养、口味、细菌含量、卫生标准、包装以及市场调研、新产品开发等。该部甚至还设有实习厨房，专门用来向经销商和消费者展示食品的烹调方法。公司还根据消费者和美食专家的意见，改善产品的形状、口味和包装，以满足消费者需要。农场主的产品从研制到投放市场，要经过反复的研究，掌握足够的科技和市场信息，这些工作很多由农民合作经济组织来承担。

三、农村合作经济组织的主要特点

美国农村合作经济组织一般习惯被称为农民合作经济组织，其主要特点表现如下：

（一）以加工和流通领域的农民合作经济组织为主

在美国，无论在历史上还是现在，农业生产合作组织数量都很少，官方在制定合作组织方面的政策法规时，也不涉及生产合作。但在农业生产资料供应和农产品销售、加工、储运、产前、产中、产后各个环节的服务上，合作组织的活动则非常活跃。合作组织不改变家庭农场的经营地位，主要是为农场主提供所需的服务。

（二）以专业合作组织为主

美国合作组织的专业化程度很高，一个合作组织一般只围绕一种或几种农产品展开多种合作业务，如豆类合作组织、棉花合作组织、果菜合作组织、粮油合作组织、家禽合作组织、稻谷合作组织等。这些组织规模和业务量都很大，如"蓝宝石农业合作"从事杏仁的收购、加工和销售，它有200多个杏仁加工品种，5 000多种包装，产品享誉世界，远销欧洲和日本等国际市场。

（三）实行产业化经营

美国没有"农业产业化"的提法，而是称为农工商一体化经营。美国农业确实是一项现代化的产业，已经实现了产业化经营，主要表现在：农业生产的一些不节已经发展成为独立进行工业化生产的部门，比如种子加工、饲料加工；一些农作物栽培和水产、畜禽养殖在人工室内环境下实行了工厂化生产；几乎对所有农产品都进行不同程度的加工和包装，使之几倍乃至十几倍地增值，增加了就业机会，提高了经济效益。农民合作经济组织联合的特性正好符合美国农业产业化经营的需要。贸工农一体化经营实现了农业生产、加工、销售的有机结合，成为农户走向市场的重要依托。

（四）跨行政区和社区建立，不受区域限制

根据经营范围和规模，可以将农民合作经济组织划分为当地合作组织和区域性合作组织。当地合作组织常常是某个区域性合作组织的基层组织，服务范围要小一些。目前全美有3 800多个当地合作组织和6个区域性合作组织。总部设在伊利诺伊州的格鲁玛克，是一个区域性合作组织，辖有130个当地合作组织，为美国三个州以及加拿大安大略省的1万多个农场主提供生产资料供应、机耕、良种繁育服务。经过长期的优胜劣汰，存下来的合作组织经营管理能力较强，经济和技术实力也较雄厚，能够为农场主提供优质的配套服务。一些大型的合作组织已发展成为规模巨大的跨国集团，在北美乃至全世界都占有重要地位。

四、美国农民合作经济组织管理经验

美国农民合作经济组织在长期实践中形成了三个治理原则即利用者所有、利用者管理、利用者受益。这三个原则也是美国各类合作组织公认的原则，为有关方面所认同，也得到政府承认，在州和联邦有关法规中得到体现，并成为区别合作社与普通企业的标准。三个原则的核心是强调社员对合作组织的利用，在这三个原则的指导下，美国农民合作经济组织在治理结构上有以下独特之处。

（一）出资人分为社员和投资股东两种成分，坚持社员治社

法律允许合作社按《公司法》发行股票，股票的持有人可以是社员，也可以是非社员。两者的根本区别在于是否是合作组织的利用者。承诺利用合作组织，并与合作组织签订利用合同，购买合作组织发行的"普通股"（即不获取利息的

股票）或者向合作组织交纳入社费，这样的股东才具有社员资格，在合作组织管理中有投票权。每个社员只有一票表决权。非社员可以购买合作组织发行的"优先股"或入股，成为合作组织的股东，合作组织向这些股东支付股息，但股息高低受法律限制。如加利福尼亚州规定年股息不超过5%，在合作组织破产时，优先股或投资股有优先得到偿还的权利，但非社员股东在合作组织管理上没有投票权。本来具有社员资格的股东，如果不认真履行合同，甚至长时间不利用合作组织，按章程规定即被取消社员资格，从而失去管理上的投票权。20世纪90年代，联邦法院曾判决过涉及面较广的取消社员身份案件，在美国引起了较大关注。当时的情况是，一个区域性的农民合作经济组织（即联合社或称中心社）由于一些成员社较长时间不利用该合作社，按章程规定取消了其社员资格，并将其持有的普通股转为"合作社留存调换债券"，在证券交易会上进行了登记，这种债券既无投票权，也没有股息和红利。这些被取消社员资格的合作组织不服，上诉到联邦特区法院，联邦特区法院判定该联合社是对的，驳回了上诉。这一案例充分表明，美国农民合作经济组织虽然采用了发行股票和债券的做法，但仍然坚持了社员治社性质。

（二）管理机构只有一个董事会（或理事会），不设监事会

美国的公司法规定公司必须设董事会和监事会，而对合作组织却只规定"美国合作组织应由董事会管理"，而未提及监事会，这与欧洲合作组织有明显的区别。之所以有这样的区别，也是因为美国公认合作组织的三个原则，特别是利用者管理原则。合作组织社员集出资者、利用者、受益者、管理者和监督者于一身，因而无须另设监事会。董事会是依照章程由社员选举的，在按期举行的例会或特别会议上，只要有多数社员提议就可以免去某一董事之职并另选他人。由董事会选举产生合作组织的高级职员，包括一名主席，一名或几名副主席，还有秘书和主管会计（不必为董事），秘书和主管会计可由一人兼任。如果合作组织另外雇用一名非董事任用经理，董事会也可选他为副主席。

（三）社员与非社员股东都参加盈余分配

盈余分配以按利用率分红为主，严格限制股息分红，既体现利用者受益原则，保护社员的平等权利和弱者地位，同时又兼顾投资者的权益，鼓励投资，较好地处理了社员和非社员的经济利益关系。法律规定入社社员和非社员投资者都可以参加盈余分配，根据社员对合作组织的利用程度分红为主，股息分红被严格限制在规定的范围和幅度内。法律还进一步强调，纯盈利收入的分配，首先应留出至少 10% 作为公积金，也可以将剩余的一部分或者全部用于社员的公共福利，这实际上也是对社员公共利益的一种保护措施。利用者受益的原则不仅体现在社员可以得到非社员所得不到的服务，如优质农资供应，还体现在社员可以享受到农产品的优先出售权等。

（四）与农场主的紧密程度多种多样，并取决于利用者的实际需求

美国农民合作经济组织不受行政级别和行政区划的限制，完全按照实际需要设置，合作组织与社员的关系，需紧则紧，需松则松，宜实则实，宜虚则虚。合作组织本身是一个自下而上多层联合的体系。最下层的是基层组织，这一层是直接日农场主组织的，是紧密的，也是真正的经营实体，是社企合一的。每个基层组织活动范围的半径通常为 1 030 英里（1 英里约为 1.61 千米），相当于我国一个县的范围。比基层组织高一层的是中心组织，中心组织常常是由一个基层组织通过兼并、吸纳其他合作组织而组成的，其服务范围在两个县以上。中心组织的社员不仅有个人，也有经营实体，通常有若干个分组织。这种中心组织的经营管理是集中统一的，因而相当紧密，经济实力很强。中心组织的上一层是地区组织，其服务范围有几个县甚至几个州。地区组织中有一部分是统一集中型的，只有一个中心地址，一个董事会（或理事会），一个负责全面事务的经理，并直接从事经营业务。每个社员组织对联合社有一票投票权，联合组织从事联合推销和采购业务，联合投资建场，联合选择主要金融市场等。地区组织上一层是全国组织，其服务覆盖大部分地区或全国。全美农场主合作社联盟，就是一个全国组织，有 3 800 多个地方性成员组织和 80 多个全国性的机构成员分布在全国 11 个

地区，有 31 个州级机构。它是一个社团组织，主要是通过自己的中介纽带作用，促进合作社之间的相互了解和互助合作，维护合作社的利益。

五、美国农民合作经济组织的作用

（一）农民合作经济组织发挥了规模化的作用

虽然美国实行较大规模的农场经营，农场主的经济实力也较强，但仍然摆脱不了农业的"弱势"地位，干旱、水害、冻害、病虫害等自然灾害频繁发生。国内国际市场的激烈竞争和高度专业化生产，以及农业生产投资大、回收周期长等特性，也给农业经营带来更大风险。这些方面都使单个农场缺乏独立生存的能力，使农场间的合作和联合成为需要。而合作组织正是农场主自己的组织，代表自己的根本利益，只有农民合作经济组织才能将自己组织起来，去面对自然、社会和市场的挑战，在生产经营中发挥着重要作用。合作组织通过在生产经营领域的服务解决生产问题，通过社区生活服务解决社会问题，还通过政策宣传和信息沟通，成为联结政府和农场主的纽带，起到了服务社会、稳定社会和辅助政府的作用。因此，美国政府视农民合作经济组织为具有某种社会福利性质的非营利性组织，在许多方面予以大力支持和保护。

（二）农民合作经济组织发挥了农业服务主体的作用

农业生产的专业化水平越高，越要求有健全的社会化服务体系。美国的农民合作经济组织、农业院校、政府部门、科研单位以及私营服务公司等构成了完整的农业社会化服务体系，其中，农民合作经济组织具有其他任何组织和机构都无法替代的作用。农业院校、政府部门、科研单位以及私营服务公司的服务主要偏重于农业政策、信息、科技、协调等各类软件服务，而农民合作经济组织则提供生产资料、生活资料和农业机械等方面的硬件服务，服务更具体、更细致、更实用，更符合农场主的切身利益，更能解决实际问题。

（三）农民合作经济组织发挥了产、供、销一条龙的桥梁纽带作用

美国农业产业化经营的主要特征是农工商一体化。由于农业专业化程度不断提高，农业内部的分工越来越细，生产某一种农产品越来越需要相关企业或组织的密切合作，从而把农产品的生产、加工、销售以及农场生产资料的生产和供应等各环节，紧密结合在一起，形成产业链。这些链条的利益方式不同，有的是单纯的买卖关系，即公司制；而更多的是利益共享、风险共担的一体化组织，即合作组织，它们作为农民的合作经济组织，实行贸工农一体化经营，成为连接农户与市场的桥梁和纽带。

（四）农民合作经济组织在农业产业化分工中发挥重要作用

专业化是美国农业的一大特点。这种专业化主要表现为地区专业化、农场专业化、生产环节专业化。美国把全国划分为 10 个生产区域，每个区只生产一两种农产品，农业的区域化布局，形成了农业的地区专业化。比如，北部平原是小麦带，中部平原是玉米带，南部平原和西部山区主要饲养牛、羊，大湖地区主要生产乳品，太平洋沿岸地区生产水果和蔬菜。农场是美国农业的基础生产单位，90%左右的美国农场是家庭专业农场，它们有的专门种植大田作物，有的专门种植蔬菜和水果，有的专门从事畜牧业养殖。美国家庭农场规模都很大，大部分为数百英亩，有些家庭农场占地达数千英亩，为专业化生产创造了条件。农业生产环节的专业化是指农业生产全过程的各个环节专业化。以大田作物为例，原来由农场主承担的育种、整地、播种、施肥、除草、浇水、收割、运输、储藏等生产活动被逐步分离出来，由独立的服务组织专门承担。农场主只做自己能做并且又很实惠的生产环节，其余的由合作组织去做。

（五）农民合作经济组织在科技进步和生产现代化方面起到重要作用

作为世界上最大的农业现代化国家，在激烈的市场竞争中，美国千方百计地发展高新农业技术，积极推进农业生产机械化和现代经营，提高农业生产力。合作组织一方面在生产、加工和产后服务领域直接采用先进农业技术，另一方面，

通过组织推广、技术服务和科技信息服务，推动先进技术的应用。目前，美国在农业生产领域应用的最为先进的农业技术有：以全球卫星定位系统为代表的"精确农业"生产技术、以因特网为代表的计算机网络技术和以基因工程为核心的现代生物技术。以卫星定位系统为核心技术，辅助测土施肥为配套技术的"精确农业"生产技术，使美国农业生产实现了新的飞跃，每公顷稻谷、玉米、大豆产量比精耕细作的我国的产量还要高 6% 到 48%。目前，美国正在农业领域推广这种精确种植技术，全美已有 15% 的农户使用了装有卫星定位系统的农业机械。由于经济效益较好，精确种植技术的应用范围越来越大。以因特网为代表的计算机网络技术在农业领域的应用，使农业生产活动与整个社会紧密联系在一起，使农业生产的社会化进入一个新阶段。美国政府决定建造"信息高速公路"以后，电子计算机网络技术正在美国农业领域里迅速普及。伊利诺伊州已经有 67% 的农户使用了计算机，其中 27% 使用了互联网技术。通过计算机网络，农场主不出家门就可以了解农产品期货价格、销售量、进出口量、最新农业科技、气象资料等信息。同时，农场主还可以在网上销售农产品，购买农业生产资料，进行农业科技咨询。以基因工程为核心的现代生物技术的应用，培养出产量更高、质量更优、适应性和抗逆性更强的新品种，使人类更多地能够控制农业的自然生产过程。以高科技为基础的工厂化种植养殖产业，彻底改变了农业的传统生产方式，使农业的生产活动能够在人工环境里进行，实现了真正的工厂化生产。

六、美国政府对农民合作经济组织的扶持

农民合作经济组织无以替代的特殊地位，受到政府的特别重视，在很多方面得到政府的保护和扶持。

（一）法律保护

早在 1922 年，美国政府就把农民合作经济组织从《谢尔曼反托拉斯法》中豁免出来，确立了其法律地位，对农民合作经济组织的发展起到了历史性作用。

（二）税收优惠

19 世纪末，美国政府豁免了农民合作经济组织的全部赋税，在其后的半个多世纪里，合作社一直享受着免税的待遇。1951 年以后，随着农民合作经济组织经济实力的不断壮大，政府不再给其以普遍的赋税豁免权，只有那些根据税法取得免税资格的农民合作经济组织才能享受赋税减免待遇。但对于无豁免权的农民合作经济组织，其分配给社员的红利、惠顾返还金以及其他收入，仍然享受免税待遇。因此，与其他企业相比，农民合作经济组织的赋税还是比较低的。

（三）信贷支持

美国政府帮助建立起来的农业信贷合作体系，是专门向农场主和农民合作经济组织提供信贷服务的。此体系一直被认为是最安全、最稳定的信贷机构，对农民合作经济组织的发展起到了至关重要的作用。

（四）政府对农民合作经济组织的登记注册，也有特别的规定

在美国开办一般企业的手续很简单，只要到登记机关填一张表，在确认名称未被使用、申请者个人家庭和拥有 25% 以上股份的公司无申请破产的记录，再按规定交纳少量的注册费就完成了。而组建农民合作经济组织则要复杂得多。如加利福尼亚州有关法规规定，组建农民合作经济组织首先要由发起人（5 人以上）向州长提交申请报告和章程，州长收到申请和章程后，要派专人实地考察确有成立农民合作经济组织的必要，有足够参加农民合作经济组织的人，确认农民合作经济组织是最有效解决问题的方式，有适合的管理人才，有资金筹集渠道等，考察后写出可行性报告，经过审批才能进行登记注册。对农民合作经济组织登记注册的这种特殊规定，一方面可以防止企业以农民合作经济组织的名义偷逃税款，更重要的则是以此控制农民合作经济组织的数量，保证其质量，避免泛滥引起恶性竞争，确保正常运营，是对农民合作经济组织的一种特殊保护。

七、美国农民合作经济组织发展对我国的启示

美国农民合作经济组织发展对我国有诸多启示。

（一）农民合作经济组织是当前我国农业产业化进程的客观要求

改革开放以来，中国农村社会生产力有了很大提高，农业经济有了很大发展。随着改革的深入，市场经济的发展以及农业产业化进程的加快，一些制约农民生产经济活动的问题日益突出，单靠农民自身的力量已完全不能够解决。分散经营的农民势单力薄，难以及时、全面、准确地掌握市场行情，生产经营存在很大的盲目性。不同形式的农民合作经济组织的出现，为农民提供了有效的产前、产中和产后的配套服务，较好地解决了农民生产经营和农村改革发展中遇到的诸多难题。美国的实践表明，农民合作经济组织是适应农业生产发展需要而产生的，是农村社会生产力发展到一定阶段的必然产物。加快农民合作经济组织的发展，能够促进农业产业化经营，增加农民收入、推进农业和农村经济的发展。因此，我国应尽快明确农民合作经济组织的法律地位。

（二）建立和发展农民合作经济组织，必须由农民自觉自愿组建起来

农民合作经济组织是市场经济发展的产物，是农民为改变自己在市场竞争中的不利地位而自发结成的自发性经济组织，其职能主要是解决农民生产经营中遇到的困难，保护农民自身利益，必须是农民自愿组建的合作经济组织，才能真正做到美国"利用者所有、利用者管理、利用者受益"的原则。政府部门可以通过政策和优惠措施引导农民，切忌强迫命令农民去做。

（三）发展农民合作经济组织要从实际出发，循序渐进

美国实践证明，从实际出发循序渐进地发展农民合作经济组织是其农业合作化的成功经验之一。我国发展农民合作经济组织，要坚持从实际出发，因地制宜，循序渐进，不仅是合作经济组织的组织形式，而且发展速度和发展规模等都要和农村社会生产力水平、经济发展程度、市场需要以及合作经济组织的现有经

齐实力、组织制度、组织领导能力等实际情况相适应，才能有力地促进农业产业化的发展。

（四）建立健全农民合作经济组织内部管理和运行机制

美国合作经济组织之所以有强大的生命力，是由其本身内外机制决定的。其内部以社员服务为宗旨，坚持自愿、民主、股金、平等、教育和联合等原则，所有制表现为合作组织社员个人所有与合作组织社员共同所有相结合，合作组织社员共同所有占主导地位，实行按劳分配与按股分红以及其他分配形式相结合的分配方式，这些都充分体现了合作经济组织是劳动群众自己的组织，是个人利益与社会利益相结合的组织，是互助合作共同致富的组织。合作经济组织外部有国家良性宽松的市场经济环境和政府的政策支持。这些机制对我国农民经济合作组织发展很有借鉴意义。

（五）政府对农民合作经济组织要给予必要的支持

从美国农民合作经济组织发展历史看，农民合作经济组织健康顺利的发展离不开政府的鼓励和支持。目前我国农民合作经济组织在各地蓬勃兴起，其机制、管理、运作等还不完善、不健全，在发展过程中具有很大的盲目性和局限性，因此，政府的支持和引导尤为重要。

（六）农业综合开发要进一步重视和加强对农民合作经济组织的扶持

为推动农业和农村经济的发展，促进农民增收，农业综合开发要进一步重视和加强对农民合作经济组织的扶持，重点扶持以产品或产业为纽带联结起来的农民合作经济组织。对农民合作经济组织申报的符合立项条件的项目，农业综合开发要一视同仁乃至优先予以扶持；及时总结扶持农民合作经济组织的经验和做法，进一步明确扶持其发展的具体环节、资金使用范围和扶持目标；针对我国农民合作经济组织多数规模比较小，又面临迫切需要国家扶持的实际情况，对单个农民合作经济组织的扶持规模可以适当小一些。

第二节　法国农业经济合作组织的发展模式

农业合作社是在一定的法律、制度规范下发展壮大起来的，享受国家政策支持和减免税待遇。这包含两个含义，一是其设立需依法进行，如日本的《农协法》，美国的《合作社法》都规定了设立条件和程序。二是其运营要依法进行，法律依据是民商法、企业法等。为此，各国对合作社的发展普遍通过立法和政策措施来进行管理。除了中国等少数国家外，大多数国家都有较完备的合作社法律。

在不同的管理思路引导下，各国合作社呈现出不同的制度特征，主要有三种情况：

一是在合作社发展初期，提出系统的合作社理论，合作社发展到一定程度之后，再由国家制定法律加以规范。这种合作社既有比较好的理论基础，又能较好地适应经济的发展，比较典型的是英国、法国、德国等欧洲国家的合作社。

二是不强调合作社的理论研究，不受传统的合作社原则的束缚，完全强调商业化的运作方式，随着环境的变化而灵活多变地安排合作社的运作方式，不做过多的干预。在市场经济不断发展的今天，表现出很强的适应性和发展潜力。比较典型的是美国合作社。

三是合作社一开始就是政府推动和引进的结果，政府为了达到政策目标而引进合作社，而使合作社成为执行政府政策的工具。比较典型的就是日本的农业协会。

一、法国农业合作社的基本情况

法国的农业合作社产生于 19 世纪末期。当时，法国农业人口占全国人口的80%，农户经营规模小，受到生产资料供应商和农产品收购商的盘剥，加上市场价格波动的影响，农业发展面临着许多困难。为摆脱中间商的控制，应对市场挑战，许多农民组织起来成立合作社，共同购买生产资料，销售农产品，获得技术、信息等方面的服务。20 世纪 80 年代以后，合作社规模逐步扩大，数量减少，经营内容也扩展到加工、储藏和销售领域。2004 年，法国有 3 500 个各类农业合作社，常年雇用员工 15 万人，总营业额将近 670 亿欧元。全国 40.6 万个农户，90%是合作社成员。农业合作社在法国农业和食品加工业占据举足轻重的地位，合作社收购了全国 60%的农产品，占据了食品加工业产值的 40%，全国 40 家最大的乳品企业中，有 25 家是合作社。在葡萄酒行业中，全法国有 867 个葡萄酒酿制合作社，其葡萄酒产量占全国产量的 52%。目前，15%的大型合作社实现了全部合作社营业额的 80%，其雇员占全部合作社雇工的 70%。

（一）法国农业合作社的种类

按照不同的功能可分为五类:

(1) 收购-销售合作社，收购社员的产品并直接经加工后在市场上销售。

(2) 农资供应合作社，为社员提供农资供应。

(3) 服务合作社，向社员提供共同使用农机具、农产品加工、育种等方面的服务。

(4) 多种经营农业合作社。

(5) 农业互助信贷银行和互助保险组织，在法律上被视为特别类型的合作社。

按照经营农产品的种类可分为谷物、饮料、乳品、水果蔬菜、肉类等。2001 年，法国有 3 800 个各类农业合作社，这些合作社在各领域的数量分布为：饮料 37%，乳品 18%，谷物（包括饲料）15%，水果蔬菜 9%，肉类 7%，其他 14%。在所有农业合作社的产值中，各领域合作社的产值分布为：谷物（包括饲料）38%，肉类 20%，乳品 18%，饮料 8%，水果蔬菜 6%，其他 10%。

按照合作社的组建方式，可分为基层合作社（或一级合作社）和合作社联盟（或二级合作社）。基层合作社是由农业生产经营者直接参与组建的，合作社联盟是由许多基层合作社参与组建的合作社联合社。组建合作社联盟的目的主要是集中力量，解决单个合作社不能从事的加工、储藏、运输和销售等业务。根据 2003 年欧盟制定的合作社法律，欧盟内可以跨国成立合作社，各国的合作社可以联合组成合作社联合社。法国粮食购销和服务合作社联盟就是由 320 个基层合作社组建的，其中 95% 为法国合作社，还有 5% 为比利时、卢森堡等国家的合作社。

（二）法国农业合作社的经营和服务内容

经过一百多年的发展，法国合作社的规模逐步扩大，为社员提供的服务，也从最初局限于技术、采购、销售，扩展到从产前、产中、产后，甚至包括农民生活的各个方面。具体为：农业生产资料包括种子、化肥、农药的生产、采购和供应；生产过程的技术服务，包括土壤成分的分析，农作物的生长管理，化肥、农药使用的时间、数量，动物营养和保健等方面；统一建立农产品质量标准，并负责这些标准的落实，这在葡萄酒业合作社特别普遍；共同使用农业机械；统一进行农产品的储运、运输、加工和销售；信息服务，包括市场信息、法律咨询等；农业科研服务。

（三）法国农业合作社的法律地位

法国最早的合作社产生于 19 世纪 30 年代，最初成立的主要是由工人和城市居民组建的生产、消费、信贷和住宅方面的合作社。1867 年，在有关公司的一部法律中，通过一项关于可变动资本公司的条款，法院判定合作社适用这一条款。可以说，这是最早赋予合作社地位的法律。从 1883 年开始，出现了首批农业方面的合作社，其经营领域涉及牛奶、农业信贷等。与此相适应，法国先后制定了有关农业互助信贷、渔业互助信贷的专门立法，但一直没有对农业领域的合作社进行统一立法。第二次世界大战后，合作运动得到很大发展，有关合作社的一些法律相继出台。包括 1949 年关于零售商合作的法律；1963 年和 1965 年关于运输部门合作社的法律；1962 年关于手工业合作社的法律；1958 年关于互助信贷的法令；1967 年关于农业合作社章程的法令，以及 1965 年关于合作社形式的私营公司的法律等。

目前，1972 年 6 月 27 日的法律是规范法国农业合作社的主要依据。此外，1967 年关于农业合作社章程的法令、1991 年 1 月 3 日的法令也对合作社的有关问题做出规定。依据这些法律，法国农业合作社具有以下主要特点：

(1) 合作社实行统一章程。即不管其营业内容和规模大小，所有的合作社都要遵循统一的基本章程。

(2) 合作社是一种特殊类型的企业。1972年法律对农业合作社的定义是："农业合作社及其合作社联盟是不同于民事企业和贸易企业的一类特殊企业。它具有独立法人权利和完全民事权利"，"农业合作社的目的是，农民共同利用便于发展其经济活动的相关手段，以扩大该经济活动的效益"。同一切私营或商业组织相比，合作社的特殊性在于，不追求合作社社员所要求的经济与社会利益以外的其他利益。对于合作社而言，利润不是目标而是手段。

(3) 农业合作社是可变资本企业。一般企业的资本是基本固定的，如要降低或提高资本，必须经过特别股东大会的同意。对于合作社等可变资本企业，资本和社员可随时变动。合作社理事会有权吸收新的社员以增加合作社资本，当然合作社资本也同样可以因为社员的退出而减少。

(4) 合作社应当主要同社员交易。法国是欧盟中执行排他性原则最严格的国家。法律规定，合作社可以同非社员交易，但交易额占营业额的比例不能超过20%。同非社员的交易必须在账务上分开核算，交纳公司所得税。

(5) 合作社是体现一定公共利益的组织。法国有关法律规定，如果合作社因解散或其他原因进行清算，其剩余财产必须交另一家合作社或能体现公共利益的组织（如农业学校、与农业有关的社团）。具体交给哪家组织，由被清算的合作社全体大会决定。这说明，虽然合作社是根据私法建立的私法人，但又具有体现一定共同利益的特殊性，不是纯粹意义的私法人。

二、法国农业合作社的运行机制

（一）社员加入和退出

社员入社时的程序根据合作社的规模大小而有所区别。规模小的合作社，入社前要填写申请书，由董事会决定是否接纳其入社。而规模大的合作社，分区管理，每个区设有向社员提供服务的管理委员会，申请入社只需要分区管理委员会同意，到合作社总部办理登记手续即可，不需要董事会的批准。

社员退社受到一定的限制。有的合作社与社员签订协议，规定社员五年内不能退社，如果退社则要支付罚金，具体数额由董事会决定。

（二）合作社的股份

农户入社时一般都要按照与合作社的预期交易量多少交纳股金。如北部地区糖业合作社是按甜菜产量1欧元每吨交纳股金。昂宝尼香槟酒业合作社则要按照种植葡萄的面积，按每公顷700欧元交纳股金。股金不参与分红，但每年可根据全体大会的决定支付一定的利息，利息一般低于活期银行存款利率。如果种植面积或产量发生变化，增加时需要补交股金，减少时则维持不变。基层合作社在加入联合社时，则需要根据本合作社的产量或作物种植面积交纳一定数量的股金。

合作社可以与非社员联合，以吸引外来投资，称为非社员股东。非社员股东不与合作社进行业务往来，不能按交易额获得利润返还。但他们可比社员股东优先按股分红，而且其按股分红的利率要较社员股东高。可以成为非社员股东的包括：①退休社员；②雇佣人员，包括农业合作社及其子公司的雇佣人员、合作社所加入的农业合作社组织的雇佣人员；③农业联盟、协会或工会；④以分红为目的参加合作社的信贷机构、农业互助保险公司；⑤大区或地区级农业厅办公室或农业管理部门；⑥涉及农业生产并根据其章程可以参股农业合作社的私营专业或跨行业组织。但法律同时对非社员股东在全体大会上的表决权总数、非社员股东在董事会中的席位比例，都做出了限制性规定。

（三）合作社内部机构

全体社员大会是合作社的权力机构，规模较大的合作社一般都设立社员代表大会。如香槟地区谷物生产合作社，将1万多名社员划分为16个区，每个区有400～600名社员，每个区选出14～16个代表组成会员代表大会，由会员代表大会选举理事会。合作社每年的年度工作报告和利润分配方案由理事会提出，每个区依次召开本区的社员大会，研究、讨论和表决工作报告和分配方案。

法国农业合作社坚持一人一票的基本原则，在基层社组建联合社时，也基本上坚持一社一票。但法律允许合作社根据具体情况，按照社员与合作社的交易数量（或质量）、承担的责任、职务和作用的不同，给予附加表决权，但必须得到全体大会的一致通过。附加表决权不得歪曲"一人一票"的总原则，法律对同一个股东在社员大会中的表决权比例有一定的限制。设定附加表决权，是为了保证在社员大会中社员股东所代表的实际利益得到尊重，是对可能在数量上占多数，但并不能代表合作社"经济多数"的非社员股东进行防范的方式。在机构设置方面，法国合作社的一大特点是可以不设立监事会。合作社成员行使监督权是在每年的全体大会时，理事会要提交年度财务报告和工作方面的报告，每个社员都可以通过对报告发表意见来行使监督权。一些合作社也创造条件，鼓励社员积极参加与合作社的经营和决策。

由理事会聘请的总经理及其工作人员是合作社业务的日常管理机构。规模大的合作社则在经营管理机构上进行适当的调整，如香槟地区谷物生产合作社，16个分区选出的代表除组成会员代表大会选举合作社理事会外，还与总经理任命的分区经理共同组成管理委员会，负责对本区社员的服务工作。

（四）财务制度和盈余分配

理事会成员都是不领薪金的，但可根据参加会议的多少，适当地给予交通、通信等津贴。如北部地区糖业合作社，其理事会的津贴由会员代表大会确定，每位理事的津贴则由理事会根据其参加会议次数确定。总经理及其任命的经营管理人员都是领取薪金的，工资额由理事会确定。

法国合作社的盈余分配主要由两部分组成，一是按照社员与合作社的交易额进行盈余返还；二是留作合作社的发展基金。这两部分的具体比例一般由理事会提出建议，经全体大会通过后确定。

（五）合作社的投资

随着规模的扩大和资金实力的增强，合作社希望从事更多的经营业务，但合作社本身开展经营要受到与非成员交易不能超过20%的限制。1972年的法律规定，合作社和合作社联盟可以投资建立商业公司。此后，许多大的农业合作社开始创建子公司。这些子公司属于一般的企业，不受合作社法的限制，因而可以不受限制地与非社员进行交易。目前，法国 3 500 家农业合作社，有 1 500 多个子公司。这些子公司与合作社之间的交易完全依照市场规则运行，但其获得的利润要交给合作社，由合作社按利润返还原则分配给社员。

三、法国农业合作社的联合机构

在法国，农业合作社的联合机构十分健全，也发挥着十分重要的作用。同一区域或同一行业的合作社组成联合会，在法律上的表现形式为协会或同业公会，其任务是代表和维护入会合作社的物质与道义上的利益。联合会按协会法登记，不从事任何商业活动，其经费来源于会员的分摊。这种联合会可以分为两种：

(1) 具有"垂直"性质的全国性的专业合作社联合会，目前有 15 个。这种联合会是由合作社按照产品或活动内容组建的。联合会由各会员社选派的代表组成全体代表大会，按照一社一票的原则选举联合会的理事会。联合会理事会主席必须是一个会员社的理事长，当然也必须是农业生产经营者。

(2) 具有"横向"性质的区域性合作社联合会，目前有 18 个。这种联合会是由同一区域内不同专业的合作社联合会组建的。它们负责各部门合作社之间"横向"的联系，成为地区行业和管理机构的合作组织的代表。

目前，法国农业合作社的统一行业组织是农业合作社联合会（CFCA）。法国农业合作社联合会成立于 1966 年，其主旨是代表并维护农业合作社在专业领域、物质以及知识产权方面的权益；促进和加强农业合作化，为农业合作社提供咨询、培训和建议等服务，并通过审查、会计稽查等方式，监督合作社的管理。目前，成员包括 15 个专业性全国联合会、18 个地区性联合会、25 个合作社联盟，以及一些农业集体利益公司。

四、法国政府对合作社的监督和管理

（一）农业合作社的登记和核准

法国农业合作社是按照私法登记的特殊企业类型。由于其从事经营活动，其成立时与一般企业一样，需要到当地的商事法院进行注册登记。登记手续很简单，大概需要一周左右的时间，登记后就可以记入法国的企业名册，获得法人地位。但如果要申请成为农业合作社，即特殊的企业法人，则还需要农业部核准。农业部专门设有负责这项业务的跨行业合作社审计处，对合作社申请者提交的章程等材料进行审核，考察合作社的运行机制，判断其是否符合合作社的特征。这种核准手续比较复杂，大约需要一年时间。经农业部核准后，合作社才可以享受国家给予的税收等特殊政策。

（二）合作社的财政和税收扶持

与一般企业相比，法国对合作社有两项税收优惠政策：一是免公司税（根据经营利润多少征收，相当于我国的企业所得税）；二是减半征收地方税（根据不动产总额征收）。这种税收优惠的依据是，农民组建合作社的目的不是取得利润而是为了获得服务，合作社的活动是社员生产经营活动的延伸，合作社获得的盈余都通过利润返还形成分给了社员，社员依法交纳个人所得税，因而合作社没有义务再交纳公司所得税。由于合作社与非成员的交易形成的盈余，不能按照合作原则进行返还，会形成合作社的所得，因而法国有关法律规定对合作社与非成员的交易进行单独核算，单独纳税。但如果与非成员的交易超过 20%，则要对合作社的全部盈余征收公司税。

在 20 世纪 60 年代，法国通过制定《农业指导法》，将国家对农业的扶持资金大部分用于扶持农业合作社，以鼓励农民通过合作社联合起来。目前，为了扶持农业合作社的发展，法国政府对于合作社购买农产品加工和农业机械设备，给予一定比例的资金扶持。

（三）合作社的审计和监督

合作社联合会负责指派稽查员审查合作社是否按照章程进行运作，审查董事、经理是否切实履行了职责。为保证合作社遵守利润返还原则，法律规定由财政部下属的税务稽查部门负责对合作社与非社员进行的交易进行监督检查。

（1）发展农民合作经济组织是实现小农户联结大市场，发展农业产业化经营的有效途径。如何使小规模经营的农户，参与到农产品的储藏、加工和销售环节，分享这些环节的利润，是我国发展农业产业化经营的主要任务。法国通过3 500个合作社带动了近90%的农户，形成了670亿欧元的产值；仅香槟地区谷物生产合作社一家，就可以为1万多名社员提供从产前、产中，到产后的全过程服务，每年收购250多万吨的农产品，带动75万公顷的谷物生产。这充分说明，以合作社为龙头发展农业产业化经营，完全有可能与大公司、大农场相抗衡，实现带动农民致富的目的。与法国相比，我国农户经营规模更小，组织起来的任务更紧迫。当前，我国农民合作经济组织已经在各地发展起来，发挥了重要作用。但由于至今没有专门法律规定，使许多农民合作经济组织无法登记，没有法律地位，严重制约了其功能的发挥。从法国的情况看，适时地制定农业合作社方面的立法，对于促进农业合作社发展，是十分必要的。建议借鉴法国的经验，通过立法，尽快明确合作组织的法人地位，促进其快速健康发展。

(2) 农民合作经济组织是与一般企业不同的特殊法人形态。法国将合作社视为体现一定共同利益的特殊法人，给予特殊的经济待遇。比如在纳税方面，合作社不需要交纳公司所得税；清算时，一般企业的剩余财产要分给股东，而合作社的剩余财产则要交给能体现共同利益的组织。这都说明合作社不是纯粹意义的私法人。目前，我国的许多农民合作经济组织，也都通过利润返还等形式将盈余分配给成员，其经营的最终目标是为成员提供服务。这与一般企业以利润最大化为目的是有本质区别的，因此，在立法中一定要体现出农民合作经济组织的这种特殊属性，给予其不同于一般企业法人的特殊法律地位。

(3) 法律对农民合作经济组织内部机构的规定要尽量宽松。法国的农业合作社可以不设立监事会，甚至一些特大规模的合作社也是如此。而且一些规模大、成员众多的合作社在管理机构的设置上都有很大的自由空间，这说明合作经济组织设立何种管理机构，是成员根据行业、地区特点而决定的。我国地域辽阔，各地经济、社会条件差异更大，而且不同的农产品行业又具备不同的特点。因此，建议我们在起草法律时，法律条文的规定要尽可能宽松，给基层组织者以更多的选择空间，这样才能充分调动他们发展农民合作经济组织的积极性。

(4) 对农民合作经济组织要给予特殊的优惠政策。农民合作经济组织是农民的互助性组织，具有公益性质。法国对农业合作社在税收、财政等方面都提供了有力的支持，这对于其合作社的发展壮大，农民收入的稳定和增长，农村地区的繁荣，都发挥了重要作用。加大对农业、农村和农民的支持，是统筹城乡经济社会发展，全面建设小康社会的重要途径。而支持农民合作经济组织，就是支持农民，这对于提高我国农产品的竞争力，促进农民增收，都具有重要意义。建议国家尽快出台对农民合作经济组织的财政、税收、信贷等方面的优惠政策。在立法口也要对此提出具体要求。

第三节　荷兰农业经济合作组织的发展模式

一、荷兰农业合作社的发展历程

荷兰位于欧洲西部，是一个人口数为 1 670 多万的小国，是欧洲人口最密的国家之一。荷兰的国土面积为 40 000 多平方千米，其中陆地面积为 33 983 平方千米，海岸线长度达到 451 千米，可耕地面积占陆地面积的 21.96%。荷兰 2007 年的国民生产总值总额为 6 523 亿美元，人均国民生产总值大约为 42 000 美元，位于全球人均国民生产总值最高的前十之列。在国民生产总值中，服务业占到了 73.2% 的比例，工业占 24.1%，农业占 2.8%。另外，国际贸易约占国民生产总值的 53%，在世界农产品净出口额的排名中仅次于美国，是一个贸易大国。

在欧洲少数几个经历合作社运动的国家中，荷兰是其中之一。荷兰合作社的雏形出现于 19 世纪 70 年代，最早的具有合作性质的组织是出现于林堡省的 Casinos（赌场），第一家 Casino 于 1872 年产生于乳品产业中，由当地的奶牛农户或立，其主要功能是联合采购生产资料和购买保险。Casino 因而开始发展和增加。当地的牧师和教师这些具有较高威信的人士在这些 Casino 的成立中起了重要作用。但是由于当时还没有相关的合作社法律条文，因而。这些 Casino 尽管具有合作社的性质，但是并没有被认同为第一批合作社。

真正得到承认的第一家合作社，Welbegrepen Eigenbelang（威尔伯赫莱盆·埃亨伯朗），意思是"有福同享"，成立于 1887 年，于 1886 年颁发《合作社法》之后。Welbegrepen Eigenbelang 合作社成立的最主要原因是当时市场中各种生产资料的低劣品质和高昂价格，因而其主要功能是联合购买肥料、饲料和种子等生产资料。除了购买合作社，19世纪末还出现了多家加工合作社和营销合作社，包括拍卖合作社等，第一家金融合作社成立于1896年（数据来源：荷兰农民合作社委员会）。

从20世纪开始，荷兰的信用合作社、花卉和园艺产品合作社、乳制品合作社等开始迅速增长，随后各种联合社、肥料（生产资料）合作社、保险合作社、房屋合作社等也陆续出现，但是农业部门始终是合作社产生和发展的主要部门。第一次世界大战期间，荷兰处于中立状态，这对于其农业发展产生了极大的促进作用。当时荷兰南部和东部的农业开始了从自给自足到商品化、市场化的转变，合作社在这种转变中发挥了重要作用。随后，有些合作社开始联合起来成立地区性合作社，其目的是统一采购生产资料、节省生产成本，这种区域性合作社在国际上被称为联邦合作社，联邦合作社达到一定规模后，往往会提供质量控制和肥料生产等额外服务，多家联邦合作社也可能共同成立全国性的协会组织。第二次世界大战后，荷兰的合作社经历了不断合并和业务调整的时期，这种联邦合作社在之后的发展中通过不断的组织变革和重组慢慢消逝，专业化合作社占领主导地位，到20世纪末，还有零星几家联邦合作社。

制度环境和内部推动力是荷兰合作社产生和发展的至关重要因素。制度环境主要是指政府和教堂对合作社设立和发展的推动，政府通过法律和税收优惠来促进和引导合作社的成立，以提高农业现代化程度。教堂是合作社成立的最重要推动力之一，这是由于教堂认为合作社是一种帮助农村地区部分穷人走出贫困的非常好的方式，得力于教堂在当地的威信，其对合作社的支持对于农户的联合产生了极大的影响。此外，当地的各种农民联盟（Farmer Union）等组织也对合作社的产生和发展起了相当大的推动作用。

除了制度环境，内部推动力当然也是不可或缺的，其中农户经济目标的同质性是合作社成立的关键条件之一，也是合作社能够成功设立和发展的条件之一(Hansmann，1996)。对于营销合作社来说，它们是同种或同类农产品农户的联合，具有追求该产品价值最大化或收益最大化的目标；对于购买合作社来说，其共同目标则是节省生产资料的购买成本。此外，一定程度的同质性也是集体决策所必需的。

总体来说，荷兰合作社的发展经历了一个从地域性的小规模组织，到通过不断的联合成为联邦合作社和全国性合作社来增强规模效应和减少成本，再到通过合并、分解、解体等重构成为专业性、跨区域甚至国际化的合作社组织模式的过程。

二、荷兰农业合作社的发展现状

农业合作社能否成功发展主要取决于其在农产品供应链中的市场竞争性、内部治理、制度环境，本节主要对荷兰合作社的发展现状，尤其是市场地位和竞争性进行描述。

（一）荷兰农业发展现状

对农业合作社的探讨，必然要先介绍农业的发展情况。荷兰农业中最重要的部分之一是国际贸易，70%的农产品活动与国际贸易相关，因而荷兰农业在很大程度上受国际经济的影响。由于贸易是荷兰经济最重要的部分之一，贸易导向也是荷兰农产品生产的特点。在荷兰的出口贸易额中，农产品占了17%的份额，其中80%的农产品出口对象和60%的农产品进口来源是欧盟国家，其余为欧盟以外国家。欧盟境内相同的货币和政策环境，为其境内贸易提供了极大的便利。

在过去多年来，荷兰农业在GDP中所占的比例呈稳定和缓慢下降的趋势，从2000年以来该比例一直处于2%左右的水平，其中初级农产品占有较大份额。荷兰农业主要有以下8个产业：羊肉、猪肉、乳品、酒、水果、蔬菜、糖料和谷物。其产值占全部农产品的一半，其中乳品是最大的产业部门，其次为果蔬。另外一半为花卉、禽类和鸡蛋、牛肉、马铃薯等，马铃薯在荷兰产业部门的分类中是单列的，不属于蔬菜。

从20世纪90年代开始，荷兰的农场数量不断下降，同时农场平均规模不断增加，小规模农场的数量显著减少，大规模农场呈上升趋势。其中牛肉、果蔬和猪肉的农场数量下降最为明显，谷物农场的数量有较为明显的增长。农场数量减少的主要原因在于很多农户放弃了农业生产，因而农场规模呈现增长的趋势。荷兰农场的规模具有多样化的特点，从兼业农户的小规模农场到专业的大农场。相对来说，谷物生产和肉羊养殖的规模偏小，这是由于这两个产业生产中存在很多兼业农户。

就荷兰农业生产的专业化程度来说，糖料和畜产品的专业化程度较高，大多达到60%以上的专业化，尤其是奶牛养殖或乳品产业甚至达到90%的专业化，但是果蔬生产和谷物的专业化程度较低，分别为20%和10%。较高的专业化程度有利于合作社的发展，因为专业化程度高往往意味着农户和农场之间的同质性比较强，这对于合作社的发展无疑是有益的。另外，与其他欧盟国家相比，荷兰的农民呈现出较为年轻的状态，45岁以下的农户占一半以上。

（二）荷兰农业合作社发展现状

1. 总体发展现状

尽管荷兰是一个小规模国家，却拥有很多大规模合作社。荷兰农产品的国内消费增长空间比较小，无论是数量还是质量的内需增长都非常有限，因此，其增长点必须依靠国际市场的拓展，合作社相应地也呈现出国际化趋势，包括社员分布的国际化和市场的国际化。在ICA所整理的全球300家最大规模合作社中，荷兰合作社占到了20%的比例。从这些最大规模合作社的产值来看，荷兰列第五，位于法国、日本、美国、德国之后。

荷兰合作社在经济的每个产业部门几乎都有涉及，其中农业和金融产业最为普遍，另外在食品批发和零售、报销、制造业、医疗等产业中也都存在。近年来，荷兰合作社数量呈现较为明显的增长，这与荷兰公司法中关于税收政策的变动有着密不可分的联系。我们并没有找到关于荷兰农业合作社数量的准确数据，但是根据荷兰统计局（Statistics Netherlands，简称为CBS）的测算，荷兰真正在运行的农业合作社只有80家左右，其他的大多农业合作社已经处于停止运行状态。除了专业的农业合作社，荷兰还存在不少其他形式的农民组织，例如协会等。近10年来荷兰的合作社数量总体呈现出稳定状态，除了果蔬合作社数量有较为明显的增加，其他产业部门合作社数量都保持稳定甚至减少。

尽管大多数产业部门的合作社数量有所减少，但是合作社所生产农产品的市场份额都有不同程度的增加，荷兰各农业产业部门 2000 年和 2010 年合作社所供给的农产品中，马铃薯和糖料市场完全由合作社占领，除了谷物外，蘑菇、肉牛养殖、生猪养殖、花卉、果蔬、乳品、糖料等各产业部门合作社的市场份额都在 80% 或 90% 以上。

在 21 世纪之前，荷兰农业合作社经历了一系列的结构重组和合并，其数量经历了一个明显减少的过程，而进入 21 世纪后，这种下降趋势仍然在持续。各主要产业部门的社员数都大幅度减少，这并不是因为社员退出合作社，而是很多农户放弃务农导致整体的农户数量减少，单个农户的生产规模有所扩大。另外值得一提的是，荷兰几乎所有农户都参加至少一个以上的合作社，比如一个马铃薯农户在参加马铃薯合作社的同时，还可能参加生产资料购买合作社和金融合作社等，因此，荷兰合作社社员规模估算没有太大的参考意义。

2. 合作社类型

多功能或多目标合作社在 20 世纪普遍存在，如今，荷兰农业合作社以专业化合作社为主，也称为单一目标合作社，大多数合作社都提供单一化的服务，或专注于单一产品，如肥料、乳品、马铃薯、蘑菇等。从生产环节来看，主要有两大类合作社，分别是投入品相关合作社和产出相关合作社。

投入品相关合作社有金融服务合作社、生产资料购买合作社、农机合作社、雇工合作社。金融服务合作社顾名思义即为农户的农业生产提供资金贷款为目的的合作社。生产资料购买合作社细分为饲料合作社、肥料合作社、种子种苗合作社、蘑菇养殖所需堆肥合作社、生猪的人工授精合作社等，往往细分到各个具体产品的市场。农机合作社为其社员提供各种农机服务。雇工合作社的主要业务则是为农场提供雇工，尤其是农忙时为农场提供季节性雇工。

产出相关合作社主要有议价合作社、仓储合作社、营销合作社和加工合作社。议价合作社其实是帮助社员与下游购买者议价或制定对社员更有利的合约的一种协会组织，其收取一定的服务费，但并不介入社员与下游购买者的商品交易。仓储合作社在谷物部门较为常见，主要是为大宗谷物产品提供仓储服务。大多数果蔬合作社以营销和初级加工为主。此外，拍卖合作社也是营销合作社的一种，在花卉部门比较常见。加工合作社主要包括乳品合作社、糖料合作社、马铃薯合作社、畜产品合作社、酒业合作社等。

（三）各产业合作社发展

接下来对果蔬合作社和乳品合作社这两大最主要的产业部门的合作社分别进行进一步的描述和分析，此外，对拍卖合作社的发展历史和特点进行了专门的介绍。

1. 果蔬合作社

果蔬是荷兰最重要的产业部门之一，其年产值达到 28 亿欧元，且不包括马铃薯，马铃薯的年产值为 12 亿美元，荷兰是马铃薯王国。荷兰的果蔬生产主要有温室大棚种植和露天种植。在过去 10 年中，荷兰水果的产量较为稳定，而蔬菜呈现稳定和缓慢的增长状态，其中番茄、甜椒和茄子的产值占所有蔬菜产值的56%。此外，荷兰果蔬生产的户均规模经历了明显的扩大。

合作社在荷兰的果蔬市场中占据了相当重要的地位。荷兰的果蔬合作社以营销合作社为主，兼有包装和初加工业务，但过去 10 年来荷兰果蔬合作社的垂直一体化程度不断提高，其主要方式是通过合并将一些贸易公司和批发商纳入合作社，因而建立起与零售商的直接交易关系，减少交易环节，为农户获取更多的价值链份额。欧洲排名前 10 位的园艺（包括水果、蔬菜和花卉树苗）合作社中，有 5 家为荷兰合作社，前两名全部为荷兰合作社。

荷兰的果蔬合作社起源于拍卖合作社，农户生产的果蔬几乎全部都是以拍卖形式销售的，在一个由大量生产者和购买者组成的完全竞争市场中，使用拍卖钟进行定价，无疑是一种高效且透明的定价机制，因而拍卖在荷兰的农产品市场中曾占据了非常重要的地位。截至 20 世纪 70 年代末，荷兰仍有 88 家果蔬拍卖合作社，然而到 1990 年，果蔬拍卖合作社的数量减少到 28 家，尽管拍卖合作社数量急剧下降，但其市场份额仍然高达 92%。之后，果蔬拍卖合作社的销售额呈现不断下降趋势，从 1990 年的 21 亿欧元下降到 1995 年的 16 亿欧元，并且其数量减少和交易额下降的趋势一直持续，荷兰的果蔬拍卖合作社因而逐渐没落。

据分析，果蔬拍卖合作社没落的原因主要有以下几点：一是由于当时果蔬市场的不景气造成产品价格低迷，一部分农户因而退出拍卖，甚至放弃生产；二是部分大客户想要与生产者建立长期的合同关系，不再满足于拍卖这种短暂性的交易模式；三是消费者需求逐渐变化，而拍卖不利于生产者获取消费者信息，也就无法改进其产品以适应消费者需求；四是一些创新性的农户想要寻求新品种或新产品的市场机会，但是却得不到拍卖合作社的支持；五是将所有产品运到拍卖市场再分别分销到各地的方式被认为是一种比较低效的物流模式。基于这些原因，荷兰的拍卖合作社在20世纪90年代经历了各种合并和重构，从拍卖合作社转变为普通的营销合作社，也有相当一部分拍卖合作社转型成为农业企业。

1996年，荷兰的所有果蔬合作社试图进行联合，最终9家果蔬合作社成功联合，成立了VTN合作社。VTN合作社继而成立一家有限责任公司The Greenery，将其成员合作社的所有市场交易活动都交由The Greenery来进行，VTN合作社持有The Greenery的全部股份。不久VTN又并购了一家为荷兰所有果蔬合作社提供服务的联邦合作社，以及两家拥有国际市场的生鲜农产品批发公司，至此，The Greenery成为一家包含收购和批发业务的高垂直一体化程度的企业，并与主流零售商有直接的交易关系，如今The Greenery在蔬菜产业中占有80%的市场份额。

但是尽管如此，还是有部分农户，尤其是荷兰东南部的农户，不愿意加入The Greenery。另外，基于以下一些原因，农户也可能不愿意加入The Greenery：The Greenery以蔬菜销售为主，很多果农因而不愿意加入；The Greenery由其管理层制定销售策略，农户只需要负责生产，不参与决策，而很多农户倾向于合作社中的集体决策和收益分配。

基于此，这些合作社为进一步实现信息共享和提高市场地位，又进一步试图基于产品的联合组成各种产品的"生产者组织协会"，因而过去十年荷兰的果蔬合作社发生了一系列的联合，但是大多数的联合并不成功，除了少数几家。例如，一家成立于2009年的黄瓜生产者组织协会Kompany，Kompany由ZON、Komosa、SunQuality和BGB四家果蔬合作社组成，其中ZON曾是仅次于The Greenery的第二大果蔬合作社，占有15%的国内市场份额，Kompany协会的黄瓜销售量占荷兰全国产量的将近一半。另外，2006年由8家合作社成立的一家甜椒联合社P8，以及由8家荷兰和比利时合作社成立的茄子联合社A8，也都在市场中发挥了一定的作用。

2. 乳品合作社

原奶产业受到各种政策的干预和影响较大，首先是 1984 年开始实行的原奶配额政策，即每个国家都只能生产特定数量的原奶，不能超额，其目的在于防止市场中原奶的过量供应以保持原奶价格的稳定性。这种原奶配额政策于 2008 年曾被叫停过，但是造成了欧盟市场中原奶价格的剧烈波动和大幅下降，因而不得不重新制定配额。此外，政府还通过出口退税和对奶农进行补贴等政策鼓励国内消费和提高奶农收入。

乳品是荷兰最重要和最具竞争力的产业部门之一，荷兰是最大的乳品出口国之一，其年产值达到 40 亿欧元，占荷兰农业总产值的 18%，乳品的出口值则达到 35 亿欧元，其中 60% 的出口供应欧盟境内国家。

原奶具有单位产品价值较高、质量差异化明显、运输和储存要求高等特点，单个农户很难对运输、加工、保鲜等进行充分投资，也难以实现质量标准，因而乳品合作社往往在该产业中占据相对较高的市场份额。就整个欧盟来说，60% 的乳品是由合作社生产和供给的，在荷兰该比例达到了 86%。

荷兰总共有五家乳品合作社，分别为 Friesland Campina、DOC、CONO、Rouveen 和 Delta Milk 合作社，其中荷兰 80% 以上的乳制品（包括牛奶、酸奶、奶酪、奶油、炼乳和奶粉等）由三家最大的合作社生产和销售。在荷兰乳品行业里众所周知的事件之一便是荷兰最大的两家乳品合作社 Friesland 和 Campina 的合并，该合并发生在 2009 年，在合并之前，这两家已经是荷兰最大的两家合作社，其产量总份额占全国的 70% ~ 80%。如今，荷兰的 Friesland Campina 合作社是欧洲第一大乳品合作社。

乳品合作社具有垂直一体化程度较高的特点，其业务往往包括原奶的收购、储存保鲜、加工和销售等，但是生产资料的供应并不常见。不同国家的乳品合作社可能采取不同的扩张策略，有些国家如法国、意大利、瑞典、智利、捷克等国家的合作社更倾向于垂直扩张，而荷兰的乳品合作社由于其垂直一体化程度已经相当高，因而它们不再致力于自身规模的扩大，而是依靠兼并和收购来扩大规模。

就内部治理来看，乳品合作社也有异于其他产业合作社的特点。首先，乳品合作社的理事会专业化程度显著比其他产业合作社高。其次，由于相对于果蔬等产品，原奶具有质量差异较小的特点，大多数的乳品合作社对农户的原奶采取平均定价政策，但是有些合作社对农户所提供的优质原奶进行一定奖励，除此之外，交易量特别大的社员也可能会得到一定的奖励，这是由于大规模的交易量有利于帮助合作社节省收购时的运输成本。最后，乳品合作社与社员的关系较为紧密，为保证原奶供给的稳定性，合作社往往与其社员签订收购合同，规定社员的原奶只能供给给合作社，社员不能擅自与其他收购商进行交易。

3. 拍卖合作社

拍卖曾占据荷兰新鲜农产品交易市场长达一百多年，荷兰的农产品拍卖始于19世纪末，第一个拍卖会建于1887年，拍卖最开始被应用在新鲜鱼类的买卖，继而在花卉和其他园艺产品中出现和快速发展，自1890年到1915年，120多家拍卖合作社建立起来（Kemmers，1987）。1934年荷兰颁布了第一部《拍卖法》，法律规定所有的新鲜农产品都只能通过拍卖市场进行交易，这一政策使得1945年荷兰的拍卖合作社数量达到162家。该数量是历史最高水平（Plantenberg，1987）。荷兰当时的拍卖合作社大多数具有规模小和地域性的特点。

第二次世界大战以后拍卖市场的数量逐渐减少，主要原因是很多拍卖合作社进行合并以取得规模效应，尤其是1965年废除《拍卖法》，解除了关于新鲜农产品只能通过拍卖市场销售的禁令，拍卖合作社的数量更是大幅度减少。拍卖合作社规模的变大和数量的减少，一方面促进了买者之间的竞争，另一方面有利于买者在同一合作社完成所有交易，节省了与多个合作社交易的成本。尽管拍卖合作社的数量缩减，但其仍然是荷兰鲜销农产品尤其是温室蔬菜、水果和花卉交易的最主要方式。拍卖合作社在果蔬产品交易中所占的市场份额从1965年的100%降到1995年的75%（Bjiman，2000）。

传统的农产品拍卖中产品流通渠道即大量生产者将其产品集中到拍卖合作社。同样大量的批发商和零售商到拍卖市场对其想要收购的产品进行拍卖，批发商继而通过批发市场或运销将产品卖给各零售商。拍卖是一种适合于鲜销农产品市场中大量买者和大量卖者之间的有效交易方式，因为拍卖能够快速、高效地聚集信息和完成交易。

然而，随着市场形势的变化，尤其是批发商和零售商规模的扩大和专业性水平的提高，如1998年荷兰零售业中82%的市场份额由四家最大规模的零售商占有（NRC，1999）。其中最大的超市连锁AH拥有27%的市场份额，这些具有规模小和地域性特点，并仅仅提供拍卖场地和拍卖服务的拍卖合作社，已经无法满足农户对其他服务的需求，也无法满足大规模批发商对产品数量和多样化的需求。大量农户离开合作社，成立了新的农业合作社，这些合作社中，有些以传统合作社的形式为社员提供各种服务，如运输、存储、销售、借贷等；有些合作社则通过生产和销售的内部一体化，突出合作社的加工和销售功能。

由于各种新的合作社组织的发展，至2000年，荷兰全国仅剩下6家拍卖合作社。这6家拍卖合作社也已经不是单纯地提供拍卖场地服务的合作社，而是通过组织重构，对其规模、业务和功能都进行了一系列调整，这些拍卖合作社在提供各种存储、加工、拍卖服务的同时，也扮演了帮助其社员和买者直接签订购销合同的中间人角色。

第四节 日本农业经济合作组织的发展模式

一、建立过程与组织形式

日本农村合作经济发展的历史可以追溯到20世纪初叶，但日本农业协同组合（以下简称日本农协）的建立则是在1947年《农业协同组合法》颁布实施之后。根据此法，建立了农民互助合作组织，经过战后几十年的发展，形成了目前的农协，农协包括基层农协，到都、道、府、县农协，以及全国农协三级农协组织系统。基层农协一般以市、町、村等行政区域为单位组织，可以分为综合农协和专门农协两类。综合农协以本地区农户为服务对象，服务内容包括农业生产资料供应、技术指导、农业信息、农产品采后处理、信贷、保险以及生活、医疗卫生等。但是到今天为止，传统意义上的农协已经发生了深刻的变化，名称也被改为"综合离社"了。具体表现在以下几个方面：

（一）精简化

原来的农协，由于涉及面广，覆盖范围大，所以农协的工作人员多，基层社多，机构复杂，层级关系纵横交错，显得庞大臃肿，缺乏灵活性和有效性。农协的改革首先从减少基层社开始。到 20 世纪 80 年代，原有的 10 000 多个综合农协合并为 3 000 个，到 90 年代，农协进一步从 3 000 多个合并精简到 1 500 多个，最近，改革的浪潮更将这 1 500 个农协合并为 535 个，有的县已经实现了一县一农协。为了实现精简，甚至有人提出将原来的三级农协改为两级农协，主张取消县级农协，由国家级农协直接面对基层农协。与大刀阔斧地精简合并农协相伴的，就是相应裁减农协工作人员。这样经过改革，农协既减轻了自身的负担，提高了竞争力和效率，又有能力和资金进行自身的调整，以适应社员不断增加和变化着的需求，尤其是对高新技术和现代化规模经营的需求。

（二）市场化

以生产为主，本是日本农协的重要特色之一，派出为数众多的"指导员"深入农家地头，也是日本农协的独到做法。但是自日本经济高速增长（1960—1973）之后，原来服务于生产的信用服务、保险服务、购买服务，逐渐占据越来越重要的地位，发挥越来越重要的作用。据农林渔业省（现在的农林水产省）的《农协统计》，1985 年较之 1955 年，在农协业务总利润的构成中，信用事业由 23% 增长到 43%，保险事业由不到 10% 增加到 17%，购买事业变化不大；而与生产直接相关的贩卖事业、仓储事业以及加工和设施利用事业的比例，则分别由 15%、12%、10% 下降为 1%、7%、5%。哪种事业能更多地获取利润，就能更快地发展，说明农协的经营目标不仅已经从服务、指导生产变为追求市场的最大化利润，而且这种变化为时很早，速度很快。除了目标从生产向市场的转变外，农协还利用一切途径巩固和扩大自己的服务对象。

做法之一是扮演好农业产业化经营中"龙头企业"的角色。农协不仅继续提供前述产前、产中、产后的一系列服务，为社员提供资金、购买生产资料、贩卖农产品、提供仓储和加工服务、进行质量管理和市场谈判等，农协还直接与批发商和零售商签订合同，直销农产品。"农协"牌牛奶，就因为农协自己担当"龙头企业"的角色，借助合作社加农户这种一体化形式，有效地降低了生产成本和交易费用，从而以低价优质，深受消费者的青睐。但是农协并没有到此为止，一些地方的农协更直接开办零售和批发商业企业，直接把社员生产的产品送到消费者手中。这种方式比前一种直销方式环节更少、交易费用更省，消费者更觉物美价廉，一时之间，"休憩农业"成为一种时尚。

做法之二是吸纳新社员。农协原来的会员全部是农民，但工业化完成之后（1973 年后），居民城乡混住，加之嫡长继承、庶子只能从事非农产业的习惯，农民人数巨减；又因农民的兼业化，使得农民社员的人数大减。为应对此种情况，日本又推出个流行做法，加入会社，就意味着成为被优待的对象，会社也同时扩大了自己的"铁杆"消费者群落。一时之间，入会入社者，趋之若鹜。农协自然也广泛地从社会成员中吸收社员。为了保持惯性，农协将非农会员发展成为准会员，只要交纳一定的费用，并认可没有继承权的选举、被选举权的条件，就可以成为农协的一员。现在，准会员的数量已经大大增加，3 个会员中，就有 1 名准会员。这些准会员一般是工人、商人或者会社甚至社团。这样，农协的消费者、推销宣传者队伍无形中得到了大大的扩充，农协的潜在市场也相应扩大了。

做法之三是会员出资。日本农协最近的一个发展趋势是，不仅准会员，会员也要出资。会员出资的农协，就被称为出资农协。据 1995 年的数据，出资农协已经占了日本全国农协总数的 2/3 以上。社员所出的资金，相应要获取利润返还之外的收益这种做法，如果用中国的术语来说，那就是"股份合作制"。不过在国际上，合作社就应该是股份合作制式的合作社，尤其是在 1995 年国际合作社联盟大会之后。只不过日本做得更早一些，从 20 世纪 80 年代就开始推行了。

（三）土地经营的规模化

日本农协还有一个值得一提的做法是"合理化土地利用"趋势。在日本，自 1947 年实施土地改革以来，土地出租就已经被法律明文禁止，农户拥有的土地不能转让。这个规定当然旨在保护农户的土地权益，避免这些权益像土地改革以前一样被剥夺，但实际上这却影响了土地的利用效率，特别是在农村城市化、村主空洞化、农民非农化兼业化、人口老龄化等现象日趋严重之后。面对依然很小的经营规模，以及滞后的生产结构（如水稻的过剩），农协一方面利用自己的进言渠道促进土地出租；一方面通过组建农业生产联合体，在法律许可的范围内实施规模经营。1988 年，这样的联合体已经有 36 000 多个，其主要的经营领域包括水稻及其他粮食、蔬菜、畜牧、园艺（林果）等。近年联合体的数量虽然大幅下降（因为农协的合并）但业务规模却大大扩大了，作用也相应增强了。

二、主要职能

（一）生产指导

农协对农民的生产指导非常全面，包括生产技术的提高、生产计划的安排制订、种植业结构调整等。农协还利用自身优势，进行农产品开发，增加组织起来的农民的经济效益。

（二）农产品销售

销售是农产品得以实现其价值、农民获得生产收益的关键环节。在日本集中销售农产品是农协重要的日常工作。农协销售的农产品包括大米、蔬菜、花卉、水果等；销售的方式有超市销售、批发市场销售和直接销售。集中销售既可以防止中间商的压质压价，也能避免各组织之间的相互压价竞争，保护农民的利益；同时，还能够促进农协与中间商之间形成计划销售体制，并建立起相互依存和信赖的合作关系，使农协的生产更有组织性和计划性，使市场有稳定的供应，避免盲目生产，确保农民收入的稳定。

（三）集中采购生产生活资料

为减少生产资料流通中的环节和降低成本，根据会员的需要，农协会组织农用生产资料的集中采购，农协统一与生产厂家订货，再分售给各会员。农协也组织统一购买加入农协的农民日常生活用品，并可以享受厂价或批发价。集中采购使加入农协的农民得到实惠。

（四）信用合作

日本的法律规定农协可以自办信用事业。日本农协从组建后就抓自己的金融系统，它以独立于商业银行的方式组织农协会员手中的剩余资金开展以农协会员为对象的信贷业务。日本农协金融活动的主要特点是：不以营利为目的，旨在为农协全体成员服务；资金主要用于发展农业生产，提高农民生活水平；同国家的农业政策和金融政策密切配合。日本农协对资金的组织和信贷非常重视，要求农协会员将闲置资金存入自己的信用组织，如存入商业银行则视为背叛行为。为保证资金的顺利组织，农协狠抓资金的投放和信誉，坚持服务的宗旨，保证用在农业生产和农民生活两大领域，确保信用工作真正成为会员办事的金融组织。

（五）共济和社会福利

日本的农业虽相对比较发达，但在国民经济中也显软弱，极易受到市场和自然条件的制约。所以，日本农协建立了风险基金制度，号召会员发展互助协作精神，共同解决面临的问题，并确保农民由于意外灾害或事故遭受损失时能得到一定补偿，提高了农业抵御自然灾害的能力。日本农协的福利事业包括医疗保险、婚、丧、嫁、娶等各个方面。农协组织农民参加保险，有的还建立自己的医院，为农民的健康提供保证。农协还投资兴建许多农民婚丧等大事所需的基础福利设施，为农民提供服务，减轻农民的经济负担。

目前，全日本国基层农协约 4 000 多个，几乎所有的农民都加入了农协组织。农协的合理有效运作，轻劳作、反季节、优品种、高收入成了现代日本农业的典型特征。

三、主要特征

日本农协的成立，严格来讲，不是一个农户组建的结果，而是战后日本政府承命于美国驻日最高统帅部，自上而下推行的结果。它既有通过服务农户，解决当时粮食供给短缺等农村经济问题的目的，又有彻底取代以前服务于战争的产业组合的意图。其结果是，农协成了一种半官半民的组织。日本研究者自己也认为，农协有很浓的村落社区性质。原因之一是农协的社员来自全体村民，当时全日本99%以上的村民都加入了农协，农协既直接向全体农民服务，又同时"指导"着全体农民；原因之二是农协的组织机构分为三级：基层农协、县（相当于中国的省）农协以及全国农协，同行政的中央、县、基层三级完全吻合。

除了无所不在，日本农协还试图无所不包。用农协工作人员的话说，就是不仅要提供产前、产中、产后的服务和指导，还要尝试包全所有人的生老病死。为此，农协提供的服务和指导，就包括指导服务（派专职指导员对农协社员的生产和生活提供全方位全过程的服务）、信用服务（吸收社员的存款，再优惠地贷给需要资金的社员）、贩卖服务（集中出售社员的农产品，也包括质量管理和市场谈判等）、购买服务（统一购买社员生产生活所需，再提供给社员）、保险服务（筹集资金贷给社员，用于发展生产和改善生活）、保健服务。

受上述需求的影响，农协的种类主要是综合性的，专业性农协的比例较小，大多数没有资金，业务活动规模也不是很大，一些专业农协的经营活动还很快被综合农协所取代。

这样来看，农协起初是一个半官半民的、非营利性的、以生产服务为主并涉及社员生产生活方方面面的以综合性为主专业性为辅的合作组织。

四、对中国农村合作经济组织发展的启示

日本农协的上述变化，对于中国农村合作经济来说，有些是借鉴，但更多的是由此引发的反思。

最重要的借鉴和反思来自于综合农协的发展思路。日本经验的最重要一点是农协作为一种综合性合作组织，得到了一以贯之的发展和变革，就是农协在保有自己的传统组织资源的同时，依赖原有路径，不断变革发展。可以说，农协的变革都是建立于综合农协基础上，依据制度环境的变化而发生。而在中国农村，人民公社取消之后，作为一个农村社会的基层单位和经济组织的经济功能不复存在。因此，服务于农民的经济组织，只有平地再起，这是组织资源不应有的浪费；同时目前的专业合作组织由于缘于农民自发，其服务规模、业务范围、覆盖半径都十分有限，对于农业市场化、全球化以及渐趋明朗的合作社加农户的制度

需求，都已经并将进一步显现出不适应。因此，综合性合作社的戛然而止，是中国值得反思的不应有的历史性遗憾。注重发展综合性合作组织是日本农协对中国的重要启示。

相应的借鉴和反思还来自日本农协的新做法。合作社担当"龙头企业"、吸纳准会员、市场直销、股份合作制以及土地规模经营化等日本做法，在中国都能找到这样那样的例证，有的甚至比日本还要早，似乎借鉴显得不必要了，甚至应该说日本效仿中国才对。其实，细一比较，差距立显。应对中国农村社会经济发展中出现的新需求，中国确实出现了一系列的制度创新，如乡镇企业，股份合作等。但这些措施多是头痛医头，脚痛医脚。中国农民比日本多得多，但是乡镇企业"离农了"，孩子大了不由娘；让"龙头企业"帮助农民增收，时间一长都知道是一厢情愿；农民自发创建的合作社，别说是省级国家级的，就是县级的也是凤毛麟角。而日本农协的新做法，都是站在农协作为全国性的综合性农民经济组织的基础上，因时而兴的，是应政治经济影响而做的系统内部的调整和变革。所以发展中国农村合作经济，不仅是要填补综合农协的空白，还有千头万绪的工作要做，要真正促成合作社的大发展，其首要任务是要建起一个初具规模的农村合作经济组织体系。

第五节　国际合作社联盟

一、国际合作社联盟概况

国际合作社联盟成立于 1895 年，是一个独立的非政府组织，它团结、服务和代表世界各地的合作社，是全球最大的非政府组织。

国际合作社联盟的会员既有全国性的也有国际性的合作社组织，涵盖农业、金融、渔业、卫生、住房、工业、保险、旅游和消费等各个领域。目前，国际合作社联盟拥有 226 个会员组织，分布在 88 个国家，代表着世界各地的 8 亿多人口。

（一）国际合作社联盟主要职能

国际合作社联盟围绕推广和维护合作社特征开展工作，努力争取使合作制企业成为一种具有市场竞争力且广为认可的企业形式。具体如下：

（1）国际合作社联盟增进公众对合作社的认识，帮助个人、政府有关部门以及地区和国际机构了解合作制企业模式。国际合作社联盟是合作社运动的代言人。

（2）国际合作社联盟积极营造有利于合作社的发展繁荣的政策环境，支持会员组织争取立法和行政措施对合作制企业模式、合作社原则及价值的认可，向会员组织提供公平参与市场竞争所需的政治和技术支持。

国际合作社联盟向会员组织提供重要信息、最佳规范和联系方式，通过发行出版物确保信息共享，召开各种会议和研讨会组织世界各国合作社就影响合作社发展的重大问题展开讨论。国际合作社联盟积极创造条件推动合作社之间开展多领域贸易合作和信息共享。

（3）国际合作社联盟通过发展项目为合作社提供技术支持，在全球范围内开展能力建设、经济援助、促进就业、支持扶贫和小额信贷项目。

（二）国际合作社联盟宗旨

根据 2003 年 9 月 4 日国际合作社联盟全球大会通过的《国际合作社联盟章程》，国际合作社联盟作为全球各种合作社的代表，其宗旨如下：

在相互帮助、自助和民主的基础上促进世界合作社运动发展；促进并保护合作社价值与原则；促进其会员组织间经济关系及其他互利关系的发展；促进人力资源的可持续性开发，促进经济、社会发展，从而为世界和平与安全做出贡献；在合作社运动内部所有决策及活动中促进男女平等。

国际合作社联盟不应加入任何政治、宗教组织，并应在其一切活动中保持其独立性。

1995 年 9 月，在英国的曼彻斯特召开了"国际合作社联盟 100 周年代表大会"上通过了《关于合作社特征的声明》，对合作社的定义、基本价值和原则均做了明确的定义。具体内容如下：

1．定义

合作社是人们为了满足自身在经济、社会和文化等方面的共同需求而自愿组成的通过财产共有和民主管理的企业而实现自治的协会。

2．价值

合作社建立在自助、自主、民主、平等、公平和团结的价值基础上。合作社社员秉承合作社创始人的传统，坚持诚实、开明、社会责任、关爱他人的道德价值观。

3．原则

合作社原则是合作社实现其价值的指导方针。

原则1：入社自愿和开放办社

合作社是自愿组成的组织，它的会员资格对所有能利用它的服务并愿意承担会员义务的人都是开放的，没有人为的限制或任何社会、政治、种族和宗教的歧视。

原则2：社员民主管理

合作社是民主的组织，它的事务由积极参与政策制定和决策的会员组织管理。被选出的男女代表应对社员负责。在基层合作社中，社员拥有平等的投票权（一人一票），其他级别的合作社也按民主的方式进行组织。

原则3：社员经济参与

合作社社员缴纳等额资本金，合作社资本金由社员民主管理。通常，至少应有一部分资本金作为合作社的共有资产存在。社员入社必须缴纳资本金，通常可获得有限的补偿。社员将盈余用作以下部分或全部用途：通过建立储备金发展他们的合作社，储备金中至少有一部分是不可分的；根据与合作社的交易额按比例奖励会员组织；支持开展社员批准的其他活动。

原则4：独立性与自主性

合作社是由它们的会员组织管理的自主、自助的组织。合作社与包括政府在内的其他组织签订协议，或从外部筹集资金时，必须以确保合作社社员民主管理、维护合作社自主性为前提。

原则 5：教育、培训与信息

合作社为社员、当选代表、管理者和雇员提供教育和培训，以便他们有效地促进合作社的发展。他们向公众，特别是青年和舆论领袖介绍合作的本质与益处。

原则 6：合作社间的合作

合作社只有通过地方、国家、地区和国际各级组织的合作才能最有效地服务于其社员并发展合作社运动。

原则 7：关注社区

合作社通过社员认可的政策推动社区的可持续发展。

二、国际合作社联盟发展

（一）国际合作社联盟简史

国际合作社联盟成立于 1895 年 8 月 19 日在英国伦敦召开的第一届国际合作社联盟合作社代表大会上。出席此次会议的人员包括来自阿根廷、澳大利亚、比利时、英国、丹麦、法国、德国、匈牙利、印度、意大利、荷兰、俄罗斯、塞尔维亚和美国的合作社代表。代表们将国际合作社联盟的宗旨确定为：提供信息，明确并维护合作社的原则，发展国际贸易。

（二）国际合作社运动的起源

最早出现的合作社是 19 世纪中期在西欧、北美和日本出现的小型基层组织，但一般都将罗虚代尔先锋社作为现代合作社组织的原型，将罗虚代尔先锋社作为合作社运动的创始者。

1844 年，在英格兰北部罗虚代尔镇的纺织厂工作的 28 位工匠成立了第一家现代的合作制企业，即罗虚代尔公平先锋社。纺织工人的工作条件十分恶劣，而且工资很低，他们无法承受食品和家庭用品的高昂价格。他们决定，通过把他们手中的少量资源集中起来，并一起工作，他们能够以较低的价格获取基本的商品。最初，只有四种可供出售的商品：面粉、麦片、糖和黄油。

先锋社决定，现在应该以诚实、开放和尊重的态度来对待购物者，他们应该能够分享其客户贡献的利润，他们应该拥有民主的权利，享有在企业中的发言权。商店的每一位客户都成为了商店的会员组织，他们在这一企业中拥有了真正的股份。最初时，合作社每周仅营业两个晚上，但在 3 个月之内，企业已经发展壮大起来，每周营业 5 天。

支撑他们的经营方式的原则目前仍然被作为所有合作社开展经营活动的基础。这些原则已经得到了修改和更新，但本质上仍然是 1844 年实行的那些原则。

（三）国际合作社联盟发展里程碑

1895 年国际合作社联盟于 1895 年 8 月 9 日在英国伦敦成立。

1896 年国际合作社联盟确认了自己在政治上的中立立场。

1897 年国际合作社联盟开始收集合作社的统计数据。

1900 年国际合作社联盟拥有了 54 个会员组织。

1909 年国际合作社联盟的出版物《国际合作社公报》以英文、法文和德文出版。

国际合作社联盟是在第一次世界大战和第二次世界大战中均得以生存下来的为数不多的国际组织之一。消除会员组织之间的全部政治分歧是极其困难的，但是，通过致力于和平、民主，并一直保持政治上的中立立场，国际合作社联盟得以生存下来。

1922 年国际合作社联盟成立了一个名为"国际合作社银行"的委员会。现在，它被称为国际合作社银行协会（ICBA），这是国际合作社联盟的一个行业组织，其会员组织包括合作制银行和其他金融机构。

1922 年国际合作社联盟成立了它的国际保险委员会。1971 年，它被更名为国际合作保险联合会，现在，它被称为国际合作社和互助保险联合会（ICMIF），这是国际合作社联盟的一个行业组织。

1923 年庆祝第一个国际合作社联盟合作日。

1937 年国际合作社联盟对合作社的原则进行了第一次评估。

1946 年国际合作社联盟成为首批取得对联合国的咨询地位的三家非政府组

织之一。

1951 年国际合作社联盟成立了一个农业委员会，其会员组织包括加入了国际合作社联盟的农业合作社。现在，它被称为国际合作社农业组织（ICAO），这是国际合作社联盟的一个行业组织。

1952 年国际合作社联盟成立了一个面向住房合作社的委员会。现在，它被称为国际合作社联盟住房组织（ICA Housing），这是国际合作社联盟的一个行业组织，其会员组织包括加入了国际合作社联盟的住房合作社。

1965 年联合国宣布该年为国际合作社年。

1966 年国际合作社联盟对合作社的原则进行了第二次审议。

1966 年国际合作社联盟成立了农业委员会下属的一个小组委员会，专门面向渔业合作社。这个渔业委员会于 1976 年成为一个独立机构，现在被称为国际合作社渔业组织（ICFO）。

1968 年国际合作社联盟成立了亚洲和太平洋地区办事处，该办事处设在新德里（印度）。

1976 年根据在巴黎（法国）召开的国际合作社联盟第 26 届全球大会通过的一项决议，成立了国际旅游合作社协会（TICA），这是一个设在哥本哈根的工作组。1985 年 6 月，它成为了国际合作社联盟的一个行业组织，现在被简称为 TICA。

1982 年国际合作社联盟将其总部从伦敦迁到了日内瓦（瑞士）。

1990 年国际合作社联盟在圣何赛（哥斯达黎加）设立了它的美洲地区办事处。

1992 年国际合作社联盟开始了分权进程，设立了 4 个地区办事处：非洲、美洲、亚洲和太平洋、欧洲。

1994 年国际合作社联盟的欧洲机构——国际合作社联盟欧洲地区办事处成立。

1995 年国际合作社联盟通过了经过修订的合作社的原则和价值观，并增加了第 7 项原则，"关注社区"。

1995 年在国际合作社联盟通过促进和加强合作社委员会（CO-PAC）开展游

说活动之后，联合国宣布了第一个联合国国际合作社日，以配合国际合作社联盟合作社日的庆祝活动。

1996 年国际合作社联盟成立了国际卫生合作组织（IHCO），这是国际合作社联盟的一个行业组织，其会员组织包括加入了国际合作社联盟的卫生合作社。

1999 年国际合作社联盟与联合国粮食及农业组织（FAO）签署了一份《谅解备忘录》，以便促进在支持农业合作社的发展方面进行更加密切的合作。

2000 年国际合作社联盟通过了国际合作社联盟促进性别平等的战略。

2001 年国际合作社联盟与联合国人居中心（UNCHS-Habitat）签署了第二项谅解备忘录，以便推动合作社，尤其是住房合作社，为可持续的人类居住做出贡献。

2001 年联合国通过了《关于创造一个有利于合作社发展环境的指导意见》，它被附在联合国秘书长关于合作社报告的后面。

2002 年国际劳工组织通过了关于促进合作社发展的第 193 号决议。在向合作社的代表以及政府、雇主和工人的支持者进行游说和谈判的过程中，国际合作社联盟发挥了十分重要的作用。

2003 年在奥斯陆（挪威）全球大会上，国际合作社联盟通过了新的国际合作社联盟章程和议事规则。

2004 年国际合作社联盟与国际劳工组织签署了一项谅解备忘录，以便实施旨在创造更多的就业岗位和减轻贫困的"共同合作议程"。

2005 年国际合作社联盟欧洲地区办事处将其办公地点迁到了比利时布鲁塞尔。

2006 年国际合作社联盟建立了发布合作社消息的新网站。

2009 年，联合国大会于 12 月 18 日宣布 2012 年为"国际合作社年"，这也是联合国成立近 70 年来确立的第一个"国际合作社年"。

……

三、ICA 的组织

ICA 是联合、代表和服务于全世界合作社组织的独立的、非政府的社团法人。其总部自 1982 年起设在瑞士日内瓦。截至 1998 年 6 月，ICA 共有 93 个国家的 286 个全国性合作社、4 个国际合作机构，其社（会）员达 7.25 亿人，是世界上规模最大的非政府组织（NCO）。

（一）设立目的

作为世界各种类型合作社组织的代表，ICA 的设立目的如下：

(1) 推动世界合作社在互助和民主的基础上发展。

(2) 发展和维护合作社的价值和原则。

(3) 促进各会员组织间经济的和其他互利关系的发展。

(4) 推动人类可持续发展和社会经济进步，促进世界和平与稳定。

(5) 维护在合作社运动中男女地位的平等。

ICA 不隶属于任何政治或宗教的组织，保持其各种活动的独立性。

（二）达到目的的方法

ICA 达到其设立目的的方法：

(1) 组织经验交流，提供合作社发展、研究和统计的信息。

(2) 提供合作社发展的技术性帮助。

(3) 创立在不同经济和社会活动领域的合作社国际专门机构。

(4) 加强与联合国的机构和有助于实现合作社宗旨的政府和非政府的国际及国家级组织的合作。

(5) 利用其他各种有效的形式。

（三）工作语言

ICA 的工作语言为英语、法语、德语、俄语和西班牙语。工作语言如何使用由理事会决定。章程的权威文本为英语文本。

（四）与联合国的关系

为了加强与联合国专业机构的协作，ICA 不仅加入了联合国合作社开发促进

委员会 (COPAC)，而且在联合国的工业发展组织、粮食及农业组织、贸易和发展会议、人居会议 (HABTAT)、欧洲经济委员会等机构设有常驻代表。

四、ICA的会员

合作社是ICA的会员。ICA把任何以个人团体组成的社团法人，通过以互利为基础的一种企业形式来改善其成员的社会经济状况，并遵循ICA大会通过的关于合作社特征的声明，视其为合作社。

（一）合作社的定义与价值

合作社是人们自愿联合，通过共同所有和民主管理的企业，来满足共同的经济和社会需求的自治组织。按照这一定义，农业合作社是现代企业制度。

合作社的基本价值是自助、民主、平等、公平和团结。合作社社员信诚实、公开、承担社会责任和关心他人的道德价值观。公正地说，这与我国公民道德规则无本质的区别。

（二）合作社的原则

合作社原则是实现合作社价值的指导方针。合作社原则包括：

(1) 自愿和开放的社员原则。合作社是自愿的组织，对所有能够利用合作社事业和愿意承担社员义务的人开放，无性别、社会、种族、政治和宗教的歧视。

(2) 民主的社员管理的原则。合作社是由社员自主管理的民主的组织，合作社的方针和重大事项由社员积极参与决定。通过选举产生的代表，无论男女，都需对社员负责。在基层合作社，社员有平等的选举权 (一人票)。其他层次的合作社组织也要实行民主管理。

(3) 社员经济参与的原则。社员应公平地入股并民主管理合作社的资金，但是入股只是作为社员身份的一个条件，但分红要受到限制。合作社盈余按以下某项或所有项目进行分配：用于不可分割的公积金，以进一步发展合作社；按社员与合作社的交易量分红；用于社员 (代表) 大会通过的其他活动。

(4) 自主和自立的原则。合作社是社员管理的自治自助组织，若与其他组织包括政府达成协议，或从其他渠道募集资金，必须做到保证社员的民主管理，并保持合作社的自主性。

（5）教育、培训和信息的原则。合作社要为社员、选出的代表、经理和雇员提供教育和培训，以更好地推动合作社的发展；要向公众特别是年轻人和社会名流宣传有关合作的性质和益处。

（6）合作社间合作的原则。合作社通过地方的、全国的、地区的和国际间合作社的合作，为社员提供最有效的服务，并促进合作社的发展。

（7）关心社区的原则。合作社在满足社员需求的同时，要推动所在社区的可持续发展。

这里特别需要指出的是，为了宣传普及合作社的理念和价值，ICA 于 1922 年决定每年 7 月第一个星期六为国际合作社日。1994 年，联合国又将该日确认为联合国合作社日。ICA 每年提出国际合作社日的主题。2005 年的主题是：通过小额信贷合作，摆脱贫困。先后有世界农业生产者联盟（IFAP）、联合国粮食及农业组织（FAO）、国际劳动组织（IO）等发出贺电。

（三）会员资格

1．会员

下列组织均有资格申请加入 ICA：①国家级的合作社协会或联合社；②国家级的合作社协会联盟；③以个体所有制为基础的国家级合作社经营机构；④国际的合作社组织。

作为特例，下列组织均可申请加入 ICA：①地区一级的合作社联合社或协会；②一般合作社组织；③推动合作社发展并附属于合作社运动的教育、研究和其他机构批准加入 ICA 的权力属其理事会，一旦理事会拒绝某组织的申请，该组织可向 ICA 会员大会申诉。

2．准会员

ICA 理事会可以接纳下列组织为准会员，准会员没有表决权：①其合作社性质已定，但正接受 ICA 审查的会员候选单位；②在合作社发展过程中，其状况有待改善的会员候选单位；③支持合作社发展的组织；④合作社所有或管理的组织；⑤尚未加入ICA，但已是ICA专业机构的会员组织。

上述第①和第②类的组织，根据理事会的决定，可以作为一定期限的准会员。

（四）会员资格终止

有下列情形的，其会员资格将终止：①根据ICA理事会的决定，连续两年不全额缴纳会费的会员；②自动退出并在日历年底前6个月提出声明的会员，但不论何种原因，都必须缴纳当年的会费；③根据会员大会决议，对有违反ICA章程、损害ICA行为的会员。

（五）会员权利

会员按时按量地履行应尽的义务以后，享有下列权利：①在ICA权力机关的大会上，参与制订ICA的政策和工作计划；②享受ICA提供的各种有效的服务、信息和支持；③根据有关规定，参加ICA的专业机构；④选派出席ICA会员大会、地区大会和世界合作社大会的代表，提名参加理事会选举的候选人。

（六）会员义务

会员应履行下列义务：①遵循ICA的宗旨和政策，保证其活动符合ICA关于合作社特征的声明；②向ICA提供年度报告和各种有关出版物的副本，定期通报本国合作社发展的重大情况，合作社章程和细则的修改以及影响合作社发展的各项政府行为；③在日历年的前3个月缴纳年度会费；④根据ICA权力机构的建议，采取必要的行动，支持ICA的政策决议。

五、ICA的财务

（一）收入

ICA收入来源于：①会员缴纳的会费；②出版物和宣传品销售收入；③发展机构根据协议提供的基金；④捐赠；⑤根据理事会建议并经会员大会同意的其他

收入。

（二）会费

会费是 ICA 的主要收入来源。因此，各会员均应按照其经营活动的比例和 ICA 会员大会通过的不同类型合作社计算公式缴纳年度会费。

凡加入 ICA 但自身不开展经济活动的会员，应按照其社员经营业务总和为基础计算缴纳年度会费，第二级和第三级联合社组织应包括基层社员，除非其社员自身也是 ICA 成员。

根据理事会建议，ICA 会员大会应至少每四年评估会费计算公式一次，以保证 ICA 有足够的资金来源，同时确定会费的最低和最高限额。

年度会费应在每日历年的第一季度连同有关证明的文件于 3 月 31 日前交至 ICA 总部，不能履行这一要求的会员，理事会可以决定暂停其会员参与权或给予其他处罚。

因特殊原因缴纳会费有困难的会员，可向 ICA 秘书长申请免交，秘书长就其做出的决定需报告 ICA 理事会。

六、ICA 的组织管理机构

（一）会员大会

会员大会是 ICA 的最高权力机构。它由各会员指定的四年一届的代表及来自各个专业组织和委员会的各一名代表组成。会员大会每两年举行一次。有下列情况，可以召开特别会员大会。

（1）根据理事会的决议。

（2）有 1/5 会员或 1/5 在会员大会上拥有投票权的代表提出要求。

所有会员在充分履行其财务义务后，在会员大会上拥有至少一票的表决权。

会员的代表数量取决于该会员向 ICA 缴纳的会费和会员大会制定的规章所确定的计算比例，任何单个会员或来自同一国家的所有会员团体所拥有的代表数量不能超过 25 名（不包括 ICA 主席）。

会员大会的权利包括：①制定和实施对未来ICA和世界合作社发展产生重大影响的政策；②批准ICA的工作计划；③选举IA主席、理事会审计管理委员会、批准副主席的选举；④根据理事会的推荐，批准秘书长的任免；⑤根据23名以上代表的表决，修改ICA章程、规划、政策和议事规则；⑥确定会费和代表方案；⑦批准ICA年度账目的审计及审计管理委员会的报告；⑧代表ICA确认其理事会或地区机构和专业机构对给ICA带来的赔偿责任和债务的处置，如投资、借款、抵押、不动产买卖和其他协议；⑨根据理事会的建议，批准ICA专业机构的设立或解散；⑩根据2/3多数代表投票表决，决定ICA的解散。

所有经会员大会投票表决的问题，除特殊规定以外，将根据多数票的意见做出决定。在特殊情况下，可以采取信函方式进行表决。

（二）地区大会

为了推动各地区ICA会员间的合作，提供讨论地区问题的机会，作为管理机构的一部分，ICA设立地区大会。各地区单位的地域范围如下：

欧洲地区大会，向所有总部设在欧洲的会员开放；

亚太地区大会，向所有总部设在亚洲、澳大利亚和太平洋地区的会员开放；

非洲地区大会，向所有总部设在非洲和附近岛屿的会员开放；

美洲地区大会，向所有总部设在北美、南美和加勒比海地区的会员开放。

地区大会每两年召开一次，与ICA会员大会交错举行。

地区大会的职责是：①在本地区实施ICA会员大会的决议；②确立本地区ICA工作计划的重点；③提交报告、建议和提案供ICA会员大会参考；④选举本地区ICA副主席，并提交ICA会员大会批准；⑤起草本地区大会的工作程序及代表制度，并提交ICA会员大会批准。

ICA其他地区的会员可以作为观察员在支付注册费后，出席地区大会会议。

（三）理事会

理事会由ICA会员大会选举产生。它由任期4年的主席1人，副主席4人，理事15人组成；名额空缺时，由随后召开的会员大会选举产生。

理事会每年至少召开一次会议。在有 1/3 的会员要求或主席提出时，也可以临时召开理事会会议；没有表决权的替代者，只是在特殊情况下可以参加会议，并需经主席批准。理事会可以采取通信的方式做出决定。

同一个国家的会员在理事会中的名额不能超过 1 人，但不包括 ICA 主席。

理事会的权利包括：①会员大会休会期间，管理 ICA 的事务；②筹备 ICA 会员大会会议，组织会议的召开；③决定所有会员的申请和相关事项；④批准和监督 ICA 的预算；⑤确定投资、借款、抵押和不动产买卖等并报请 ICA 会员大会批准；⑥负责 ICA 秘书长的任免并确定其报酬；⑦受理审计管理委员会提交 ICA 会员大会的报告；⑧指定 ICA 审计员并受理其年度报告；⑨在其理事和其他成员中组建各委员会并确定其职责范围；⑩主席空缺时，指定 1 名理事代理主席职务。

（四）审计管理委员会

审计管理委员会由会员大会从其会员代表中选举出的不少于 3 人但不多于 5 人组成。

审计管理委员会的职责：①依照 ICA 的有关规定，检查其财务管理；②检查各会员财务义务的履行情况；③每年至少与 ICA 审计员交换一次意见；④向 IA 会员大会和理事会报告他们认为适宜的有关事项。

基于上述目的，审计管理委员会可以查阅 ICA 的所有文件。

（五）主席和副主席

主席是 ICA 的首席代表，主持 ICA 的会员大会和理事会。他与秘书长合作，提供 ICA 政策和组织领导。主席每年与审计管理委员会接触一次，审核 ICA 的财务。主席有权参加 ICA 各专业机构的会议。

副主席协助主席，并作为地区大会和理事会之间的联系人。他与秘书长一起在 ICA 的政策及组织领导方面协助主席，并履行理事会决定的其他任务和职责。

七、ICA的行政管理

（一）秘书长

秘书长是ICA的首席执行官，对理事会负责，具体负责ICA总部和地区办事处的领导、人员雇佣和有效的管理。

秘书长的职责：①负责实施ICA权力机关的政策，采取必要的措施向ICA理事会和会员大会提出有关影响合作社运动的问题；②参加ICA权力机关的会议并提出建议，但无表决权；③准备ICA权力机关会议的文件；④向ICA理事会报告资金使用、工作计划实施和职员变化情况；⑤保持与ICA各专业委员会的联系，在双方同意的条件下，向ICA各专业委员会提供支持；⑥保持与ICA现有和潜在的会员的联系，定期向理事会报告会员情况；⑦拟定秘书处的助手1人，并报理事会批准；⑧处理理事会要求承办的其他事项。

（二）地区办事处

为了加强ICA总部的服务，ICA可以组建由地区办事处主任领导的地区办事处。

地区办事处主任由ICA秘书长指定，并由其授权开展工作。地区办事处的职责：①促进和维护合作社的价值和原则；②协调实施ICA在本地区发展合作社的计划；③向政府部门和社会公众反映有关会员对政策的要求；④组织地区大会；⑤实施秘书长要求并经理事会批准的其他活动。

地区办事处是在本地区合作社承诺合作和给予资金支持下，经ICA会员大会批准建立起来的。地区办事处主任有责任向ICA秘书长报告年度工作计划和预算，以征得同意纳入ICA的总预算中。

八、ICA的专业机构

ICA可以在适当的合作社经济和社会活动领域建立或解散、承认或否认其国际的专业组织和委员会。

（一）专业机构的职责

专业机构的职责：①起草本机构章程并报ICA理事会批准；②定期向ICA理事会和会员大会报告活动；③任命一名参加ICA会员大会的代表，并使其享有充分的选举权；④有权向ICA理事会建议ICA权力机关会议上讨论的主题；⑤在必要的可能的情况下，寻求与ICA理事会的协作关系；⑥发展与ICA总部和地区办事处的合作；⑦根据ICA地区大会确立的政策保证专业机构地区委员会的建立和运营。

（二）专业组织

现在，ICA专业组织包括①国际农业合作社组织（ICAO）；②国际合作社银行协会；③国际合作社消费组织；④国际合作社渔业组织；⑤国际卫生合作社组织；⑥国际合作社住房组织；⑦国际合作社互助保险联盟；⑧国际消费合作社批发贸易组织；⑨国际工业、手工业和服务业合作社组织；⑩国际合作社能源组织；⑪国际合作社旅游组织。

国际农业合作社组织（ICAO）是代表全世界农业合作社的常设机构。1998年，ICAO共有36个国家的46个国家级农业合作社会员。ICAO的事务局现设在韩国农业协同组合（以下简称韩国农协）中央会。ICAO的主要活动是：促进世界农业部门及农业合作社之间的交流与协作；进行旨在发展各国农业及其合作社的调查。

（三）专业委员会

现在，ICA专业委员会包括①合作社研究委员会；②通信委员会；③全球人力资源开发委员会；④全球妇女委员会。

第六节 国外农业经济合作组织的经验总结

一、国外农村经济合作组织的历史发展

农村经济合作组织起源于 19 世纪初期的欧洲。早在 1805 年，丹麦农民就建立了第一个地方农民联盟，至今已有 200 多年的历史，但一般认为，世界上第一个真正意义上的合作社是 1844 年在英国建立的"罗虚代尔先锋社"。1895 年世界上第一个非官方的合作经济国际组织国际合作社联盟成立，并提出把"罗虚代尔先锋社"所坚持的合作原则命名为"罗虚代尔原则"，这个原则以后成为各国合作社原则的范本。农村经济合作组织的产生和发展与人类社会从传统的农业向资本主义工业过渡的历程是同步的。随着人类社会进入资本主义时代，市场经济以不可阻挡的趋势席卷世界的每一个角落，农村和农民也不例外。如何适应工业文明时代社会化大生产所要求的专业化和集约化，提高劳动生产率，增强抵御市场竞争风险的能力是农民面临的重要任务。农业生产的长周期、低效益、受自然环境制约的特点决定了单个农民抵御市场风险的能力很低。他们只有联合起来利用集体的力量才能抵抗垄断资本的控制和剥削，维护自己的利益，所以建立各种各样的合作组织就成为他们的现实选择。因此，在资本主义工业快速发展的西欧和美国，先后建立了大量的农村经济合作组织，后来又扩展到其他资本主义国家。这些合作组织种类繁多：有的是关于某种农产品的专业生产合作组织，如 1882 年丹麦农民成立的奶业合作社、1906 年加拿大农民的谷物种植者谷物公司等；有的是为农村提供他们最为缺少的科技服务的，如法国农民建立的农业科技服务合作组织、美国的农村电力合作组织等；也有一些专门向农民提供保险和信贷服务的金融合作组织，如在 20 世纪 30 年代，加拿大的萨斯喀彻温省就建立了 340 多个信用合作团体为他们的成员提供金融服务。此外，也有一些专门为成员提供消费、法律、卫生、娱乐等生活服务的合作组织。

第二次世界大战之后，随着西方发达国家的社会化大生产程度变得更高，社会对农业生产也提出了更大的挑战。这些国家的农村经济合作组织在激烈的市场

竞争中也日趋成熟并发展壮大，逐步渗透到农业和农村的各个领域，形成了一个十分庞大而又复杂的体系，成为这些国家实现农业现代化、进行国际市场竞争的重要工具，直接推动了这些国家和地区农业和农村社会现代化的进程。国外农村经济合作组织分布广泛，类型众多。目前，农村经济合作组织遍布 160 个国家和地区，成员 7.8 亿户。IP 在农业、工业、流通、金融、保险、医疗、交通、能源、运输、科技、文化、教育等各个领域广泛发展。人们从衣食住行到生老病死，从生产到消费，都有相应的合作组织提供周到的服务。合作组织兴办的批发市场、配送中心、零售商店、旅馆、饭店等在国外很多大城市都可以看到。

二、国外农村经济合作组织的特点

由于各国的具体国情存在差异，农业发展模式也有很大区别，因此其建立的农村经济合作组织也各式各样，但也呈现出一些共同的发展特点：

（一）农村经济合作组织的数量多、覆盖面广

农村经济合作组织可以说几乎遍及全球每一个国家和地区，并且数目巨大：在美国，一个农场主往往会加入到多个合作社中，每 6 个农场主中就有 5 个参加了购销合作社，每个参加合作社的农场主平均参加 2～3 个购销合作社。在加拿大，仅萨斯喀彻温省的农业合作社就有 1 300 多个，全省 100 万人口，大多加入了不同类型的合作社。在经济发达的欧洲，特别是农业十分发达的西欧和北欧，农村经济合作组织的数量更多。法国现有 3 800 家农业合作企业，90%的农民都参加了合作社。德国全国有各种农村经济合作组织 4 700 多个，荷兰有各种农民股份合作组织 2 000 多个，其中属于全国性的合作组织就有 25 个，荷兰的大部分农民至少同时参加 3～4 个合作社。丹麦常常被人们认为是世界上人均加入合作组织最多的国家，几乎每一个丹麦人都加入了至少一个合作组织或者协会，日本现在有农协近 6 000 个，90%的农户是农协的会员。印度的农村经济合作组织遍布全国，现有成员大约 2.3 亿人。国外农村合作社的类型多种多样，主要包括农牧业生产合作社、消费合作社、教育合作社、卫生合作社等 10 多种类型。农村经济合作组织经营范围也十分广泛，几乎涵盖了农村、农民和农业的生产、销

售、生活、公共物品供应等各个方面。

（二）农村经济合作组织成为农业发展的主力军

在美国，合作社总资产已达到 470 亿美元，销售总额超过 1 200 亿美元，合作社吸纳雇员达到了 18 万人。合作社产品的市场份额达到了 28%，其中奶制品市场份额为 80%，农业投入供给品的市场份额为 26%，其中，化肥、石油分别超过了 45%。农村合作社加工的农产品占农产品总量的 80%，合作社提供的化肥、石油占 44%，美国的合作社为其成员提供了 55% 的生产资料，协助其销售 60% 的产品，合作社还控制了全美谷物销售总量的 60%，并提供了占出口总量 40% 的谷物，直接经过合作社出口的谷物占总出口量的 80%，在德国，农业经济合作组织生产销售的谷物总量占全国总额的一半以上，牛奶制品占 70%，牛肉占 30%。瑞典合作社的市场占有率分别为：奶业 99%，牛肉（屠宰）79%，猪肉 81%，粮食销售 70%，混合饲料 80%，原材料 80%，林业 50%。丹麦农业合作社的产品在市场上占有绝对的统治地位，其中毛皮、猪肉、黄油、牛奶等产品的市场占有率超过 90%，水果、蔬菜、鸡蛋的市场占有率超过 60%。作为西欧农业大国的法国其 50% 的加工农产品出自农业合作社。日本全国 90% 以上的牛奶、大米、小麦，50% 以上的农业机械、生产用石油、蔬菜，近 70% 的农药和薄膜的购买和销售是由农协实现的。

（三）严密的组织体系和民主、平等的运行原则

国外的农村经济合作组织最初是成员为了共同利益而不是以营利为目的成立的，因此，入社自愿、退社自由是它成立的基本原则。一人一票、民主管理是它的基本运行机制，也是合作组织得以健康运行的前提。基于这些原则，农村经济合作组织在成立时就建立了严密的组织机构，制定了严格的规章制度，特别是它的组织决策制度、利益分配制度和金融财务监督制度。大多数农村经济合作组织实行一人一票制。随着合作组织规模的扩大和满足其吸收外部资金的需要，部分合作组织增加了一些加权票，但也将其严格限制在较低的比例。德国建立了严格的财务审计制度，农村经济合作组织成立前需经当地合作社审计协会审计通过，

戎立后必须加入所在地区的合作社审计协会，并接受定期审计。

（四）政府积极推动，法律制度完善

为了应对市场经济对传统农业产生的巨大冲击，绝大多数国家和地区都采取各种措施积极推动农村经济合作组织的产生和发展，并在发展过程中不断完善各种法律制度，无论是在自由市场经济条件下发展壮大的欧美国家农村经济合作组织，还是在政府控制下积极成长的亚洲农村经济合作组织，他们的发展都离不开政府的支持。

第一，政府为推动农村经济合作组织的发展提供法律保障，不断制定和完善法律制度。美国为促进农村经济合作组织的发展，1922年通过了著名的《卡帕—沃尔斯坦德法》，解除了反垄断法对合作组织的限制，为它的发展壮大提供了法律保障。在加拿大，联邦和各省都制定了专门的法律以保护农民合作社的发展，瑞典和德国分别于1895年、1899年制定了专门农业合作的法律。日本在1947年制定了《农业协同组合法》，后来为适应农协发展的新情况，先后修改了20多次。

第二，给予农村经济合作组织积极的财税支持。美国农村经济合作组织的税负是一般工商企业的1/3，此外，它们还享受低利率的贷款优惠政策。在德国，农村经济合作组织不仅可以享受免除部分所得税和法人税的政策，而且新成立的合作组织还能获得5年的创业补贴。在日本，农协享受比普通企业更低的税率政策，新建农产品加工项目最高能获得50%的政府补贴，政府还通过农协发放长期低息贷款。

第三，加强对农村经济合作组织的教育、培训和研究。美国联邦政府有专门机构负责编写各种教程和资料并发给合作组织成员，同时联合学校等对合作组织的管理人员进行培训。丹麦有由政府主办的完整的初中、高级农业教育体系为合作组织培养专门的人才。意大利政府也无偿向农村经济合作组织提供人员培训和一定的科学技术支持。

三、国外农村经济合作组织发展模式考察

各国的农村经济合作组织虽然有很多的共性，但在长期的发展过程中，由于国情和农业发展道路各不相同，因此也形成了农村经济合作组织的不同发展模式。根据它们各自的不同特点，基本上可以将其归结为两种模式：一是在自由市场经济条件下形成的以专业合作组织为主体的欧美模式，以美国、德国、荷兰、法国为代表。二是在国家资本主义条件下形成的以综合性合作组织为主体的东亚模式，以日本、韩国为代表。

（一）欧美国家的专业合作组织发展模式

欧美国家是世界上最早实现工业化的地区，农业生产的规模化、集约化和市场化程度高，大、中农场主和农业资本家是生产的主体。在自由竞争的市场力量推动下，他们自愿联合起来，共同抵御市场带来的风险，以解决政府和市场失灵问题。这些国家的农村经济合作组织以专业化生产和为农村提供专业的社会化服务为主，其特点主要表现在以下方面：

1. 专业性强

欧美国家大多是根据某一产品或某一项农业功能或任务成立一种合作组织，如牛奶生产合作社、谷物生产合作社，或者如农业机械合作社、销售合作社、建筑合作社等，这非常适应现代生产、服务的专业化和社会分工越来越细的现实状况。在美国，农村经济合作组织的专业化程度非常高，一般一个合作组织只围绕一种农产品来开展生产和销售活动，或者只为成员提供一种专业化的服务。美国农业合作社的类型有销售合作社、农业生产服务合作社、供应合作社等，从小麦、玉米、棉花，到草莓、苹果等农产品，都有专门的行业合作组织。从建筑房屋、电力供应，到金融信贷、农业保险等社会服务，也有专门的机构为成员提供服务.在德国，除了为数不多的商品供销合作社之外，基层合作社基本上都是专业性的，一个基层社通常就是一个生产单一农产品的企业。在农业十分发达的荷兰，几乎没有生产经营小而全的农场，农场一般只生产单一农产品，由生产同样农产品的农场自愿联合组成为农村提供专业化服务的合作社，合作社内部分工明

确，使农产品从生产到销售的过程就像工厂流水线一样准确、高效，大大提高了生产效率。

2. 合作组织规模大，经济实力雄厚

欧美国家农村经济合作组织的成员以农场主和农业资本家为主，他们大多经营着大量的土地，其组成的合作组织规模都比较大，经济实力也很强。西班牙蒙德拉贡合作集团是世界合作社运动史上最值得骄傲的成功案例，目前是欧洲乃至世界最大的合作社集团之一。德国的莱弗森合作银行和 1 255 家合作银行构成德国合作社运动中规模最大的银行集团，它们已经形成了一个具有 13 765 家分支机构的银行网络，它们向成员，同样也向一般客户提供高水平、全方位的银行服务。自 20 世纪 60 年代以来，法国大型农业合作企业集团不断形成，农业合作社的集中程度越来越高[①]。

3. 合作组织与政府的关系不紧密，有很强的独立性

欧美国家由于历史文化的影响，大多传承自由竞争的市场经济原则，政府尽量不直接干预市场主体的经济活动，而是为市场的健康运行提供良好的外部环境。政府对农民组建经济合作组织一般不加以限制，只有在这些组织违反法律规定时，才依法处理；有些政府每年从财政经费中拨出一定数额来支持合作组织的活动；政府对合作组织的活动提供法律保护；各国政府大多提供减免税收的优惠政策。美国政府在最初对农民合作组织持反对态度，后来表示中立，不鼓励但也不反对。在遭受一场农业危机后，美国政府才采取了相对积极的方式，参与和支持农村合作组织的发展。德国的合作社与政府并没有直接的行政关系，也不依赖于政府，表现出较强的独立性，政府主要通过立法和提供一些优惠政策，来保障合作社的合法权益，促进合作社的健康发展。在丹麦，对农村合作组织的管理既没有专门的法律又没有专门的政府机构，农民主要根据宪法规定的契约自由原则成立经济合作组织，在这些国家，农村经济合作组织只是连接农民与市场和政府的纽带和中间组织，往往成为政府执行某项政策或达致某一目标的间接工具。

---

① 方凯，刘沽，2009.农业合作社发展的国际经验及对我国的启示[J]. 广东农业科学 (8).

案例：瑞典农民的合作组织——"农家人"合作社[①]。

在瑞典，只要开车离开首都，不出 10 千米，农村社会的景象就会展现在人们面前：一座小教堂，几间涂着传统红色的小木屋，村子外的田野上歇闲的拖拉机。以前，教堂是凝聚瑞典农村社会的核心。如今，各种由农民自己组成的合作社则成为瑞典农民表达他们经济和政治意愿的代言人。瑞典的农民合作社是农民在自愿基础上建立的经营性合作组织，其中规模最大的合作组织称为"瑞典农民产品销售合作社"，瑞典称之为"农家人"合作社。合作社的标志是一颗正在发芽的麦粒。在瑞典南北各地的农场乡间，从巨型粮仓、肥料车间到负责粮食检验的实验室和宣传科学种粮的研究所，随处可以看到这个标志。

瑞典全国有 5 万多农民加入了"农家人"合作社，合作社的目标是为农民提供市场信息、技术和质量监测等多方面的服务，建立农产品收购和销售的网络。加上"农家人"合作社自创的品牌产品的销售，这个合作社年营业额高达 31 亿欧元，是欧洲最大的农民合作社。

2005 年秋天，在"农家人"合作社的一座粮仓，记者看到农民将满载着收获的大卡车开上粮仓的地秤，让粮仓的工作人员取样测量粮食的水分和品质，之后拿着检验好的报告单，到会计处领钱。这座巨型粮仓还拥有配套的面粉厂和大型面包加工厂，其一条龙服务可以让农民的产品在最短时间内到达消费者手中。从巨型粮仓伸出的架在空中的管道，直接把晒好的谷物运送到面粉厂加工，减少了中间运输环节，也保障了产品质量。

"为消费者提供高质量的农产品"是"农家人"合作社努力的目标。尤其在瑞典这个环保意识深入到各个层次的社会，不仅农民提供的产品是否安全健康，就连其生产、运输过程是否环保，都成为消费者在选择产品时考虑的因素。"农家人"合作社自创的许多品牌已成为瑞典消费者信得过的产品，绿色的正在发芽的麦粒也成为质量保障的标志。

"农家人"合作社的历史可以追溯到 19 世纪后期瑞典从农业社会向工业社会

---

① 马世骏，2006.国外经验对我国新农村建设的启示：瑞典农民的合作组织——"农家人"合作社[J].小康生活(9).

转型时期。随着机械化的发展，小户经营的农庄面临经济上的难题，他们的农产品价格在市场上无法和大农庄竞争。为了保护地区小户农庄的经济利益，一个由农民组成、农民经营管理的合作社诞生了。最初是一个地区的小户农庄单纯经济上的合作，随着合作社的发展，地区之间也联合起来。如今，"农家人"合作社不仅是全瑞典农民最大的经济利益合作社，而且它还成立了各省"农家人"合作社的联合体，以越来越主动的市场战略，保护和提高瑞典农民的经济和政治利益。

合作社能有效经营的基础是民主公平的管理方法。"农家人"合作社从成立那天起，就遵循着一人一票的民主程序，通过选举，用理事会的形式管理农民的事务。进入合作社的农民根据自己的经济状况，向合作社交纳会员费，这成为理事会成员工资和管理资金的来源。今天的"农家人"合作社已经拥有众多有限公司，并用最有效的方法推销农民的产品和服务。这些企业年终的赢利和分红都会反馈到交纳了会费的农民手中。

（二）东亚国家和地区的综合性合作组织发展模式

东亚地区有着悠久的历史，是个有着浓厚传统色彩、长期以小农经济为主体的社会。即使在工业发达的今天，由于人口、自然环境、文化传统等原因，其农业生产仍然没有摆脱规模小、市场化和专业化程度低的现状。为适应社会化大生产的基本要求，增强农业生产抵抗市场风险的能力，这一地区形成了政府主导下的综合性农村经济合作组织。这种模式主要有以下几个特点：

1. 自上而下分级的严密组织体系

东亚国家和地区在长期的中央集权社会传统中形成了严格的等级观念，在政府积极推动下建立的农会（农协）也按照行政区划逐级建立的。日本的农协形成了一个包括地方性组织和全国性组织在内的完整体系，农协的机构设置跟随行政设置也分为三级：以市、町、村作为经济区域，农民入股而组成的称为基层农协；以都、道、府、县作为经济区域，基层农协入股而组成的称为县级联合会；以全国作为经济区域，由基层农协和县级联合会入股组成的称为全国农业协同组合。而且，每一级农协组织都与本级行政组织相对应，关系密切。其中，全国农协中央是农协的综合性指导机关，主要任务是对下一级农协的组织、业务及经营进行指导，协调各联合会之间的关系和调解纠纷，就农协和农业政策问题向政府有关部门提出建议。全国农协中央下设生产、生活、总务及金融四个委员会，分别与都、道、府、县中央会的农协经济联、共济联、福利联和金融联进行对口联系，从事县联合会力不能及的经济活动。根据层层建立的原则，都、道、府、县农协设有各种联合会，只对市、町、村农协进行业务指导。

目前韩国农协的组织结构分为上下两层，上层为农协中央会，下层为设在乡镇的基层农协，并在整体上采用"一元化的综合农协体制经营"方式。韩国农协系统的工作网络遍布全国，大小机构共有 5 663 个。其中，中央会在市、郡（县）设立了 160 个办事处，办事处下设的一级和次级网点分别为 691 个和 298 个；基层会员组合 1 171 个，下设网点共 3 237 个。

2．合作组织综合经营，服务内容全面，服务体系完整

日本农协的最大特点是拥有综合性服务体系，即它的业务范围涵盖农业产前、产中、产后每个环节，功能涵盖生产、销售和多种业务，其功能和作用主要包括生产指导、产品销售、集中采购、信用合作、金融服务、社会服务和成员权益保障。由此不难看出，日本农协不仅在农业生产领域发挥重要作用，在农民生活中也提供广泛的服务。此外，农协不仅是农民经济利益的代表，也是政治利益的代表。

韩国农协受国家委托，可以在政府权力之外行使公共权力，可以超越金融、保险等部门的规定，从事所有符合法律规定的涉农业务——金融、保险、粮食售卖、运输、仓储、物流、超市、海外贸易等。

3．合作组织与政府的关系密切，其主要活动往往由政府主导

因为东亚地区人口多，人均土地少，农业规模小，文化传统上过于重视土地，单依靠农民自身的力量难以组织起来，所以政府在农村经济合作组织的发展过程中起了主导作用。这些合作组织实质上是半官半民的组织，与政府关系非常密切。政府对农村经济合作组织给予了大量的财政和政策支持，这些合作组织往往成为政府推行农业政策的工具，同时也在一定程度上保护农民的利益。

从日本农协发展的经验来看，农民协会的组织、农民合作及其组织化离不开国家和政府的支持。在日本，政府对农民协会的支持突出地表现在以下四个方面：

一是法律保护。第二次世界大战后日本先后制定了一系列旨在支持和保护农业和农民利益、推动农民组织法的法规。

二是政策支持。有了法律保护的日本农协，在发展过程中同样得到了政策的大力支持。这主要体现在日本各级政府制定的农业政策、税收及金融政策等方面。

三是财政支持。由于农协是互助性质、不以营利为目的的经济组织，因而政府在财政上制定多种补贴政策来扶持农协，积极解决农协的经费问题，确保农协专注于农业科研、经营、管理等业务。多年来，政府对农协一直实行低税制。日本政府还对农业保险给予大量援助，还采用较长期的低息甚至无息贷款扶持政策。

四是监督管理。政府对农协的组织、运转及财务等均制定了严格的规定。通过监管保证农协的互助和非营利的性质，同时也督导其不断完善组织，提高效率。

案例：韩国农协

韩国农协是由韩国依据《农协法》这一特别法于1961年设立的公法社团，至今已经有50多年的历史。目前的组织结构分上下两层，上层为农协中央会，下层为设在乡镇的基层农协，并整体采用"一元化的综合农协体制经营"。农协开展的业务包括三大类：一是教育及文化，即推进农业新技术和新品种的研发、实践、经营，并提高农民的维权意识，使其享受更加富裕的生活及文化福利；二是农产品流通事业；三是金融事业；即农协会筹集资金，提供全面的农业金融服务。

韩国农协建立的目的是"通过提高农业生产力和通过农业人的独立的合作组织，提高农业人的经济社会地位，确保国家经济的均衡发展"。而且，在农协法"之外的其他组织不得使用地域组合、专业组合，以及国家农协中央会之类的名称"。目前，韩国农协系统的工作网络遍布全国，大小机构共有5 663个。其中，中央会在市、郡（县）设立了160个办事处，办事处下设的一级和次级网点分别为691个和298个；基层会员组合1 171个，下设网点共3 237个。

韩国农协中央会依法通过设立公司的方式发展金融和经济事业，共设立了

21 家子公司。其中 4 家金融子公司；4 家农产品流通中心，负责收购、储藏、保管、运输、配送、加工和向消费者提供安全新鲜的农产品；4 家农业生产材料的公司，负责进行包装材料、肥料、农药等的生产制造；3 家专营饲料畜产品和人参加工制作的公司；还有支持农畜产品出口，开拓海外市场的贸易公司、专营运输和配送的物流公司；从事传媒营销、设施、租车和劳务派遣业务的开发公司；提供信息服务的信息系统，以及农协资产管理公司和农协经济研究所。

农协的金融事业分为两个部分：一是农协银行，以城市为中心，向下延伸建立分支机构；二是农协合作机制的"合作金融"，以基层农协为重心。

将金融服务与农民组织结合起来，是韩国农协发展过程中最重要的里程碑，其基本理念是借助金融力量推动农民组织发展。农协银行的资产从一开始就被定义为全体农民的共同财产。农协银行与商业银行提供的金融服务并无两样，包括银行、保险、卡、外汇、合作金融等业务，并与多家证券、期货、资产管理等机构合作，提供一站式、多样化金融服务。从 2012 年 3 月 2 日开始，农协银行从农协中央会分离出来，独立运营。不过，分离后的农协银行，仍然是中央会控股银行，农协对银行仍然存在着权力控制和相关的利益关系。

政府对农协金融事业提供各种支持。农协金融机构承担了政府的政策性金融业务。政府对农业、农村、农民的资金支援，基本上都借助农协金融平台，自上而下地运作。由于农协的网点深入到基层，承担农村金融政策性业务，这是其他金融机构所不能替代的。基层农协与农民有着方方面面的联系，借助于其服务平台开展政策金融，其效果要比借助基层行政机构更好。资金上的支持，如政府有关农业财政资金，都通过农协组织给农民支援。因为除了农协没有别的渠道往下走。农业政策金融的资金来源于政府。以前，资金支援的对象由政府决定，结果是低效率。后来政府决定，资金支援对象的审查，由银行来做，效率提高了。这样形成分工，政府申请国会的预算，按预算来审查。农协银行受到政府的依赖，做公共性服务，这样更有效率。农村的基础设施、教育文化也是公共投资，10 年以前开始的，现在政府正在考虑通过银行的审查实施。农业金融是长期的、地域性的。一般政府贷款是短期的，由农协资金来支援。农民如果没有信用的话，政府有信用保证基金；没有担保的、没有财产的农民，政府提供保证。信用保证是政府委托农协，农协代理执行，若政府预算不够，农协银行自己投入，政府保证利息差补偿。现在政府资金不够，农协投入的比例是 60%，但政府对农协的利息差有补偿。

流通事业是韩国农协的三大业务之一。流通服务不仅是农协中央会的任务，更是基层农协的任务。由于服务量大，市场竞争压力大，所以更具挑战性。基层农协在当地办有超市，做地产地销的农产品，也做外地农产品，更多的是一般商品，以适应当地居民购买需要。农协中央会在农产品批发中发挥了重大作用，特别是在一级批发中，与政府、商业公司一起，共同做好批发市场，全国有 31 个农产品一级批发市场，主要是政府投资兴办的，农协都进驻开展服务。首尔的可乐洞农产品批发市场是全韩国规模最大的一个，农协设在可乐洞的子公司销售部经理白哲基介绍说："农协中央会的分公司进驻全国所有的大型批发市场，规模比较小的市场，有的只是当地的基层农协在做。"可乐洞市场是政府办的，让 6 个法人公司入股进驻，其中包括农协。农协的公司是政府规定进入的，其他公司每年可能被换掉，而农协永远常驻。进驻者可以租用场地拍卖货品。在青果类（蔬菜、水果）的经营场地中，农协占 13.7% 的面积。可乐洞批发市场由政府投资建设，负责管理。管理人员共 300 人，最重要的是市场秩序管理，处理垃圾、保持市场公正等。规定进驻的公司将经营总额的 0.53% 作为市场使用费交给政府，这笔钱用来支付管理人员工资和行政办公等成本费。农协的子公司在批发市场经营中类似于商业公司，相互竞争，使农协在市场中充满活力。在批发市场中，农协与别的公司除了到合同五年期满不用更换以外，在其他方面没有本质的区别。

政府采取多种形式支持农协建设流通设施。对于大型超市这类流通设施，其建设所需资金一半以上是由国库支持。对不同的机构，政府支持的力度也不同。一种是良才的形式（良才是农协中央会设立的最大的超市之一，主要售卖农产品，蔬菜水果和肉类），由中央会创办的；另一种是地方政府创办的，由地方政府投资，由农协经营。这是两种性质的。批发市场是政府出资，有政府的管理机构。良才大型超市和批发市场结合在一起，国家投资占 70%，农协占 30%。地方政府投资的，让农协负责经营，以后给予地方政府手续费。地方政府不需要农协出很多的钱，担很大的风险。

政府采取多种税费政策，支持农协的销售。延川郡产的大米，销售的时候，物流方面的费用，有支持。泡菜销售时，快递、物流设施改善费用，有支持。包装改善的设备，有支持。组合员财产税，减少；农特税，减少；地契税，减少；教育税，减少。农协的超市，如果符合农协根本的工作，是百分之百免税；如果符合一部分，百分之五十的免税。农协制造企业百分之百免税。超市内农产品销售，按面积算，农产品场地有百分之五十的免税，但是农产品之外的，要交一般税。是什么产品，按超市面积的比例算。农产品销售设施，百分之百由政府支持。可以做一般产品，没关系，但要交税。

自 1961 年开始，基层农协的组合长都由中央会直接任命，实际上是由执政党派出的党员干部担任。对于经营不善的基层农协，中央会还要直接派出经营开拓员担任常任理事、专务理事或者骨干职员，以加强基层农协的经营管理能力。可见，韩国农协的基层组织是自上而下建设而成的。

（三）国外农村经济合作组织发展的主要经验借鉴和启示

我国是农业和农村人口大国，但农业经营组织规模小，农村合作经济目前仍不发达，在农村经济中所占的比例很小。如何促进我国农村合作经济的快速发展，在社会主义市场经济条件下，改变我国农业生产落后、弱小的局面，使农业真正进入市场经济，解决农业小生产与世界大市场的矛盾是我们必须承担的任务。发展农村经济合作组织，提高农业组织化程度，是一条科学合理的道路，必须加以重视和大力推进，因而总结和借鉴国外农村经济合作组织的经验，努力探索一条符合我国自身国情的农村经济合作发展道路，是十分有必要的。当然，借鉴的同时必须结合我国的基本同情，有区别、创造性地运用国外的经验。通过对其他国家和地区农村经济合作组织发展状况的考察，可以形成如下经验借鉴和启示。

1. 因地制宜

为适应市场经济和农民的需求，我国需要发展多种形式、多种层次的农村经济合作组织。例如，虽然我们与日本、韩国最初发展农村合作经济的情况相差不大，可以借鉴这些国家的合作组织发展模式的一些优点，但不能完全照搬他们的综合农协模式。因为虽然中国的农村社会属于小农社会，但中国是一个地域大国，农村社会之复杂性、多样性、不平衡性，是其他东亚国家和地区（如韩国、日本）所不能相提并论的。因此，在中国建立全国农协的成本非常高，同时目前也不具备相应的现实条件。而借鉴欧美模式的专业经济合作组织的经验，在中国建立各种各样的农民专业合作社是目前基层发展合作组织较为现实和理性的选择。在今后很长的一段时间里，农民合作社都将是中国农业生产的最佳组织形式之一。

对欧美模式的借鉴并不意味着对东亚发展模式的完全排斥，一方面，我国与东亚国家和地区农业发展条件相近，文化传统一致，农村经济合作组织的发展模式中肯定存在值得借鉴的经验和启示；另一方面，我国农村经济合作组织的发展也存在联合发展的需求。自从我国打破农村集体经济体制实行家庭承包经营以后，特别是在实行市场经济体制之后，这种一家一户的小农生产方式很难适应社会化大生产的要求，在市场上缺乏竞争力。为了更好地适应社会化大生产的要求，把生产同样农产品的单一农户组织起来，就要建立各种合作组织，并在条件具备的地区按照一定的地域，将同种类的合作组织联合起来建立大的专业联合社或者专业联合会，依靠集体的力量参与市场竞争。合作组织联盟需要结合中国国情建立相应的层级，并吸取日、韩综合社的特点，将专业社的发展与综合社的发展结合起来，在实践中注意将民间自发经济合作组织与我国现有的供销合作社系统的既有模式结合起来。另外，合作组织的发展应与县域农业经济的发展相结合，因此有必要考虑建立县级农民合作社—联盟组合。由此既可以形成产业政策的组织实体，又有利于提高农民的市场力量，从而增加农民收益，同时可以提高农民的组织化程度，与全国的合作组织促进政策相对接。这方面，可以考虑借鉴韩国农协的经验，将县级农民合作组织的建立纳入到公法体系，促使地方政府推动县级农民专业合作组织二级组织的建立，保护农民利益。中国有些地方已经出现这方面的实践创新，如浙江瑞安的农村合作协会与河南兰考的农民专业合作社联合会就是其中典型的代表。

在欧美等农业发达国家，生产力水平、农业社会化程度高，市场经济成熟，其农业合作社一般是由大规模农场主联合组成的，生产和经营的实力较强，政府在农业组织发展中只需制定各种政策，以扶持、规范和制约农业组织的发展，而日本则结合其农业生产的小农模式，通过别具特色的"农协"，在小农与市场之间架起了桥梁，由此可见，在农业生产多样化，农民居住分散地区以综合农协为主；在特色农产品集中生产地，则以专业农协为主，以特定农产品生产者为对象，开展农产品贩卖和技术指导业务。目前我国农业的实际情况是，既有土地相对集中的地区（如东北），又有土地规模狭小的地区（如东部沿海地区），既有以特色农产品生产为主导的地区，又有多样化农产品生产地区。所以，我国的农业合作社的发展模式不可单一化，要借鉴国外经济合作组织发展经验，探讨如何建立适合特定地区、特定农产品的发展模式。

从日本、韩国的农村经济合作组织发展情况看，不同层级合作组织的共存说明不同层次的合作组织都有发展的空间，主要是看它能否适应市场经济和农民的具体需求。但是中国地域辽阔，各地经济发展水平差距比较大；虽然与日本、韩国在农业生产条件上相差不大，但我国国家规模和人口规模却要大得多，由此引起各地域合作经济组织的产生原因、发展历程、生存环境等各不相同。因此我国并不适合完全一致地采用日、韩模式的综合性农村合作组织，要因地制宜推动发展多种形式、多种层次的农村经济合作组织，寻找到一条完全适合中国国情的农村经济合作组织发展之路，促进社会主义新农村建设的快速发展。

2. 正确处理政府与农村经济合作组织的关系

实践表明，农村经济合作组织的健康发展离不开政府的鼓励和支持，这一点无论是在市场主导下走专业合作组织的欧美国家，还是在政府主导下走综合农协模式的东亚地区都无例外。完全不干预市场行为的"守夜人"政府早已不适应时代发展的要求了。在市场经济制度下，伴随着人类进入工业文明时代，农业就成了弱势产业，并在激烈的市场竞争中成为一个国家经济生活的配角。但农业是一国立国之本，直接关系一个国家的粮食安全，而我国作为这样一个人口大国更是如此。为规避风险，提高市场竞争力，农业和农民需要政府的扶持和支援。

我国是传统的小农经济社会，大多采取以家庭承包经营为主的农业经营模式。建立农村经济合作组织虽然有利于把单个的农户联合起来共同闯市场，但基于我国农民的文化素质普遍不高的现实国情，让分散、实力不强的农户自行建立合作组织，这对于大部分地区来讲还具有一定的难度。当前，各级政府应该在推动各类专业和综合性农村合作组织的建立上发挥主导作用，进行深入推动。东亚地区有着悠久的中央集权传统，国家对农民生活和生产形成相当严密的控制，即使在现代社会生活中，人民对政府仍然有较多的依赖。我国要借鉴日本和韩国的经验，充分利用政府的力量推动农村经济合作组织在中国的发展，以适应社会主义市场经济的需要，克服小农经济的弱点，实现农业生产的规模化、专业化。

当然，任何事物都有两面性，过多的政府干预和保护，有可能造成农村经济合作组织对政府的依赖性，甚至会阻碍合作组织的独立、健康发展。如日本农协长期依赖政府，政府在立法、政策扶持等各方面对农协发展提供了各种支持，在一定时期内既维护了弱势群体的利益，同时也有效促进了国民经济的协调发展。但从 20 世纪 70 年代起，日本农协表现出过于政治化、政治依存度过高的特点，过多的农业保护反而使日本农业逐渐丧失了经营自主权与市场应变能力。在政府的保护下，生产效率日益低下，农业自我生存能力缺失，导致农业创造的经济收益下降，日本农业发展水平与世界发达农业生产国相比也开始呈现较大差距。日本对进口农产品征收世界上最高的关税，并对各级农协进行高额补贴，但农业生产总值却逐年减少。因此，近年来日本农协在经营机制和组织架构上进行变革，保持"自立、自主、互助"的方针，进行组织整顿，提高经营效益。从这个角度看，政府的扶持必须是适度的，不能制约农民的主动性和创新性。

从欧美国家大量经济合作组织的实践来看，过分依靠政府的组织是脆弱的，而且容易使其失去它们的活动中心。美国政府高度重视合作社工作，但不干涉合作社的内部事务。美国农业部内设农业合作社发展局，农业部在向国会提交的年度报告中，多次把合作社工作放在其工作报告的首位；美国政府以提供非政府机构不能提供的服务为自己的责任，通过立法，规定农业合作社发展局每年对全国农业合作社的情况进行统计，并收集存在的主要问题和预测发展前景；同时根据合作社的发展要求，组织出版包括服务、信息、研究的有关合作社基本知识的书籍，并在互联网上免费提供这些资料和以极低的价格出售这些书籍，为农业合作社知识在农民中普及起到极大的推动作用；政府还采取资助、授权、参与决策等多种措施调节、引导、扶持合作社及其服务机构的发展，每年都投入大量的精力与财力针对合作社开展调查、统计、研究工作；美国国会也鼓励通过合作社的方式来解决农民所面临的共同问题。但是以上政府工作的努力是以不干涉合作社内部事务作为基本原则的。合作社的内部组织机构、董事会成员选举和财务运作等事项都由合作社章程决定，只要章程符合合作社有关法律规定，政府无权干涉。由于政治、经济等各种原因，我国农村经济合作组织在创建初期和政府保持着较强的依赖关系，有很大一部分合作组织是在政府及其相关部门的推动下进行的，这种情况在合作组织发展初期尚可理解，可是长期下去势必引发产权和管理问题，影响合作组织的运营效率。因此，应处理好目前政府与农村经济合作组织的关系问题。在政府方面，要合理划分政府、市场、合作组织的功能边界，明确政府的主要工作是提供市场不能提供和难以提供的"公共产品"，解决市场不能解决的有关合作组织发展的共同问题，为合作组织的发展提供良好的外部环境。在这个过程中，要尽量避免对合作组织内部事务的直接干预，主要履行对合作组织的监督与服务职责。与此同时，农村经济合作组织也应该意识到，保持合作组织的自治和中立是必须要坚持的一个重要原则。在合作组织发展所面临的经济环境日趋复杂的条件下，明确合作组织与政府的正确角色定位，对于处于过渡时期的我国农村经济合作组织发展具有更为重要的意义。

3. 制定相关法律与扶持政策

发展农村经济合作组织需要政府的政策支持和立法保护，这是合作组织发展所不可缺少的外部条件。发达国家农村经济合作组织都是在本国政府直接或间接的帮助下构建和完善起来的，政府的政策支持尤其是立法保护对农村经济合作组织的发展产生了巨大的促进作用。我国农村经济合作组织主要是由在市场经济中处于弱势地位的农民组成的，本身经营规模小，经济实力弱、农村经济合作组织与其他经济组织相比较往往处于弱者的地位。在市场交易的竞争过程中，往往缺少足够的发言权，处于被支配和剥夺的地位。因此，必须通过法律规范的形式，明确国家对农村经济合作组织的鼓励和支持，以有利于农村经济合作组织的发展。

通过对国外农村经济合作组织发展的考察发现，欧美和东亚国家都为合作组织提供了较为宽松的政策环境，以支持农业这一弱势产业的发展。我们应借鉴这些国家的经验，积极协助农民组建各种经济合作组织，制定法律保护合作组织的发展，还要为合作组织的发展提供各种优惠政策，如税收优惠、信贷优惠等，并可采取适当的产业倾斜政策，从产业结构、产业组织、产业技术、产业布局等方面加强支持力度。在法律规范层面，虽然我国于 2007 年 7 月开始实施《中华人民共和国合作社法》，但是该部法律本身大多是原则性的规定，而与之相配套的法律法规还不够完善，不能具体解决农村经济合作组织在发展中遇到的许多问题，很多合作事业参与者都在呼吁制定切实可行且具体详尽的政策法规、条文。反观欧美等国家在农村合作经济的发展过程中，无不率先制定相应的法律来保障农村合作组织的健康发展。我国应借鉴欧美国家的立法经验，尽快修订、完善农民合作社或农村经济合作组织方面的相关法律法规，及早建立符合我国国情和历史传统、适应未来农村经济发展的法律体系，为合作组织的持续良性发展保驾护航。

4. 健全农村经济合作组织内部管理机制

从国外农村经济合作组织的发展看，合作组织之所以具有旺盛的生命力，主要在于建立了一套健全的内部运行机制。这一机制包括清晰的产权结构、一人一票的民主选举和表决机制、规范的利益联结机制等内容，而且农村经济合作社随着社会经济发展而不断创新，不断适应社会发展的需要。总体来看，国外农村经济合作组织的管理机制更多地借鉴了股份制的现代企业管理制度，权责明确，政企分开，目前世界上绝大多数国家都将经济合作组织定位于一种法人或特定的法人，可以享有类似于法人的权利和义务，像公司、企业法人一样开展经营和进行日常运作，具有经营自主权，有利于民主管理原则的实现和商业化运作的进行，同时也规定，经济合作组织不以营利为目的（部分国家承认盈利），应保持中立，应该有自己的章程，并应到工商、税务等部门登记；社员大会或社员代表大会（股东大会）是最高权力和决策机构，每年召开一次，由其选举出理事会（相当于董事会）作为执行机构，此外，还可选举监事会监理理事会和经理团队的日常工作；理事会聘请经理团队进行日常的管理和经营工作，经理团队包括总经理，且成员不一定是合作组织的社员。

美国的农村经济合作组织在运行中坚持民主自治的原则，以为农民服务为宗旨，维护农民的利益。这个目标能否得到充分实现，关键在于合作组织是否以服务入社农民、满足其经济和社会需要为宗旨，是否注重产品服务的体系化。合作组织的服务，不仅仅是提供技术、信息和产品销售服务，更重要的是要开展深加工领域的合作，让农民的产品获得增值，让农民充分享受产后环节带来的巨大利润，甚至将这种合作渗透到消费者餐桌，实现一体化服务。为此，合作组织的发展形势一定要根据农民的意愿，要从真正服务农民的角度出发；合作组织的建设也一定要有科学的论证和合理的步骤，要有农民的积极参与，获得农民的承诺和信任。

我国的农村经济合作组织应该借鉴国外合作组织现代企业的组织管理方法，实行社员大会、理事会和监事会分权制的组织管理经验，逐步完善我国合作组织的内部管理和运行机制。具备一定条件和经济实力的合作组织，应该实行一定程度的所有权和经营权的分离，聘请专职的经理等经营服务人员，在坚持为社员服务的宗旨下，完善民主管理和利益分配机制，以实现公平和效率的完美结合，真正办成"民办、民管、民受益"的组织。我国农村经济合作组织可以参考美国在坚持传统合作经济原则的同时，不同程度地对传统原则有所创新的发展思路。比如，在遵循按交易额分配的同时，适当增加按股分配的比例，并严格将红利的年率限制在8%范围之内。

现在，我国农民专业合作社的管理制度和国际上相似，主要有社员代表大会、理事会、监事会作为其决策和管理经营机构，其中，社员代表大会是最高权力机构；理事会是法人代表，是执行机构；监事会执行监督职能。但在具体实行上，民主决策和监督往往得不到很好贯彻，投入股金较多、在生产经营中占较大比例的大户、依托单位等往往凭借自身优势把合作社作为实现自我利益的工具，他们掌握着经营决策权，有的甚至利用自身优势去挤占其他社员应得的合法利益，致使社员代表大会形同虚设，社员的民主权利并没有得到真正的发挥。由于农户和合作组织之间只存在着松散和半松散的关系，所以也没有履行监督义务的动机，这样下去将会使合作社偏离正常的轨道并造成管理上的混乱，因此，要进一步健全组织管理制度，制定章程，明确各方的权责，规范内部控制制度，形成较为科学的权衡机制。要密切社员与合作社之间的经济与业务联系，真正贯彻"一人一票"的民主决策机制，赋予社员对重大决策的发言权；要明确理事会的责任和义务，使理事会真正能够代表社员的利益；要健全监事制度，完善民主监督机制和加强财务管理机制，从而使合作社能够持续、稳健地发展。

5. 更加注重资金对农村经济合作组织发展的作用

在当今世界经济社会环境日益复杂多变的背景下，各国政府更加注重资金对合作组织发展所起的关键性作用。一个经济组织要生存和发展必须要有稳定的资金来源，而当前我国许多农村经济合作组织都面临资金短缺的问题，其主要原因包括以下几点：一是规模小，固定资产少，以土地的使用权为主，自身创收能力太弱，资金来源渠道单一；二是大多数金融机构不承认农村经济合作组织的法人地位，很难获得金融机构的贷款；三是由于农业的特殊性，即生产周期长、风险大、收益率相对低以及交易成本高，因而在农村地区没有建立健全的金融体系，这也使许多金融保险机构不愿意开展此类业务。目前中国农村地区的经济合作组织大部分是遵循入社自由和退社自愿的原则，而且强调资本报酬的有限原则，这使得合作组织对外部资金缺乏吸引力，资金只能由社员入股资金组成，由于社员人数有限，合作组织资金实力非常弱小，难以有效开展各种经营活动。

欧美国家的合作组织大多十分注重自身内部资金积累能力，主要通过定量确定合作组织最佳经济规模和资金需要量，以股金筹集机制的方式获得发展所需要的大量资金，同时以有效的利益分配机制吸引外来投资。大量资本注入使得合作组织在发展农村经济的同时拥有较高的管理效率和市场行为调节能力。我国农村经济合作组织要借鉴欧美的发展经验，充分利用外部融资环境提高经济合作组织的资金筹集能力，并利用优惠财税政策提高经济合作组织自身的资本运作能力。

从韩国农协的经验来看，成立综合农协之前，由农业银行和旧农协而组成的二元组织结构在资金方面遇到了不少问题。两个机构合并之后，农协把金融部门纳入到自己的服务体系里面，从而形成比较完整的服务体系，也奠定了农村经济发展的基础。并且，韩国农协通过互助金融业务，不仅解决了资金筹集问题，而且给农民提供互助合作性金融业务。客观来讲，中国农村金融体系尚未完善，因此大多数农户、涉农企业和合作组织都面临着融资难的问题。国有商业银行从农村地区撤退之后，农村信用合作社是农村唯一的正规金融机构，虽然它的宗旨是为"三农"服务，但实际上它的主要目标客户并不是农户或合作社社员，而是一些收益率比较高的企业。为了更好地推动中国农村地区的发展，进行社会主义新农村建设以改变城乡二元结构，政府开始重视农村金融体系的完善，为新农村建设提供资金支持，鼓励在农村设立农村信用担保合作社、农村资金互助社、村镇银行、贷款公司和小额贷款公司等新的金融主体以满足农村和农民日益增长的资金需要。虽然现在还处于起步阶段，但这些金融主体的发展壮大可以逐步促进农村经济发展，同时有利于改进和完善农村金融服务，培育竞争性农村金融市场，尤其是，像农村信用担保合作社和农村资金互助社一样在合作组织基础上组建的金融组织将对农业、农民和农村经济发展产生很大的作用。在这点上，我们可以参考韩国农协的经验：它组建自己的金融部门，不仅给农民或会员提供低息贷款，而且在开展某些项目时，为解决内部的资金需求问题，对那些没有财产担保的农户，则由政府专门设立的政府信用保证基金来负责担保这种经济部门和金融部门结合的合作经营体系，比较适合于金融服务体系不太健全的农村或欠发达地区。

根据我国目前农村经济合作组织的发展现状，我国还可以拓宽资金来源渠道，加大对农村经济合作组织的资金注入，满足农村经济合作组织良好运营所需的资金。这要求制定合理的利益分配机制，增加对社会资本的吸引力，注重资本对于合作组织运行的有效激励与调配，用民间资本盘活合作经济，使农村的土地、劳动力与资金密切结合，高效运行。另外，还应改革目前农村的产权制度，在承认个人产权的基础上，加大资本的聚集程度和有效利用程度，使得个人支配决策变成共同支配决策。在这个层面上，个人利益与合作组织的集体利益紧密结合起来，既能充分调动社会的资金拥有者和农村农业经营大户的积极性，又能带动更多的力量弱小的普通农户，推动农村经济和合作组织向更高层次发展。

另外，还可以考虑借鉴欧美等同家的经验，建立全国性的促进农村农业发展的银行，为农村经济合作组织的发展壮大提供资金支持，并以立法或条例的形式确认其法律地位、企业性质和组织使命的同时，也可以吸收东亚地区日本、韩国的经验，组建全国性的农村经济合作组织，然后给予其资金和政策支持，由其负责建立专门为农村和农民服务的金融机构，从而解决农村和农业发展资金缺乏的问题。

总体来说，中国农村经济合作组织的发展，既要吸取中国农村经济合作组织多年发展历程的经验和教训以避免重蹈覆辙，又要结合当前我国的实际国情，借鉴和吸收其他国家和地区的现有成功经验，博采众家之长以规避可能出现的风险。在尊重农民创造性的基础上，不断完善既有的管理体制和经济社会文化环境，边改革边实践，探索出一条有中国特色的农村经济合作组织发展之路。

第四章

中国农业经济合作组织发展模式选择

第一节 中国农业经济合作组织发展模式

在我国当前的各类农业合作经济组织中，哪种形式更符合合作经济的国际准则，同时更能够适合中国的国情，是合作经济研究中的一大难点。一直以来，各地农民的创造性和政府的主导与干预始终交织在农业合作经济组织的发展模式上，尽管合作经济在中国农村的发展已呈蓬勃态势，但始终没有出现大家所期待的规范化、规模化、大型化的合作组织。从未来发展来看，充分研究影响合作经济组织发展的制约因素，明确发展的原则，有助于选择更优化的发展模式。

一、中国农业合作经济组织发展模式

在我国农业合作经济组织的发展实践中，各地因地制宜培育农民专业合作经济组织，形成了多种独具特色的农业经济合作组织，其中较为典型的有 5 种组织模式。

（一）邯郸模式

邯郸模式的特点是"官民结合"，由政府及涉农的技术经济部门选派少量骨干，与农民一起共同组织"农业服务协会"。按服务功能和产品类别不同，分别

成立"综合农协"和"专业农协"。综合农协主要为农户解决产前、产中、产后服务，专业农协侧重围绕主导产品发展，办一体化经营的实体，为专业农户提供服务。邯郸市从 1989 年底开始进行农协试点，逐步在全市形成了以农协为中心，横联政府涉农部门，纵贯各类专业农协、"龙头"企业、服务实体和千家万户的服务体系，促进了农业产业化经营的发展。从 1994 年开始农业部在陕西、山西、安徽 3 省进行的农民专业协会试点，大体也属于这类模式。类似邯郸市采取"官民结合"的组建形式，在陕西省试点初期也比较普遍，说明在培育农民专业合作组织的初始阶段，依托县乡政府及有关部门，与农民联合组织，是一种较为现实和有效的过渡模式。陕西省试点中开始由"官民结合"形式组建的农协，目前已开始向以民办为主转变，一些在农协担任主要职务的乡镇领导干部正在逐步退出，由在当地有影响的农民或专业生产大户来担任。

（二）莱阳模式

莱阳模式的特点是根据农业生产发展及农产品加工出口企业的需要，组织农民建立专业合作社。农民是兴办合作社的主体，同时发挥流通企业和农口服务部门以不同形式参与兴办合作社的作用。流通企业参与农民合作组织的形式多种多样，有商业企业与农民联合组建新的合作社，有流通企业以资金、物资、设施、设备等折股参与农民办的合作社。目前，莱阳市流通企业参与农民组建的合作社有 88 个，这些合作社的规模都比较大。莱阳模式探索创造出一条在新旧体制转换过程中，专业农户联合方方面面涉农部门兴办专业合作社，实现两种组织资源的优化整合，为农民提供服务的新路子。根据陕西等省的试点经验，要注意的问题是这类专业合作组织仍然要坚持民办性质，重视民主管理，绝不能办成国家技术经济部门的经济实体和附属物，也不能打着合作社的牌子，谋求部门利益。

（三）宁津模式

宁津模式的特点是在培育农民组建比较规范的专业合作社上实行两步走的步骤，即，先以"农民合作协会"形式组织起来，作为初级阶段，经过一定时期的发展，再建立比较规范的专业合作社。目前，宁津全县有近40%的农户参加了各种形式的农民合作协会，已有一批农民合作协会，组建成较规范的专业合作社。山东省的禹城、江苏省的高邮市的做法与宁津县有类似之处。

（四）安岳模式

安岳模式的特点是以一种农产品为纽带，成立股份合作制的农村专业技术协会，实现劳动者的劳动联合和劳动者的资本联合。四川省安岳县从 1985 年 3 月创建驯龙科学养猪协会以来，目前，全省已有 200 多个农村协会实行股份合作制，据 101 个股份合作制农村技术协会调查，有会员 14 783 人，平均每个协会 1 664 人，拥有资金额 6 684.4 万元，平均每个协会 66.18 万元，协会取得良好的经济效果，受到农民的普遍欢迎。

（五）江山模式

江山模式的特点是农民联合起来创办专业合作社，再由若干合作社联合起来创办"龙头"加工企业，形成"农户＋合作社＋公司"的格局。这是由农民自愿组织起来办合作社的一种较好的模式。江山市还以行业协会为纽带，把农户、合作社、加工企业、销售企业等多种经营主体联合起来，形成一个较大规模的现代农业的一体化经营体系。江山市养蜂协会就是这种模式的典型，目前已形成以蜂业为主体，集科工贸、产加销于一体的产业化体系。"江山模式"现已在全国推广。"江山模式"说明，国际合作社原则中第六条"合作社之间的合作原则"，是可以在我国具体加以运用并会产生积极的效果。同类产品的专业合作社可以单独，也可以联合起来创办加工企业，把农产品的加工、销售所获取的利润留在农业内部，实现农业增效和农民增收的目的。这种组织模式与"公司＋农户"的模式相比，不仅有利于保护农民利益，更有利于"龙头"企业的扶持发展，它预示着合作社在发展农业产业化经营中有着自身的优越性，同时也预示着"公司＋合作社＋农户"将成为农业产业化经营的主要模式，具有广阔的发展前景。

以上 5 种模式是根据各地实际情况出发而探索发展起来的，各具特色，都取得了良好的效果。邯郸、莱阳、宁津、安岳和江山等地虽做法不同，但从中可以归纳出共同的启示，即由于中国地域广阔，地区之间生产力发展、经济水平的差异很大，加上各地区的社会环境、干部条件也有差异，在培育农民专业合作经济组织这个问题上，不能搞一刀切、照搬照抄，要因地制宜，从实际出发。对此，可作为我国发展农民专业合作经济组织的指导原则。在此原则指导下，我国农民专业合作经济组织必然会避免 20 世纪 50 年代合作化的失误，步入良性健康发展的轨道。①不同的组织制度安排隐含着不同的激励与约束机制，诱导着组织主体的不同经济行为，导致经济组织的不同绩效。②同一制度安排在不同的资源环境下，具有不同的比较优势。③制度绩效的高低在相当程度上取决于制度安排所导致的对生产性努力与分配性努力行为预期。④在信息不对称情况下，通过设计不同风险分担机制、剩余索取权安排以及不同的契约期限，会产生不同的影响经济组织绩效的激励效果。⑤企业组织模式总体上优势较为明显，说明我国农业组织形式最终必然走上农业企业化道路。

二、适合中国农业合作经济组织的发展模式

我国农业合作经济组织目前的格局是模式众多、规模不一、地区不均衡现象突出。模式选择之"难"在于如何在"民办、民管、民享"的原则下，突破诸多制约，明确发展方向，选择相对成熟和规范的模式。未来的走向，既取决于经济发展的内在规律性，也取决于人们的认识和选择。就前者而言，随着中国农村市场经济和专业分工的发展，农村合作经济组织肯定会有进一步的发展。

（一）依据：三种理想模式

1. 融合改造模式

融合改造模式即通过办综合社，将现有的各类专业合作经济组织同社区合作组织融合在一起，经过改造和规范，办成类似于日本农业协同组合的综合社，沿着社区合作经济组织的路子走下去，只需在产权、管理及其与政府的关系上着力改造。这类观点有其经济与技术上的合理性。从经济角度考虑，由于农村各类专业合作社和涉农服务部门之间的联系是经常的、大量发生的，其中许多行为重叠复合和共同需要，如金融服务、生产服务、运输服务、测土配方等技术服务，如果没有统一高效的组织和联系的机构，这种联系只能是自发的、分散的、高费用

而低效率的。如果成立区域内的综合社，就可以把分散的、自发的联系变成有计划、有组织的协调和安排，就会明显提高工作效率，减少联系费用。从技术角度考虑，生物技术引起的新一轮农业革命可带来巨大的产业利润，将吸引越来越多的企业加入自己的销售网进行直销，这一发展趋势无疑给利益上有密切连带关系的各类合作社带来严峻挑战。同时，由于合作社的非营利性和独特的分配制度，它在获得应用技术、研制推出新的产品和开拓占领市场方面的能力远不及大型企业，因此，合作社向综合性、大型化甚至全国化发展是大势所趋。

2．规范改造模式

规范改造模式即对现有的各种农业合作经济组织分别创造条件，共同发展，分而治之。其主要出发点是，充分利用现有组织资源，以期降低改革成本；在保持农村经济和社会稳定的前提下，把改革的中心任务放在通过合作经济立法规范日后每一类合作组织的发展上，而现有的体系和格局保持不变。

3．产业化链条模式

产业化链条模式是从农业产业化的角度，着眼于农产品商品化、市场化，对合作经济组织的运作模式进行界定。把合作经济组织作为连接农民和农业产业化龙头企业之间的"链条"，发挥其中介作用，在龙头企业和公司之间建立良好的利益协调机制。通过在二者之间建立长期和良好的互信关系，共同促进产业化经营的持续发展。这样选择的原因在于，企业的农产品加工需要农户提供廉价的农产品加工原料。龙头企业和农民直接发生市场交易，存在以下制度缺陷，一是企业与农民难以建立长期和稳定的合同信用关系，致使对农产品原料的技术监督和质量监督工作难以正常开展；二是企业与农民的关系中，农户地位偏低，难以真正体现农民在市场中的主体地位。此外，企业利润最大化经营目标，也可能造成企业在农业利润不变或下降时转移资本，加上地方政府的行政干预以及龙头企业在农民交易中居高临下的优势地位，农民很难分享到由于初级产品增值而产生的二、三产业的利润。因而，在龙头企业与农户的产业链中存在企业对农户的"剥削"。虽然农户从这种产业化经营中，也得到农产品市场稳定与个人收入稳定的潜在收益，但公司与农户之间在产业化经营中的利益分享存在着不平等。因而，龙头企业不能替代农业合作经济组织，在农民和农业龙头企业之间，应加上农业合作经济组织，从而把两者的优势很好地结合起来。这种分析避开了农业合作经济组织的具体组织和运作模式，主要从农业产业化进程中，合作经济组织对过去传统集体经济组织作用的替代机制上，进一步肯定前者的重要地位。这其中暗含着一个假定，即农业合作经济组织必须是遵循"民办、民管、民享"原则，始终坚持农户家庭经营在合作经济组织中占主体地位的合作社组织。

（二）适合我国农业合作经济组织的新型发展模式

根据国际上的通行做法并结合中国的实践，以及新型农业合作经济组织业务范围的不同，可以把新型农业合作经济组织划分为生产主体型、流通服务主体型和综合型的合作经济组织。这三类合作经济组织既有它们的共性，又有各自的不同特点。

1. 过渡模式：生产主体型农业合作经济组织

生产主体型的新型农业合作经济组织是为了解决农户在产前、产中与市场之间的交易费用问题以及产中农户之间换工等的需要而组成的一类新型农业合作经济组织。这类合作经济组织的规模一般较小，运转也较灵活。但其缺点是该组织对其他类型的合作经济组织特别是流通主体型的合作经济组织的依赖程度较高。正因为如此，这种类型的合作经济组织在一些较发达的市场经济国家较少见。该组织从其特征来看类似于我国20世纪50年代初的互助组。随着中国市场经济体制的逐步建立和农业生产力水平的不断提高，这种合作经济组织形式将会逐步向后两种合作经济组织形式过渡。从这种意义上说，生产主体型的合作经济组织只是一种过渡性的合作经济组织，虽然有其存在的时代价值，但不应予以过分提倡。

2. 现行模式：流通服务主体型农业合作经济组织

流通服务主体型的新型农业合作经济组织主要是为了解决农户在产后就自己生产的农产品与大市场进行交易的问题。这种合作经济组织实际上是一种纯粹交易上的联合。合作经济组织建立之初往往需要社员投入股金，但在以后的发展中，合作经济组织可以凭借自己的实力从外部借入资金，实际上并不一定要社员投入股金，甚至新社员也可免于交纳。该合作经济组织的规模一般较大，交易量也大，不仅存在本组织与市场的交易，而且还往往存在本组织与其他合作经济组织的交易，存在本组织与其他非本组织社员的交易。正是由于这种合作经济组织具有上述交易的开放性，从而使得它能有效地促进交易效率。在促进交易效率的同时，该合作经济组织也能获得一定的经济利益。从中国农业的实际情况来看，流通服务主体型的合作经济组织是中国农民所迫切需要的一种新型农业合作经济组织。因为农产品的流通问题已经成为中国农民迫切希望解决的大问题。实际上，在一些发达的市场经济国家，如美国，德国等，居于主导地位的合作经济组织正是流通服务型的合作经济组织。在中国向市场经济转轨的过程中，这种合作经济组织在中国的适用范围将会越来越广，所起的作用也会越来越大。

3．现行模式：综合经营型农业合作经济组织

综合性的新型农业合作经济组织是生产同类农产品的农户为了解决产前、产中和产后所出现的交易问题而组织起来的一种合作经济组织。该合作经济组织的社员一般为生产同类农产品的农户，其生产规模往往较小，因此，它们不仅需要解决产后的农产品的市场流通问题，而且还要解决产前的农业生产资料的采购问题和产中的各农户间的换工和协作问题等。由于该合作经济组织的规模较小，而管理环节往往较多，因此，其交易效率往往没有服务主体型的高。由于中国的新型农业合作经济组织尚处于起步阶段，一些农户对大规模的合作经济组织有一定的"恐合"心理，因此，建立规模较小的综合性的合作经济组织也许更适合于那些生产同类农产品的农户的需要，所以这种合作经济组织的适用范围也较广。台湾的农业产销班就是一种比较接近该种类型的合作经济组织。农业产销班是台湾生产同类农产品的农民自愿组织起来的最基层的农民合作经济组织。20 世纪 80 年代中期，台湾基层农民在运销、采购等的合作逐渐在各类农业生产中涌现，名称不一，如共同运销班、共同经营班、共同作业队、农事研究班、精致农业班等。农业产销班的职能主要是农产品的共同运输、销售和生产资料的共同采购。产销班内的农产品生产基本上由各个农户独立进行，班内各农户间换工协作的事偶有发生，共同生产的例子则不多见。台湾的农业产销班对促进台湾农业的发展起到了很大的作用。

4. 未来模式：现代企业制度主导型农业合作经济组织

"公司＋农户"是最初的、最基本的农业产业化运作模式，在当前实践中难以形成稳定、有效的一体化组织。因此，必须采取与产业化相匹配的新型的合作经济组织结合类型和模式。一是"后发式"结合，即在企业和农户之间嵌入合作组织，形成"龙头企业＋合作组织＋农户"的运作模式。合作组织与企业、农户各方利益关系松散，但能改变农户对企业的依附地位。二是"产权式"结合，即以龙头企业为依托，吸收农户投资入股建立股份合作组织，形成"市场＋股份合作组织（即龙头企业）＋农户"的运作模式，实现龙头企业与农户的紧密结合，这是合作经济组织参与农业产业化的较高级形式。三是"主导式"结合，即以合作组织为基础创办龙头企业。运作模式是"合作组织＋龙头企业＋农户"。根据产业化发展的客观要求，由合作组织直接建设龙头企业，或由合作组织牵头，发动社员投资入股创办加工项目。这种模式意味着农业产业化的组织形态向更加内部化的方向发展，标志着农业的某种产业已完全具备自我激励、自我发展的能力。

第二节　中国农业经济合作组织发展模式选择原则

合作经济组织作为一种制度化的经济组织，无论是简单的或是复杂的，典型的或是变异的，其本质规定性应是相同的，既以国际通行的合作社原则为基准，同时，在尊重农民创造和分析国情的前提下，在学习和吸引国外合作社的新经验的前提下，围绕国际通行的基本准则具体运用。

一、所有制性质上的"民办"原则

作为农民的自由联合，合作经济组织首先是劳动者的联合，而合作社最原始的内涵就是生产者和消费者劳动联合的约定共营的经济组织。在劳动联合的基础上，加入合作组织的农民又可以借助入股的形式，在合作社范围内实现资金的联合。劳动与资本联合的实现，加上合作社可以运用一定量的非社员资金，这样，通过合作社自愿互利、自主决策和民主管理的合作经营，实现合作资金的保值增值，保证合作经济组织中农民利益的不断增长。

二、经营管理上的"民管"原则

从管理原则上看，合作经济组织应充分体现民主、平等精神，在合作组织的决策和经营管理上，所有参加者一律平等，"一人一票"，这种管理原则完全不同于股份公司中的以持股多少决定发言权的做法，农民参与的热情和自我管理的意识得到充分的体现，并在实践中进一步加强。从管理主体看，农民是合作经济组织的主人。从主体资格的限定和准入、退出的规定看，都必须明确是合作组织所在地的农民，这一点，在国家法律及相关政策中也应有明确的规定。从管理机制看，农民既是合作经济组织的所有者，又是合作业务的管理者，同时还是合作经济活动的参与者。合作组织同时也应成为带动农民有组织参与商品经济大市场，减少市场交易中间环节和降低农户家庭经营的市场风险，引导农民进入大市场的最佳中介组织。

三、利益分配上的"民享"原则

农业合作经济组织作为用户受益型经济组织，实行保本经营，以服务为主，不以营利为目的，利润盈余公平分配。在合作组织中，资本的作用是为劳动者服务，不是劳动者为资本服务。评价合作组织的经营效益如何，不是以其本身的利益标准来衡量，而是以社员通过合作组织增加收入和增进经营利益为标准衡量。当然，这种"民享"原则的体现有赖于建立良好的利益协调机制，即各种经济组织之间、组织和农民之间形成良好的利益协调机制，农民能够分享一部分工商利润，农民和合作经济组织之间真正结成利益均沾、风险共担、共同发展的利益共同体。

四、坚持以家庭承包经营为基础的原则

家庭承包经营是中国农村的一项基本经济制度，中共中央《关于制定国民经济和社会发展第十一个五年规划的建议》中指出，要"稳定并完善以家庭承包经

营为基础、统分结合的双层经营体制，有条件的地方可根据自愿、有偿的原则依法流转土地承包经营权，发展多种形式的适度规模经营"。因此，发展农业合作经济组织，必须坚持以家庭承包经营为基础，尊重农民的土地承包权、经营自主权和财产所有权，在产权清晰的前提下，通过互助合作发挥家庭承包经营的潜力。

五、坚持自愿民主的原则

发展农业合作经济组织，要坚持农民自愿民主原则，体现"民办、民管、民受益"，20世纪50年代中国实施的农业合作化运动事实证明，由国家强制性推行的农民合作化运动总体上是失败的。因此，可以说农民自愿是农民专业合作经济组织发展的群众基础和生命力所在。要坚持以依法享有家庭承包经营权的农民为主体，由农民自愿自主地参加劳动合作、技术合作、营销合作和资本合作。在合作经济组织内部建立民主管理机制，实行民主管理、民主决策、民主监督，充分保障成员对组织内部各项事务的知情权、决策权和参与权，按照加入自愿、退出自由、民主管理、盈余返还的原则，依法在其章程规定的范围内开展农业生产经营和服务活动，通过合作经营和服务获取更高经济效益，增加成员收入，使农民真正得到实惠，这样农业合作经济组织才具有较强的生命力。

六、坚持示范引导的原则

农业合作经济组织可以说是与原来的农业合作化运动不同的一项新生事物，其发展有一个让农民逐渐接受的过程。要让农民自觉自愿接受而不是靠政府的强制命令，必须通过典型示范和宣传引导。因此，政府部门在合作经济组织发展的具体指导上要坚持引导而不强迫，支持而不干预，参与而不包办。要充分尊重客观经济规律和农民意愿，不能靠行政手段，搞强迫命令。通过试点示范，不断增强专业合作经济组织对农民的凝聚力和吸引力，正确引导和促进农业合作经济组织健康发展。特别是要做好组织培训工作，既要指导合作经济组织内部自身的技术等培训，又要组织指导合作经济组织负责人的法律知识、市场营销等培训，提高合作经济组织的竞争力。

七、坚持多种形式发展的原则

坚持从当地实际出发，从农民需要出发，尊重农民的创造，鼓励多种形式发展，鼓励多种经济主体参与专业合作经济组织建设，不搞统一模式。积极引导成员以入股形式成立经济实体，也可以采取协会形式松散半松散的合作，既可以在本地、本行业范围内开展合作与联合，也可以跨地域、跨所有制开展合作与联合，努力使各类农业合作经济组织在繁荣农村经济、建设现代农业、促进农民增收中发挥更大作用。

第三节　中国农业经济合作组织发展中应处理的关系

农业合作经济组织是随着市场经济体制的逐步完善发展起来的。发展过程中，农业合作经济组织面临着社会转型期所带来不同方面的影响。农业合作经济组织是涉及中国农村生产关系的一个深层次的变革，它必然牵涉到农村方方面面的关系，因此，推动农业合作经济组织健康快速发展，要注意处理好以下几方面的关系：

一、正确处理合作经济组织与乡村基层组织的关系

农业合作经济组织是农民自愿组织起来的发展产业化经营的经济组织，合作经济组织发展壮大起来，在一定程度上取代了乡村基层组织带领农民发展生产的职能，而且农村合作经济组织由于其契约化的联结方式，也培养了农民民主意识，这就必然对乡村基层组织的运作方式提出更高的要求，应当说，这是市场经济发展的必然趋势。基层组织要顺应改革潮流，特别是要不断增强战斗力、凝聚力和创造力，充分发挥基层党组织的领导核心作用，认真解决基层党组织年龄结构老化、组织结构松散、整体素质不高、带领群众脱贫致富能力较弱等突出问题，加快职能转换，积极支持农民开展专业合作。只要开展得好，合作经济组织完全可以成为基层组织发展农村经济的得力助手。因此，政府应当从政治方面积

极地而不是被动地对其进行引导和管理，从一开始就使其成为体制内的有机组成，在党的领导范围内，形成一种有利于农民与市场对接，同时有利于民主化进程稳步推进的权力架构。

二、正确处理专业合作与家庭承包经营的关系

家庭承包经营是中国农村的一项基本经济制度，必须长期坚持。专业合作经营则是解决家庭经营与社会化大生产矛盾的一个有效途径。因此，必须正确处理这两者的关系，一方面要在家庭经营基础上积极引导农民进行必要的合作，另一方面也要在推进农村合作中，确保家庭经营自主权不受侵犯，并进而把家庭经营的优越性充分发挥出来，避免超越客观条件发展合作经营，以致侵害农户家庭经营自主权。

三、正确处理合作经济组织与龙头企业的关系

在农业产业化中，龙头企业发挥着重要作用，与合作经济组织一样成为农业产业化的重要支撑力量。两者是平等主体，在多数情况下，两者可以一起配合，共同合作。合作经济组织将农民组织起来，与龙头企业通过契约关系或互相参股、互为成员，实现企业、合作经济组织和农户的共同发展，形成"公司＋合作组织＋农户"型的利益共同体。在与龙头企业的交往中，合作经济组织可以更好地维护农民的合法权益。另一方面，由于合作经济组织与龙头企业两者运作方式不一样，在一定意义上合作经济组织代表农民的利益，会与龙头企业之间发生一些竞争，甚至出现价格之争与利益矛盾，这是正常的，只要不存在欺诈、违法行为，都应当属于正常市场经营活动范畴。因此，政府应注意协调好两者关系，本着求同存异的原则，把两方面力量凝聚成组织农民的合力，即注重引导龙头企业牵头创办合作经济组织，也要注意引导合作经济组织主动对接龙头企业的辐射，共同促进农村经济的发展。

四、正确处理合作经济组织与转变乡镇政府职能的关系

当前我国农村经济管理体制和生产关系发生重大变化，但是农村上层建筑还

有许多方面不适应生产力发展的要求。一些乡镇政府在经济功能上日益弱化。原来的"七站八所"不能够适应农村经济发展要求，服务功能缺位、不到位，不受农民欢迎，迫切要求转变政府职能。在市场经济发达的国家，都是小政府、大社会，政府不能、不该承担的许多工作都由合作经济组织完成。而我国则是大政府、小社会，政府权力、作用很大，代替或者包办许多应该由合作经济组织承担的职能和工作。这种局面总的来说和市场经济大气候、大环境不适应。我们实施的免征农业税综合配套改革，目的在于改革乡镇机构，转变乡镇政府职能，把乡镇政府职能由管理型向服务型转变。农村改革后，过去乡镇政府所承担包办对农业生产的各个环节的管理和农产品的销售等一些工作职能相对弱化，甚至消失，千家万户的农民不再通过政府而是直接面向市场。那么，农民种什么、怎么种、卖给谁等涉及农民切身利益的问题靠农民自身又难以解决，这项工作由谁来抓，谁来管，出现了一些管理和服务上的真空地带，也是农村改革面临的一个重要而现实的问题。而合作经济组织在这方面就是较好的替代形式。合作经济组织可以在政府的帮助下，向农民提供产前、产中、产后服务，既符合市场经济发展方向，又可以精简乡镇机构、人员，最终为乡镇政府转向社会管理与公共服务提供现实基础。一些地方成立合作经济组织后，由基层政府直接抓生产、抓管理，逐步转变为由合作组织组织生产经营活动，并向政府及时反映农民的愿望和要求，政府集中精力搞服务，逐步形成政府抓合作组织，合作组织带农户，上下联动抓农业、抓经济的新格局。

五、正确处理农业合作经济组织与农业社会化服务体系的关系

在现行的农业社会化服务体系中，主导模式是农技推广单位直接面向农户搞技术推广服务，服务对象分散，服务需求千差万别，不仅服务成本高，服务效果也较差。因此，在全面推进农技推广体系改革过程中，应积极引导农技推广、科研教学等单位面向合作组织开展技术服务，构建"农技推广体系+合作组织+农户"的新型社会化服务模式。在这种模式中，由合作经济组织根据自身的需求，对上可以有针对性地向农技推广服务机构提出服务需求，对下可以组织农户集中

时间、集中地点接受服务，减少服务环节，降低服务成本，提高技术到田到户率，解决农业技术推广服务与农户相脱节的问题。

第四节　中国农业经济合作组织的发展路径选择

一、农民合作经济组织发展的指导思想和原则

根据我国农村经济发展现状及农民合作经济组织的发展实践，要推进农村合作组织发展，培育健康的农民合作经济组织，必须明确指导思想，确立发展原则。

（一）指导思想

发展农民合作经济组织，必须坚持以邓小平理论和"三个代表"重要思想为指导，遵循市场经济规律和社会经济组织规律，坚持以人为本的思想，以提高农业效益和增加农民收入为目的，以提高农民的组织化程度、增强农民参与市场的竞争力为目标，以服务"三农"为方向，以制度创新、政策落实为动力，根据"积极推进，稳步发展"的方针，按照"因地制宜、多元创办、政府支持、部门指导、市场运作、接轨国际"的发展思路，积极培育、加快发展农村合作经济组织，全面推进农业向产业化、市场化、现代化发展。

（二）发展原则

促进农民合作经济组织发展，要正确把握以下基本原则：

1. 要坚持以家庭承包经营为基础，统分结合的双层经营体制的原则

我们现在所提倡的农民合作组织与过去的合作化运动有着根本的区别。过去的合作化运动是把农民土地所有和家庭经营改造成土地集体所有与集体统一经营。而今天的农民合作经济组织的发展则是建立在农民家庭承包经营制度基础上的农民自愿参加的合作。这样的农民合作经济不仅不会动摇农民的家庭承包经营

制度，反而会在新的层次和意义上深化和完善以家庭承包经营为基础、统分结合的双层经营体制。因此，在引导和发展农民合作经济组织中，要坚定不移地贯彻"入社自由、退社自由"的合作原则，农民加入合作经济组织后，不改变土地承包关系，不影响生产经营自主权和家庭财产所有权，不仅如此，还要明晰合作组织与合作社成员的产权关系，使合作经济组织得到健康的发展。

2. 要坚持以市场为导向，发展农民合作经济组织的原则

如果说过去的农业合作化运动是在计划经济体制中发展的，不存在经营问题，因而可以看成是在计划指令和统购统销下的生产联合体，那么，今天的农民合作经济组织是发展于市场经济体制中，他们直接面对市场进行生产和经营，是建立在组织生产、统一服务和平等交易基础上的经营联合体。因此，在培育和发展农民合作经济组织的过程中，一定要坚持以市场为导向，以形成农业产业化经营与农民合作经济组织相互兼容、互为促进的发展局面，使各类农民合作经济组织在繁荣农村经济、建设现代农业、促进农民增收中发挥更大作用。

3. 要坚持"民办、民管、民受益"的合作组织原则

农民合作经济组织作为农民自己的组织，其职能主要是解决农民生产经营中遇到的困难，保护农民的利益，必须体现"民办、民管、民受益"原则。

在民办上，要突出农民为主体的指导思想，尊重农民意愿，使其独立自主、进出自由地开展劳动合作、资本合作、技术合作和营销合作。农民合作经济组织有不同的形式，但不管是什么样的合作经济组织都是建立在农民自愿的原则上。当前，中国农民合作经济组织进入重建、再建阶段，各地尤其是沿海发达地区兴办农民合作经济组织的热潮方兴未艾，除社区合作经济组织外，新的合作经济组织不断出现，其中有农民自发组织的各类专业技术协会，以市场为导向，以产品为龙头的生产、加工、销售一体化、农工商综合经营的专业性经济组织，以融资、投资为主要内容的合作基金会以及不同所有制联合的各种形式的股份合作制等。有关部门和地区应采取适度引导的原则，只要是农民愿意而且能办的放手让其办；农民愿意但暂时无力办的要积极创造条件，引导农民办；农民不愿意的切忌强迫命令农民去办。只有坚持了这一点，合作组织才有群众基础，才有旺盛的生命力。

在"民管"上，应注重"一人一票"的原则，实现民主决策、民主管理和民主监督，重大事项由社员大会讨论决定。但这一原则的执行，并不排除合作组织在组建初期可以按照其出资或是其对合作经济组织的贡献多少适当地实行一人多票。在"民受益"上，要坚持合作经济组织对内服务不以营利为目的，经营收益要公平合理分配，通过有效服务、保护价、最低价收购或二次返利等办法，使农民社员享受到真正的经济实惠。只有真正能够代表农民利益的组织，才能在农民中享有较高的威望。

4. 要坚持尊重农民的首创精神，鼓励多种形式共同发展的原则

农民合作经济组织是一项新生事物，其发展有一个过程，要充分尊重客观规律和农民意愿，不能搞强迫命令，不能拔苗助长、急于求成。目前，农民合作经济组织还处于初期发展阶段，由于各地的自然条件、经济条件、社会条件不尽相同，在其创建和发展过程中，不宜强求统一的模式或简单地照搬国际经验，而应该因时和因地制宜，尊重农民的创造精神，鼓励大胆探索和开拓创新，积极扶持其发展，以形成多渠道、多层次、多形式的农民合作经济组织发展格局。在此基础上，再按照"边发展、边引导、边规范"的工作方针，加强对农民合作经济组织的管理和引导。

农民合作经济组织是一个有近160多年历史的事物，是一个有许多经验和模式可供学习和借鉴的事物，是一个成熟的制度形式和组织形式。我们只要充分尊重农民的权益和意愿，按照客观经济规律办事，并从政治上、经济上、法律上扶持和指导农民兴办自己的合作经济组织，必能培育和发展出一个能够大幅度提升农业竞争力和提高农民收入的合作经济组织体系。

二、农民合作化的需求与供给

竞争和合作是人类行为的两种类型。竞争行为的产生是因为人类生存和发展所必须依赖的自然资源与社会资源具有稀缺性。为了占有这些稀缺资源，以满足自己更好地生存和发展的需要，人与人之间产生了竞争关系。但是，任何有理智的人都知道，个体的力量终究是有限的，为了从社会或者自然界那里获取更多的资源，或者保障已获得的利益不被别人掠夺，具有共同利益目标函数的人们需要

联合起来，以形成强大的力量对抗外界的竞争。这样，就产生了合作行为，以减少外部交易成本，获得更多的利益。

（一）外部交易成本与农民合作化制度需求

在市场经济条件下，外部交易成本高，是产生农民合作化需求的根源。在市场经济发展的背景下，大家也已经充分认识到，农民是市场经济主体中的相对弱者。

1. 农民获取市场信息的费用高

农民生产依赖于自然环境，散布于广阔的田园；农民又散居于广大的农村，并且农村信息体系建设相对滞后。这些客观因素都导致农民获取市场信息的难度较大。我国农村实行家庭经营体制以来，千千万万的分散农户作为生产经营活动的主体，直接面对市场，自主决定生产经营活动，这对于调动积极性是有效率的；但是，分散经营的农户要想及时准确地掌握风云变幻的激烈竞争的市场信息，其困难可想而知。

2. 农民面临的各种风险大

受农业本身的特性所决定，作为一个深受动植物生理特性强烈制约的产业，农业生产密切依存于自然条件。自然界的风风雨雨会对农业生产有着直接的影响。一旦遭受自然灾害，农产品有效供给将会受到损害，从而增加了农民履行农产品供给合约的风险性。更为重要的是，农业生产周期长，而且农产品具有鲜活性特征，一旦农产品不能及时销售出去，则不仅影响农业生产资金周转速度，影响农业再生产，而且势必大幅度降低农民的经济收益，这些特征使分散的农民在市场交易的谈判中处于相对不利的地位。农民在与工商企业的交易中，容易受到刁难，遭受到经济盘剥。

3. 农民参与政府决策比较困难

虽然政府在选择政策时需要考虑社会各个集团的利益要求，但是，各社会阶层和集团之间并不存在权力和影响力的平等分配，有些利益集团处于明显的优势，对政策选择产生重大影响，而另一些利益集团可能在政治机器这个庞然大物面前表现得束手无策和无足轻重。政府在制定和选择政策时，很有可能向社会强势利益集团明显倾斜。中国个体分散的农民群体虽然数量庞大，但是，他们没有形成具有凝聚力的整体，他们要想挤进政府决策的谈判圈，独立自主地与社会其他利益集团进行平等的讨价还价，其难度是很大的。

从上面的分析可以看出，在市场经济条件下，农民个体参与外部交易的成本很高。但是，如果农民实行合作化，组建合作组织，通过合作途径来与外部交易，就可以大大降低外部交易成本。在西方发达国家，虽然农民人数较少，但是农民合作组织却发挥着极为重要的作用。在法国、德国、荷兰等国家，合作社是农产品加工、销售的主要渠道；在美国，农民协会、农民联盟和农场局等三大农民团体所代表的农民政治势力，对政府决策有着强大的影响力；在日本，通过农协的作用，能够迫使政府去顾及农民的利益要求。在我国，随着市场经济的深入发展，农民对合作化的需求也越来越明显。一些地方出现了农民专业化经济技术合作组织。这些合作组织虽然还处于初级发展阶段，制度不完善，运作不规范，但是它们在引导农民发展商品经济、降低农民外部交易成本、维护农民经济利益等方面，却显示了积极的作用。比如，北京市郊区李桥镇北河村的菜农在组建瓜菜协会之前，面临着商贩串通一气、压价收购的问题；后来，他们成立了瓜菜协会，联合起来与商贩进行谈判，迫使商贩改变了压价收购的企图，维护了菜农们的利益。

（二）内部合作成本与农民合作化制度供给

开展农民合作活动，组建农民利益团体，第一个面临的内部合作成本就是组织成本。即把分散的农民个体组成一个有着凝聚力的团体所需要支付的费用。一般而言，这种组织成本是很高的，尤其是在经济落后和农业人口众多的国家和地区。这是因为，在这些国家和地区农民居住分散，不像城镇人口那样集中，而且农村信息网络落后，群体信息沟通困难，要把分散的农民个体组成有着凝聚力的团体，需要支付很多的信息成本。另外，在工业化进程中，有着较高文化水平的农村劳动力都纷纷流往城镇，改换身份，加入非农利益集团；而留在乡村从事农业生产经营活动的农民群体，文化层次相对较低。可以说，越是文化层次低的群体，其组织成本就越高。这一点已经被世界各国农业合作化实践所证实：发达国家之所以能够有效地开展农民合作化运动，组织大范围的农民利益团体，一个重要的原因就是那些国家从事农业生产经营活动的人们有着较高的文化水平和组织意识；相反，欠发达国家的农民文化层次低，文盲半文盲人数多，合作观念差，开展农民合作化成本也是相当高的。

农民合作化面临的另一个问题是，内部成员的监督约束成本高。农民合作经济组织是一种公共品，具有较强的正外部性，它的排他性特征不明显，而且收费困难。因而"搭便车"现象难以克服。而且越是大范围的农民利益团体，这个团体中的成员越多，"搭便车"者也就越普遍。要有效地对团体内部成员进行监督约束，或者要到团体成员中收费，所需要支付的成本是很高的。由于"搭便车"，问题无法解决，每个人都想在不支付任何费用的情况下获取团体的成果份额，这样就难以激励团体的组织者。而一旦缺少得力的组织者，团体就难于有效地组织和运转。

我国是一个农业人口占绝大多数的国家。由于各方面的原因，我国农民群体的文化知识结构普遍落后于社会进步的要求。长城内外，大江南北，随处都可见到"面朝黄土背朝天"的辛勤耕作的农民。然而，这样一个数量庞大的农民群体，却未能有效地开展合作化运动，至今没有一个全国性的农民利益团体。究其原因，主要就在于内部合作成本高的问题没有得到有效的解决。

三、新世纪农民走合作化道路的制度安排

新制度经济学家在研究制度变迁理论时，提出了诱致性制度变迁和强制性制度变迁两种模型。诱致性制度变迁是由于个体或群体在寻求获利机会时自发倡导、组织和实施的制度变迁，它的特点是具有营利性、自发性和渐进性。强制性制度变迁则是由政府凭借其强制力资源组织实施的制度变动。与诱致性制度变迁所不同的是，强制性制度变迁的主体是国家或政府。作为权力的垄断者，国家或政府可以对个体或群体以低得多的费用提供制度产品，并且实施这种制度变化的速度要比诱致性制度变迁快得多。把这种制度变迁理论应用到农民合作化的路径选择上，是完全适合的。我们可以把农民合作化路径区分为强制性农民合作化和诱致性农民合作化两种。

根据以上界定，我国的旧农业合作社道路完全是一种强制性制度的设计，而现在农民自主选择、自愿联合的农民合作经济组织是诱致性的农民合作制度安排。农民群体选择合作化，组成合作团体，目的是十分明晰的即为了减少外部交易成本，获取"合作效益"。因此，一般来说，选择诱致性合作化路径，最符合农民群体自身的利益需求。但是，如前面所分析的那样，依靠分散经营的农民群体自身的力量开展合作化，组建合作组织，其内部合作成本是很大的。在中国现有条件下，选择诱致性合作化路径只适合于小范围、专业性比较强、组织管理要求不高的农民合作化团体。而要依靠诱致性合作化路径来组织大范围的农民合作运动，组织全国性的农民利益团体，是比较困难的，至少目前如此。因此，一般来说，选择诱致性农村合作化路径最符合农民群体自身的利益要求。但是在小规模农户占主导地位的农村，组建农村合作经济是一个相当缓慢、渐进的过程，维护这个组织的有效运行也是管理者必须面对的全新课题。另外，加入 WTO 以后，中国农业面对的是已经被大资本装备起来的西方现代农业，指望一盘散沙的农民自发地组织起来是不现实的。必须由政府提供组织的原动力，发达国家的农业合作组织也有很多是在政府的倡导、支持或资助下发展起来的。

显然，从诱致性的制度安排来组织新世纪的农民走合作化道路，必须以"渐进性、差异性、多类型"的模式来推动农民合作经济组织发展。因此，必须把握好以下几个特点：

一是要把握渐进性的特点。我们应采取较为稳妥的态度对待合作问题，要吸取 20 世纪 50 年代的经验教训，结合我国农村发展的实际以及合作经济发展根基比较薄弱这一现实，遵循事物的客观规律，寻求适合我国农民合作经济组织发展的模式。不能一哄而起、急于求成，不能强求在我国一开始就严格遵循合作社的原则去发展合作经济组织，在短时期内就创建起大规模的农村合作网络，而是要根据农村经济的发展和农民的要求循序渐进地开展合作活动和进行合作经济组织的建设。如可先发展一些小范围的专业合作社、专业技术协会等，只要能为农民带来直接利益，能提高农民的组织化程度，就可以鼓励其发展，然后再对一些典型经验进行宣传推广，以吸引农民，引导农民。

二要把握多样性特点。由于我国广大农村的自然条件、经济发展水平、社会文化传统不同，因此各地合作组织的发展也必然有各自的起步基础、突破口、产业特点，有各自面临的矛盾及解决主要问题的途径，因此，各地发展农民合作经济组织的模式也必然各有差异。

三是政府引导特点。我国现阶段农业经营体制是分散的小规模家庭经营，因此巨额的投资不可能通过农户自身的积累来完成，而在很大程度上应该靠国家的财政投资和优惠的金融政策来实现。政府应对农业进行政策倾斜，加大对农业投入的力度。此外在信贷、税收、物资供应方面和市场准入等方面给予合作经济组织必要的优惠。如把农村信用社真正办成农民自己的银行，以解决农民发展资金不足的问题，对合作社的盈利采取免税或是低税率的政策等。为了形成有利于农民合作的制度环境，政府还需要从意识形态上进行转变与调整，尤其是要摆脱对集体经济路径的依赖，着眼于农民合作组织的长期发展，制定和完善有关农民合作制度创新的法律法规，以革除种种不利于农民合作的制度因素，有效降低合作组织制度的发展成本，增加组织创新的收益。

四是外部力量介入特点。就是由一种非政府的外部力量，通过诱导方式来引导和组织农民群体开展合作运动，并通过外部力量内在化的途径帮助农民组建利益团体。这种外部力量主要来自于与农民有着深厚感情，并且愿意为农民事业无私奉献的非农民的人们。这些人主要是指那些在农村中成长起来的，或者熟知农民所想所求的，并且现在仍然关注和服务于农村发展事业的知名人物。他们了解农民，并且有着得天独厚的组织资源优势。通过这些知名人物的积极引导和热情组织，就有可能把分散的农民群体组成一个有着凝聚力的农民利益团体。选择这种外部诱导性农民合作化路径，能够兼容强制性农民合作化和诱致性农民合作化两种路径的特长之处，既能大大减轻农民内部合作成本，加快农民合作化进程，又能充分满足农民的利益需求。当年，以梁漱溟、晏阳初等知名人士为代表的乡村建设派，在山东、河北等地发起民间性质的乡村改良运动，组建"乡农学校"和合作社。虽然他们的阶级观点与中国共产党的主张有较大的分歧，而且他们所发起的乡村改良运动因历史原因而落空，但是，他们的这种做法给人们以启示：这就是，在中国确实存在着愿意为农民事业奉献力量的志士仁人；只要政府制度许可，他们就有可能形成一种农民合作化的外部诱导力量。中国应当允许这种力量的存在并鼓励这种力量帮助农民开展合作运动，组建农民利益团体。这不仅有利于增加农民群体的福利，而且对促进社会主义市场经济健康发展和推动国家民主政治建设都是十分必要的。

为此，在实践中可根据农村合作组织性质、特点，因地制宜，采取多元化方式创建农民合作组织，一般可选择以下四种创建方式：

（1）经济技术部门牵头领办。中国科学技术协会、供销社、"七站八所"等可以利用本部门的技术、资产、营销网络等优势把农民组织起来，随着农民入社入股规模的扩大，通过改制将一般市场中介服务组织逐步过渡到以农民为主体的合作组织。

（2）能人大户带头兴办。能人大户之间可以建立互惠互利的合作关系，能人大户与一般农户之间也可以从松散合作逐步向紧密合作发展。

（3）农民群众自愿联合。在缺乏带动力量的地方，可以鼓励农民开展互助合作，自行解决生产经营中的困难。

（4）各类工商企业创办。要引导更多的有实力的工商企业进入农业领域，将扶植合作组织与建设产品基地结合起来，主动找农民联合，创办企业与农户互利的合作组织。

四、发展农民合作经济组织具体路径选择

在农民合作经济组织发展的具体路径选择上，要坚持"民办、民管、民受益"原则，按照边发展边规范，以规范促发展的要求，尊重农民意愿，积极示范引导，营造一个大力发展的良好环境和氛围，使农民合作经济组织在更宽领域上、更大范围上、更高层次上和更多类型上，有一个更快地发展。根据农业部的资料以及我们的调查研究，在具体路径的选择上，有以下几种类型的农民合作经济组织可以加快发展。

（一）特色农业产业的农民合作经济组织

农民合作经济组织的发展和农产品行业特征有密切关联。这主要是从事这些

行业的农民因农产品生产特点更容易产生合作要求。目前，江西省有30%以上都是此类合作组织。比如，产品具有鲜活、容易损坏等特点的，农民希望能联合起来共同储运、包装、销售，特别是像蔬菜、水果、水产品等。再比如，商品率高、销售收回成本慢和农户承担市场风险大的农产品行业和生产、加工需要较高技术、较多资金的农产品行业同样如此。

（二）各种为农业生产服务的农民合作经济组织

现在，这类合作经济组织不仅发展的空间很大，而且非常紧迫。为了提高农业社会化生产水平，加快推进农业分工、分业，需要建立全方位和完善的社会化服务体系。从我们的调查中已经表明，原来希望发展农村集体经济，强化农村社区集体经济服务功能的路子，在很多省份如江西省绝大多数农村是行不通的。只有适应农村家庭经营的需求，加快发展多类型、多形式、多层次的农民服务性的合作经济组织是最好的选择。

（三）农产品加工合作经济组织

江西省产品加工非常落后，基本上都是以原料产品出售。在20世纪80年代，江苏、浙江的农产品加工产值占到全省农业产值的150%以上，江西省却不到50%，而今二十几年过去了，也仅是80%左右，而发达国家农产品加工产值都占到农业产值的300%以上。江西省农产品加工业落后的主要原因是农业工业化水平低。据对其他省的考察，农产品初级加工主要是县域经济的中小企业，特别是农民联合起来发展农产品加工业。江西省这方面的潜力大、空间大，要积极引导和扶持发展农产品加工的农民合作经济组织。这也是建立农民增收长效机制的重要举措。

（四）农村土地股份合作经济组织

由于江西省发展条件所限，农村土地股份合作迄今难得发展。根据我们的调查分析，在江西全省完全可以积极稳妥、逐步推行农村土地股份合作，特别是经济作物区、外出打工多的社区、特色农业发展较快的社区，更要积极引导发展土地股份合作经济组织。不少地方将农民的土地租赁给所谓农业招商引资企业，而且普遍都在国家没有出台各项扶持政策前发生的，租价低、租赁时间长，农民的土地承包经营权受到严重侵害，这种办法不能提倡。现在，国家实施的各项对农业生产的扶持政策，为推动土地规模经营、农业专业化生产创造了条件。因此，要积极引导发展农村土地股份合作经济组织。

（五）林业股份合作经济组织

全国正在对林业产权进行改革，江西省已经全面开展林业产权制度改革，这不仅是一次林权的落实，更是一次全省土地资源的盘活。这一重大改革决策，充分展示了江西省委和省政府在推进江西发展、解决"三农"问题的胆识和气魄。林地权属和林权的落实必将引发林地流转的加快和林业大户的发展，同时，也必然掀起一场林业股份合作的高潮。只要林权落实到户，林农对林地和林木有经营承包权、使用权和支配权，山地比耕地的流转、规模经营、股份合作，会有更快的速度。这是林地经营特征和耕作特征决定了的。因此，我们一定要抓好林权制度改革的同时，积极宣传和推动林业股份合作的发展。

（六）农民运销合作经济组织

20 世纪 80 年代中期，江西的农民运销合作经济组织曾有一个大的发展，像南城、宁都、兴国、高安等。这种农民运销合作经济组织，对提高农民进入市场的组织程度、带动农产品基地发展、加快农业产业化经营，都有相当重要的作用，必须大力发展。目前，江西农民运销组织除了少数地方发展得较好，多数地方缺少这种农民合作经济组织，应该有优惠政策和资金扶持加快其发展。

第五章

中国农业经济合作组织发展对策

第一节　中国农业经济合作组织发展思路

一、中国农村经济合作组织与政府关系的基本特征

作为一种现实的民间力量，农村经济合作组织的发展与变革是对中国国家与社会关系进行观察研究的重要视角：在从全能主义国家向国家与社会分殊的制度转型的背景之下，农村经济合作组织的发展既见证了农民从被组织者到自主组织者角色的转换，又体现了税费改革后国家权力对社会的再进入过程。在此观察视野之下，农村经济合作组织的发展既涉及其外部制度环境的调整，又有赖于其内部治理能力的提升。但考虑到中国转型社会所面临的制度结构，当下政府在农村经济合作组织发展中的主导作用短期内不会有较大的改变。由此可见，农村经济合作组织发展的核心问题在很大程度上仍然是政府的定位和角色问题：为实现政府与农村经济合作组织的良性互动，促进农村经济合作组织的可持续发展，需要政府的积极参与和主动的制度创新。

通过对我国农村经济合作组织的调查发现，农村经济合作组织在政治、经济与社会服务中的作用日益重要，因此，扶持合作组织的发展成为政府的重大战略决策，并为合作组织的发展提供了良好契机，带来了广阔的生存空间。但是，由

于转型期政府与市场机制本身界限的不确定，农村经济合作组织和政府的关系表现出依存性、不均衡性、差异性等特征。

（一）依存性

农村经济合作组织的发展虽然呈现出国家权力渗透制约和合作组织独立分化的两种倾向，但这个过程并非相互矛盾和相互对立，而是一种相互依存和相互支持的关系。从政府的层面看，"地方政府通常将合作组织视为实现政府经济政策的有效组织载体，利用合作社推进产业结构调整，实现产业化。最终提高农民收入的经济政策目标"[1]。从合作组织的层面看，由于合作组织是处于市场竞争不利地位的弱小生产者的自愿互助组织，其制度安排处在市场机制失灵的边缘，对政府的扶持具有某种天然的倾向性。所以，如何借助政府的特殊优势去协调外部关系、改善外部经营环境、提供依靠自身力量难以实现或交易成本过高的服务，实现自身的加速扩张，成为合作组织发展的重要策略。由此可见，政府与农村经济合作组织的关系，已经从农村改革前的政府对农村经济合作组织的全面控制发展到今天政府对农村经济合作组织发挥主导作用。政府与合作组织的相互依存和良性互动具有积极的意义，国家在对农村合作组织的支持过程中扩展了国家的功能边界，同时后者也在主动引入国家符号、参与农业服务供给中逐渐获得自身发展的自治性，未来，农村经济合作组织的良性建设也依赖于政府在立法建设、制定经济扶持政策、提供公共物品等方面的支持。

（二）不均衡性

我国农村经济合作组织与政府的相互利用和相互依赖关系是不均衡的，农村经济合作组织对政府有着较大的依赖性，而农村经济合作组织影响政府决策的活动能力非常有限。我国处于一个由传统社会向现代社会转型的特殊时期，在相当长的时期，行政和政治体制对资源配置的影响仍然是巨大的，政府与农业经济合作组织之间的良性互动关系还远没有建立起来，政府仍然占据绝对主导地位，拥

---

[1]　苑鹏，2001.中国农村市场化进程中的农民合作组织研究[J].中国社会科学(6): 178.

有主动权。这主要表现在农村经济合作组织的发展呈现出较为明显的行政主导趋向及发展态势。调查表明，县政府是影响合作组织发展的重要变量，通常是政府而不是农民自己提出要成立农民组织，在我国84%的合作组织所在的村中，地方官员通过发布指令、召开会议或两种方法兼用的方式来鼓励成立农民组织。而且，地方政府拥有独特的社会动手能力、稀缺资源配置能力以及技术服务资源优势，在市场经济体制尚未完全成熟的条件下，农村合作组织的发展必然要借助于政府的各种优势。此外，目前农村经济合作组织的发育程度仍然处于初级阶段，组织规模小而零散，无法形成独立的体系，加之农村经济合作组织的整体经济实力在整个农村经济中微不足道，农村经济合作组织只有依存于政府的保护与支持才能推动其自身的快速发展。

（三）差异性

目前，农村经济合作组织与政府间关系的结构差异主要从两个方面进行辨析：一是我国农村合作组织发展形态各异，既有属于社团性质的比较松散的专业协会，也有管理比较规范、与农民联系比较紧密的专业合作社；既有"暗夜独行"的资金合作社，也有分布广泛的种植和养殖业合作社。合作组织的生成机制、运作模式各不相同，在获得外部发展资源的途径方面具有结构性的差异。二是由于现在合作组织的发展制度仍不完善，政府部门与合作组织缺乏稳定双方关系的持久制度基础，各个合作组织都是在独自探索与政府合作的策略，合作的模式往往因时、因人、因地、因事而异。很多时候合作不是发生于一种组织对组织的正式的制度关系之下，而是依赖于人与人之间的信任和长期互惠关系的积累；在这种情况下，多变的互动策略既可以成为政府继续调整其对合作组织立场与政策的试验场或窗口，又可能长期局限为政府对合作组织的一种策略性回应；既可以成为合作组织能力建设与资源积累的手段、途径，又可能演变为合作组织温和化战略取向的助推剂，而这将会导致合作组织与政府的关系十分不稳定。

案例：山东首家农民资金互助合作社"暗夜独行"。

2007年7月1日，宁阳县易饮乡利民资金互助合作社成立，成为山东第一个登记注册的农民资金互助组织。6年后的今天，这家成立之初风光无限的合作社，在经历了"政策性"夭折的威胁之后，在一种暧昧的政策环境中倔强生长。成立至今，合作社累计投放 2 450 多笔贷款，5 800 多万元互助性质的贷款扶持了当地农民社员，且无一延期、坏账。

一路走来，合作社理事长张士社如此评价目前的境地："如'夜间独行'，政策上没有具体说法，没有保护，也没人干涉，我们也不敢惹事。"据了解，自此以后，目前在宁阳县尚无一家能够以"资金互助"注册下来的"草根金融"组织，而这在全国范围内也非常稀少。

利民资金互助合作社筹备之初，《农民专业合作社法》尚未实施，但易饮乡已经成立了 40 多家不同类型的合作社，农民合作氛围浓厚。宁阳县农业办公室主任桑逢杰，当时任乡党委书记一职，他说，农民打工，收入增长很快，手头很快有了积蓄；种养户、工商户常年缺资金，且从正规金融机构贷款很难。加之，2006 年的中央 1 号文件对"引导农户发展资金互助组织"有明确阐述，利民资金互助合作社就"大着胆子"筹备起来。

吸收民间资金进行放贷，无论在经济上还是政治上，都是一件非常严肃的事情。通过跑各种关系，合作社终于得到了县市一级金融监管部门的口头放行许可，并在工商局登记注册，名号中有"资金"二字，经营范围中明确有"资金服务"二字。

可开业的鞭炮声过去了仅 20 多天，此事就惊动了当时泰安市的主要领导，所涉"罪名"为"带有向社会融资的嫌疑"。据了解，因为县领导到市里做解释工作，这棵"独苗"才被保了下来。但合作社工商营业执照的正本，却被收走。

在经历了初创期的惊险之后，利民资金互助合作社确立了"闷声发财"的经营风格，以"确保不出事"。

研究了半年之久的合作社章程，成为合作社不敢轻易突破的"红线"，一切都以"不出事"为前提。社员的资格局限在本乡范围内的熟人，新发展的社员也几乎都局限在业务经理所在村；借款额不超过个人股金总额的 6 倍，目前几乎没有 10 万元以上的贷款；每贷出一笔款，就必须有社员以等额的股金作为担保；贷款额占总股本的份额也保持在 80% 的底线之下。磁窑镇的一名富人曾想以 100 万元入社，以获得数百万元的贷款，尽管这对补充股本金很有帮助，但合作社还是断然拒绝了这种盈利诱惑。初创之时的几家企业，也纷纷退股，因为企业需要大量贷款时，找不到足够的自然人社员来担保。久而久之，利民资金互助合作社成了一个单纯由农民和农民专业合作社构成的组织。

尽管起步早，尽管是县里唯一可名正言顺地挂出"资金互助"这块金字招牌的合作社，但利民资金互助合作社的股金规模已经赶不上后来者。张士社等一帮人，对这种谁都管不着、自己能稳步营利的状态挺满足。张士社说："我们不是以利益最大化为目标，而是在控制风险的前提下，让合作社慢慢成长。"为此，合作社还一度劝退过股东，以避免过高的资金成本。

"一开始，有些人担心农民不会管理，但越是没有所谓的'后盾'，资金互助发展得越好。"桑逢杰说。

尽管是省内第一个拿到工商登记"准生证"的农民资金互助合作社，但它却迟迟没有拿到金融监管部门所核发的金融许可证。根据公开报道和知情人介绍，沂水、诸城、泰安市岱岳区，都已经成立了银监部门批准的农村资金互助社。尽管利民合作社每月将财务报表送到乡政府，主动要求接受监管，但自始至终只获得了金融监管部门的口头批准。这些年里，合作社也试过和金融部门沟通，但均无果而终。

尽管起步较早，但在利民合作社周边，已经成立了至少数家打着种养合作社旗号、从事资金互助业务的合作社。据当地业内人士介绍，该县每个乡镇至少有两家这样的合作社，算是"打擦边球"。据了解，这些互助合作社风险防范意识不一，几乎处于"野蛮生长"的状态，有的股金规模已经膨胀到了上亿元。

有着"全省第一家"的名号，又在合作社法实施之日就"抢跑"，利民合作社却得不到金融监管部门的正式确认，而它又不敢像其他那些"半地下"的合作社那样将步子迈得太大，以防"树大招风"。据了解，湖北等地已经有过农民资金互助社其因没有金融许可而被取缔的先例。暧昧的政策环境，让全省首家农民资金互助合作社，仍在黑夜中独行。

二、农村经济合作组织持续发展的基本原则和制度建设

（一）农村经济合作组织持续发展的理论研究

虽然各国的国情不同，农业发展模式也有很大区别，但一个通行做法就是通过设立各种各样的农村经济合作组织来解决这些难题，促进农业发展和农产品的生产与销售。现在，农村经济合作组织几乎遍及全球的每一个国家。在多数欧美国家，绝大多数农民都是合作社社员，如荷兰的大部分农民至少同时参加 3 ~ 4 个合作社，农民收入的 60% 以上是通过合作社实现的。法国 90% 的农民都参加合作社，有的国家，如传统农产品出口国丹麦几乎 100% 的农民都加入了合作社。在美国，每 6 个农场主中就有 5 个参加了购销合作社，每个参加合作社的农场主平均参加 2 ~ 3 个购销合作社[①]。近年来，随着农村经济合作组织的发展，学者们开始更多关注不同国家和地区合作组织发展的有益经验和政策支持。以下是对此问题进行研究的简要概述。

作为农村经济合作组织中最为重要的一种表现形式，合作社在国外已有 100 多年的发展历史，黄胜忠从演化视角对欧美农业合作社进行研究发现，作为一种组织形态，合作社之所以能在市场竞争中获得生存和发展，最主要的原因在于合作社能够调整其市场战略和组织结构，以适应内外部环境的变化，即合作社具有较强的"外适应"和"内适应"功能。一般而言，组织和环境之间的战略交互作用依赖于组织战略的协调。因此，农业合作社要与周围环境进行交流和交换，这一过程是农业合作社的"外适应"。欧洲的农业合作社从生产导向性战略向市场导向性战略的转变、1980 年以来北美地区"新一代合作社"的出现都是对外部环境适应的表现。而为了执行生产和管理活动、吸纳和维系成员、取得合法性和制度支持，合作社必须要有一套组织原则和结构来调节参与者的行为，从而确保组织目标的实现，并在制度环境中获得认可和接受，这一过程被称为农业合作社的"内适应"。研究表明，鉴于合作社是一种环境适应性的组织，因此，对其认

---

① 胡宗山，付强，2006. 国外农村合作社：历史、经验与借鉴[J]. 社会主义研究(4).

识不能建立在抽象的理论或者意识形态的基础上，必须要考虑其所处的市场环境和组织自身的特点。促进农民专业合作社的健康持续发展，需要注意以下几个方面：第一，无视农民专业合作社的基本目标和功能，直接根据一定的价值观定义合作社的原则（结构），这多少带有一定的"理想主义色彩"；第二，忽视农民专业合作社的组织原则和结构，而根据功能（任务）和市场战略直接决定合作社的经营行为，会导致农民专业合作社的"异化"；第三，经营活动直接随外部环境的变化而变化，导致农民专业合作社丧失其存在的价值。

苑鹏通过回顾部分两方发达国家政府与合作社关系的演变发现：在合作运动起步阶段，合作社自主独立，国家被迫承认其合法性；在合作运动全面兴起时期，政府开始扶持合作社，合作社保持自治；20世纪后期以来，政府减少对合作社的直接扶持，转向提供服务，合作社自主经营。政府与合作社关系演变的背后，主要反映的是政府职能定位的变迁：从自由经济时代的无为之手，到国家干预经济时代的扶持之手，再到经济全球化、政府放松管制时代的服务之手。目前，西方发达国家政府扶持、服务合作社的目标始终是为合作社创造良好的市场竞争环境。从手段上讲，或是通过税收、信贷、直接补助等方式，改善合作社的成本收益结构；或是通过提供公共服务，弥补市场机制下这些服务的供给不足；或是通过促进国会立法，维护合作社的合法经营地位、保护合作社的基本权益和规范合作社的行为，最终促进合作社提升为广大小农社员服务的能力，以保障合作社与其他类型的市场竞争主体平等发展、公平竞争。

国外农业合作组织的发展模式可以归纳为市场推动型（以美国为代表）和政府推动型（以日本为代表）两类。但无论采取何种发展模式，在农业合作社产生和发展过程中，政府都发挥了重要的作用。各国政府都通过立法以保障农业合作社的发展，使其获得了有利的发展条件。

在美国，政府采用多种形式的政策工具来支持农业合作社的发展：第一，合作社发展援助。帮助那些对合作社感兴趣的生产者群体组建合作社，向农民提供合作社培训服务和进行合作社的可行性调查分析。第二，技术援助。合作社成立后，政府根据合作社的需求向合作社提供各种免费的技术服务，包括帮助合作社制订发展战略计划；帮助合作社分析合并或联营的方式；帮助合作社改进内部治理结构；国家法律条款的解读等。第三，合作社研究。政府与大学、研究机构、私人部门积极开展合作，进行合作社研究，其目的是改善合作社的财务、经营状况，通过研究分析发现合作社解决问题的新方法，并将其应用到农民所面临的其他问题的解决方案中。第四，教育和信息。美国政府认为合作教育对于合作社的成功至关重要，通过编制各种培训资料和提供培训项目以增强人们对于合作社原则和实践的理解，还特别注重提升合作社领导人、雇员以及社员制定商业决策的能力。第五，统计分析。开展合作社统计有助于政府及时发现其发展趋势与结构变化，并为政府进行相关的农业与合作社立法提供重要信息。总体而言，美国政府将支持合作社发展视为政府的一项重要职能，但政府只支持那些遵循现代合作社原则的真正合作社，其出发点和归属以提高农民的自助能力为中心，而不是一厢情愿地替农民做主。

加拿大政府对合作组织发展的支持方式也非常灵活有效：第一，"雪中送炭"而非"锦上添花"。政府对合作社的支持主要是在合作社发展的初期进行的，这一时期也是合作社最需要帮助的时候。第二，"授人以鱼不如授人以渔"。政府对合作经济的支持并不是在提供资金和税收优惠等方面，而是派出工作人员在不直接干预的情况下帮助成立合作社，具体帮助内容包括组织会议，帮助合作社达成一致意见，帮助决定业务活动种类。合作社成立以后，还可以帮助确认成员、制订计划、寻求资源、进行产业分析等，此外也包括帮助组织会议、管理咨询等。第三，资金支持是针对专项活动而非合作社本身。加拿大对合作社活动的支持主要是根据政府的经济社会发展计划来进行的。如果合作社的某一类活动是政府优先发展领域的组成部分，就予以支持，因此，合作社能否得到支持，主要看其是否围绕经济社会发展规划来开展活动。第四，"四两拨千斤"，激发合作社内部活力。萨斯喀彻温省的小企业创新基金和新一代合作社创业基金并不是直接给合作社提供资金援助，而是通过担保和利息补贴的方式为合作社提供资金支持。而且，这种担保并不是由政府单独负责，而是要求农民联合起来与政府共同提供。由于农民相互比较了解，加上社区熟人之间存在相互约束，政府的担保风险并不大，但政府的信贷担保却能产生非常明显的效应。

贝克（Baker）和泰尔高（Theilgard）通过对文献的梳理，总结出发展中国家合作社成功的因素有强有力的商业驱动，同民营部门的良好关系；自治、强有力的、正直的领导；开放式会员制；集体同意的利润分配机制；如任务需要，稳步增加复杂性；将技能和经验同业务活动要求完成的任务相匹配；活动服务于会员家庭的需要；会员内部凝聚力；同外部机构的良好关系；向会员提供培训，强化会员参与和赋权；内部和外部的伦理规范；在中级层面上发展市场力量、针对中级层面的培训；初级、中级和顶级层面间的纵向紧密联系，这些因素涉及合作组织内外部各个层面。持类似观点的还有勒普克，他认为建立合作社的可能性不会自发地转变为现实性，没有合作社企业家就不会有合作社。但要有效地发挥合作社的优越性，来自外部的对于合作社企业家的扶持必不可少，尤其是在合作社的创建时期和发展早期更是如此。

通过案例分析及对日韩的经验研究得出的初步结论是，农村合作组织发展要内外机制并生并存，不可忽略任何一方，但外生的政策机制不仅在启动阶段发挥支撑作用，在演进阶段也应如此，换言之，农民合作组织从诞生到发展、成熟，乃至创新其全程都需要政策机制和法律的保护，而内生的动力机制只有在外生机制的保护尤其是长期持续的保护下才能激发和成长、成熟。政府对于农村合作组织的社会政策支持是第一位的，要保护小农户就要保护小农户的合作组织，这类组织并非纯粹的经济组织，而是将经济利益融进社会利益的特殊社会组织，在农业社会向工业社会转变的阶段必须如此，在工业社会向后工业社会转变的新阶段更得如此。

（二）促进农村经济合作组织持续发展的基本原则和制度建设

目前，我国农村经济合作组织正处在快速发展的关键时期。借鉴国外农村经济合作组织发展的经验，根据实际情况与存在的问题，促进农村经济合作组织快速稳定发展，需要有针对性地采取措施。在实践中，应注意遵循以下原则：

第一，应坚持自主发展与政策扶持相结合的原则。农村经济合作组织是以农民为主体、按照"民办、民管、民受益"原则形成的农民自我组织和互助合作，是农户深化参与市场经济过程中的重要组织载体。一方面，为充分保障和发挥农民在合作组织中的主体地位，需要从各地方农业发展实际情况出发，依托产业优势和区位优势，鼓励农民因地制宜地组建、参与各种类型的农村经济合作组织。但是另一方面，现有的发展实践证明，地方政府尤其是县级政府在合作组织制度变迁中发挥着"第一行动集团"的作用和角色。地方政府以什么样的策略和方式来应对合作组织发展中面临的各种问题，也决定着合作组织和农业现代化的未来。因此，政府应根据农民生产经营活动与组织合作的需要，积极提供法律、财政和制度创新等多种政策支持来推动、加速合作组织的发展。

第二，应坚持规范与发展并重的原则，以营造有利于农村经济合作组织发展的环境。根据这项原则，政府既要对农村经济合作组织的发展提供必要的政策支持，使其具备独立运行的能力，并逐渐切断合作组织对政府的依赖，又要以完善农村经济合作组织制度建设和运行机制为着力点，通过经济政策、典型示范、惠农措施等手段不断推进合作组织的规范化建设，实现其持续发展。为实现此目标，在农村经济合作组织的培育与发展过程中，政府应采取激励与监管并重、支持但不干预等方法，从农民的真实需求出发，引导其成立有利于自我服务、自我发展的合作组织，而不是仅仅从农村主导产业发展的角度出发，更不能将合作组织作为一项行政任务而强制推行。脱离这项原则，农村经济合作组织不但会异化为套取政府财政支持和优惠的虚假组织形式，还会成为政府产业发展政策的附属品和工具，甚至成为政府官员谋取政治功绩的一个途径。

第三，应注意处理好农村经济合作组织与农村其他集体经济组织的关系。2013 年中央 1 号文件提出："农民合作社是带动农户进入市场的基本主体，是发展农村集体经济的新型实体，是创新农村社会管理的有效载体。按照积极发展、逐步规范、强化扶持的要求，加大力度、加快步伐发展农民合作社，切实提高引领带动能力和市场竞争能力。"这在进一步强调合作组织作用的同时，也再次引发了农村经济合作组织与农村其他集体经济组织关系的思考。在现有的乡村治理格局和新农村建设过程中，这两类组织都是根据农业生产和农村经济发展需要，通过合作的形式把生产要素组织起来，为农民和农业生产提供服务的组织，都在不同的生产关系载体中发挥着重要作用。但是现有的发展实践中，这两类组织之间存在一定程度的资源竞争和利益矛盾。因此，各地应根据农村经济和农业生产的实际需要，选择适宜的组织形式，以最大限度地调动广大农民的积极性。

第四，打破部门分化，整合农村经济合作组织政策支持的多元部门。为让合作组织成为具有竞争力的市场主体，既要关注合作组织制度演进中的新动向，又要积极推动制度环境的改变。从各地情况看，农业、工商、税务、民政、财政等部门和中国科学技术协会、供销社、金融等系统在促进农村经济合作组织发展中都做了大量工作，但部门分化的多元管理体制也导致相互之间的协调沟通还相对欠缺，政策支持力量耗散低效。从国际经验来看，建立健全农村经济合作组织的指导服务体系是政府重视和支持合作组织发展的具体体现。政府设置专门的机构对合作组织进行指导与服务也是国际惯例，比如加拿大政府设有合作社秘书处，旨在加强合作社与政府中负责制定与执行合作社法律和政策的部门与机构的关系，以适应合作社的发展和加强政府在这个领域管理的需求。同时，秘书处向合作社提供政策咨询，协调政策的执行，而且成为合作社知识与技术服务的中心。美国政府设有专门为合作社服务的行政管理机构——美国农业部农业合作社管理局，下设信息服务处、统计和技术服务处、合作社市场处、合作社发展处、合作社服务处其主要职能是向合作社提供范围广泛的专门知识，以帮助合作社提高服务和经营效率；及时提供详细的市场信息，帮助合作社以较低的费用获得供应和服务，以较高的价格出售产品；开展教育培训活动，提高社员的素质和水平，为合作社发展提供人才和智力支持；提供资金援助，提高合作社的装备水平等。我国农村经济合作组织的不断发展，越来越需要专门的机构进行指导，应借鉴国外做法，在总结各地经验的基础上，设立全国性的农村经济合作组织指导和服务机构，以加强领导、整合资源，促进合作组织健康发展。

结合上述分析，为推进农村合作组织的持续良性发展，构建国家与社会的良性互动关系，可以从以下方面进行相应地制度建设：一是要加强能促型政府的建构。在合作组织的发展过程中，政府的参与和支持是必不可缺的，但问题的关键在于，政府需要对自身的角色定位进行准确的认知与界定。否则，合作社发展到最后只能是一种被异化了的政府组织，根本无法得到真正意义上的生存或发展[①]。从这个意义上说，来自新公共管理改革实践的能促型政府理念在很大程度上成为

---

① 毕美家，2008.农民专业合作社培训教材[M].中国农业出版社.

我们进行分析的相关参照。能促型政府的理念主要涉及国家社会关系的再构和政府角色的变化，强调政府通过采取各种方式帮助社会组织提升一己的能力，从而使后者更好地为民众服务。具体来说，一是能促型政府要求为所有合作组织构建健全的制度化管理环境，加强对合作组织资本和能力的投资①。二是要加强合作组织专业化能力的建设。从农业经营中的行动者到地方治理中的政府支持者的角色转变，自主性的参与对合作组织而言，最根本的是加强自身的专业行动能力储备，逐步改变自身的弱势地位并逐步摆脱对政府的依赖：在厘清功能优势的基础上确立其不可替代的活动领域，逐步发展成为一支能够与政府展开"对话"的有效力量，这是促进合作组织持续发展乃至构建国家与社会良性互动关系能否建立的一个必要条件。

第二节　中国发展农业经济合作组织的保障机制

一、政府在发展农业经济合作组织中的职能定位

加入WTO后，政府宏观调控手段要在WTO框架下实现与国际接轨，且可调控的内容集中于"绿箱政策""黄箱政策"等方面。与此相适应，迫切需要建立与政府宏观调控相对应的组织工具，否则，在加入WTO后的冲击和挑战面前就会陷入被动。发达国家的惯例是，通过支持农民的合作经济组织来实现对农业的补贴。按照国际通行的做法，今后，我国对农业的支持保护政策理应更多地通过合作经济组织加以实施。农民自己的合作经济组织也是政府与国外进行农产品贸易谈判时持有的一个极具分量的筹码。在国际农产品贸易纠纷中，代表农民进行谈判的，往往不是外国政府，而是农民自己的组织。兴办农村新型合作经济组织，要坚持自愿互利、民主决策的原则。各级政府在指导发展上，必须坚持"有所为、有所不为"，对自身角色正确定位。政府不要替合作经济组织决策，不要

---

① 张翠莉，2012.论近代以来我国农村合作社与政府的关系演变[J]. 沧桑(2).

任命其负责人，而且政府部门的干部不宜去合作经济组织兼职；真正把"有所为"的重点放在更多地运用经济手段和优惠政策为合作经济组织服务，以正确引导农民兴办更多的新型合作经济组织。国际实践证明，在农业经营组织化过程中，政府应以宏观调控、服务、规范、指导和扶持为宗旨，通过政策措施、法律手段、经济手段等推动农业经营组织化进程。各国政府的政策倾向是加强农民合作社的地位以促进合作社的发展，核心是鼓励农民获得农产品增加值，并保护农民组织在市场中的议价地位，使其成为改善农产品市场竞争状态的有益势力或平衡力量。

（一）完善农业经济合作组织发展的相关法律法规

市场经济是法治经济，法规条例是政府进行宏观管理的重要手段。对合作社实行依法管理是世界各国的共同特征。目前，我国已经建立农业经济合作组织发展的基本法律法规体系，但是相关法律依然存在不足之处。随着农业合作经济的发展，《农业专业合作社法》也需要与时俱进，不断修订和完善。政府应该遵循市场经济发展规律，根据农业经济发展的现实状况，逐步完善相关法律，保证农业经济组织在市场经济条件下持续健康运行，保护农民和农业的市场主体地位。

1. 旧法的不足

2007 年出台的《农民专业合作社法》定义了合作社的性质，规定为联合自愿，退出自由的民主互助性经济组织，也是具有法人资格的市场主体。但在实践中发现了诸多问题：一是旧法和《农民专业合作社登记管理条例》(以下简称《条例》) 注重主体框架规范，但是具体条款的实施细则缺乏规定。这虽然降低门槛，为合作社发展提供了一个宽松的法律环境，但是造成了大量空壳合作社的出现。二是法律条文责任模糊，监管缺失，"应当"这种降低法律效力的词语出现了 40 多次，容易给政策钻营者带来利用法律间隙投机骗补的机会。三是营业范围硬性规定以农业为主，很多新型产业由于无法辨认而被拒之门外。四是成员主体在《条例》中规定为农村户籍或从事农村土地承包的人，阻止了外在资金的引入。五是社员承担责任不明晰、权益缺保障、盈余分配机制不畅，既不能实现民主管理，也难以推动生产服务。

2．新法的修订

随着农业经济合作组织数量的不断增加，合作内容也超过了原有法律的规定，实践过程中不断出现新的问题，为了适应新型农业经济合作组织的经营需要，规制因为法律漏洞而产生的不规范行为，加大政策扶植力度，2017 年 12 月 27 日在 10 年前的基础上对《农民专业合作社法》进行了修订。

新法主要做了以下方面的调整：一是调整法律范围，使合作社从单一生产向综合服务发展，取消了旧法的同类限制；列举各类新兴经济组织的服务类型，比如乡村旅游、休闲农业、民间文化产业。二是在明确联席会议职责规范的基础上，建立县级以上政府综合协调机制，明确其职责不是管理，享有对农业合作社建设发展工作的主体地位，并且维持了当年立法时的思想，其地位和公司企业等经营主体一样，不应该设置行政主管部门和执法主体。三是新法进一步规范了实践中的组织和行为，明确规定成员的出资形式，包括货币、实物、知识产权、地权、林权，明确了信息披露制度，规定成员大会而非理事会拥有成员入社和除名的权力，进一步强化"入社自愿、退社自由"原则。四是增设合作社联合社一章，具体规定成员资格、注册程序、组织机构，这加强了农业合作社经济合作性的法律保障。五是强化扶植政策，规定县级以上政府的资金使用监督权，推广农业互助保险解决资金困境，出台用电用地的扶植政策。六是明确合作社的市场地位、投资权力，打破投资限制，规定了成员代表大会的规模，强化处罚力度，建立退出机制，整顿空壳社，并且增大成员的范围。

3．新法修订和完善的原则

从 2017 年修订后的《农民专业合作社法》可以看出新法修订和完善的基本原则。这些原则可以为未来《农民专业合作社法》的修订提供方向和参考。

第一，强化农业经济合作组织的市场经营主体地位。在未来的发展中，农业经济合作组织的主体地位应该不断加强。新《农民专业合作社法》17 条规定合作社拥有平等的市场主体地位，18 条解除了过去合作社投资的诸多限制，其实这就是鼓励合作组织根据地方特色，因地制宜发展新型产业。农业合作社不是政府下属机构，经营发展具有独立自主权，合作社必须要摆脱传统对政府的依赖思维，才能壮大发展。农业经济合作组织和公司、企业、个人投资者一样，在市场上享有同等的地位，都是独立的法人，在经营活动中有自主权，可以多元化经营，甚至连锁化扩张，未来还可以发展为类似日本农协的集金融服务、生产销售、产业经营于一体的综合性组织。

第二，加强对农民权益和财产的保护。农民权益和财产是农业经济合作组织发展的根本保障，如果不能保障农民的基本权益，农业合作组织的发展就没有动力。新《农民专业合作社法》对新型农业经济合作组织中农民的权益进行了强调。一是和传统公社不同，新型农业经济合作组织是自由进退、保障农民权益的，而不是强制管理和统一分配的计划经济时代以低价收购农产品为目的。无论是农民专业协会、农业专业合作社还是社区股份合作经济组织，都要确保农民有所有权，真正还社于民。二是集体行动更能维护多数村民的利益，很大程度上发挥类似工会的职能，更多提出对理事会等权力执行部门的约束，而非社员。这是基层民主管理事业的巨大发展，能够有效约束行政权力和经济寡头对农民权益的侵害，可以更好地解决拆迁、占地、资源使用等问题。

第三，鼓励农民互助经营。农民互助经营应该成为农业合作组织发展的新模式。只有农民充分发挥自组织的能动性，才能为农业合作组织带来活力。政府在立法上应该鼓励农民互助经营。新《农民专业合作社法》补充了联合社的条款，进一步开放了管理措施，实际上就是鼓励农民互助经营，而不是依靠政府补贴。社员要通过互相沟通、优化配置、互助互利解决实际工作中存在的问题，成员组织自发入社，而非靠政府强制主导。经过多年发展，国家看到了多数合作社的症结，实际上是以不同的方式挂靠政府，套取补贴和优惠政策，而不是真正发展互助合作。因此，新法进一步强化了合作社互助经营的职能，鼓励合作社自力更生，依托比较优势真正发展。

（二）制定促进农业经济合作组织发展的优惠政策

西方发达国家的实践证明，农业经济合作组织的健康发展离不开政府的鼓励和支持。目前世界上绝大多数国家对国内的合作经济组织给予相当多的优惠条件。提供这种优惠措施的目的，是为了使合作经济组织与企业处在同一水平线上发展，这也是市场经济保护公平竞争的要求。在我国，农业经济合作组织兴起的时间不是很长，要得到农民群众的广泛认同和积极参与需要一个过程。同时，其内部和各种利益关系有待调整，运行机制尚不完善，在发展过程中具有很大的盲目性和局限性，因此，政府的支持和引导尤为重要，制定和实施支持农民合作经济发展的优惠政策，为农民合作经济组织发展提供宽松的政策环境。

1．产业政策

各级政府应根据当地农业产业化发展方向，围绕合作经济组织的发展思路和重点，用产业政策引导、鼓励、支持农民兴办各种不同类型的合作经济组织。

2．信贷政策

国家应在资金投入、资金安排、计划管理等方面向农业倾斜，增加国家信贷资金对农业的投入份额，提高其比例，实行低息贷款和无偿补贴，并要特别重视对农民直接贷款的重要性。政府要从农业贷款或财政支农资金中专门切出一块作为专项资金，作为发展农业经济合作组织所需要的启动资金和必要的周转资金，提供财政和信贷扶持。在利率管理上，规定农业贷款利率不上浮或少上浮，避免一律按上限掌握的做法；在资金上，对发放支农贷款资金不足的金融机构应给予再贷款扶持。对农民和农村经济组织发展农业生产的贷款利息免征营业税；对其他支持农业产业结构调整的贷款利息降低营业税率；对有盈利或扭亏为盈的机构允许加大呆账准备金计提比例；所得税实行分档优惠利息，对国家贫困县及脱贫后 5 年内免征农村合作银行的所得税。

另外，政府要规范发展市场化的体制外金融，推动农村金融市场竞争。农村非正规金融在改革开放后的兴起与发展，其存在有着客观复杂的经济基础，在很大程度上是现代市场经济和农业产业化发展的需要。所以来自外部的强制压力是无益于问题的解决的，这不仅不符合经济发展规律，也违背了广大农民的意愿和现代农业的发展要求，结果只能促使其以更隐蔽的方式开展活动。因此，政府的正确选择是放弃自己作为制度唯一供给者的思维惯性，承认非正规金融生存的合法地位，依法保护借贷双方的正当权益，并采取措施引导其健康发展，以有效补充农村正规金融制度的不足。在此基础上要加以规范和严格监管，促进其按照市场规则参与竞争，实现健康发展。同时，应适当放宽金融市场准入政策，允许中小型农业产业化龙头企业和其他经济组织按照规定程序和条件组建新的中小金融机构，解决其外部融资困难的问题，同时减少业务经营的地域限制，促进金融竞争。

3. 财政政策

财政支农资金包括支持农村生产性支出和农村水利气象部门的事业费、农业基本建设支出、农业科技、农村救济及其他。国内外的经验表明，农业基础设施对于提高农业的生产能力和结构调整的适应能力是不可缺少的。农业基础设施主要包括农村道路建设、农村能源电力建设、农业水利建设、农村通信设施建设等。因此，各级财政应增加对农业基础设施的支持力度，同时，应优化支农支出结构，增加公益性支出，明确投向，集中使用。

4. 税收政策

由于农业合作社是一种互助性质，对内不以营利为目的，因而许多国家往往采用减税、低税或免税的政策或补贴的政策来支持农业合作社的发展。如在美国，农业合作组织平均只有工商企业纳税的 1/3 左右；我国台湾地区所谓"合作社"法第七条规定"合作社免征所得税及营业税。因此，我国应对从事农副产品生产的合作组织实行减免其农业特产税"，以鼓励其积极参与调整农业结构；对从事农副产品加工的合作组织，可以实行增值税减免优惠或给予一定比例的返还。

5. 其他优惠政策

如政府为农业经济合作组织在注册、税务登记等方面简化手续；对符合政策导向，具有较好经营业绩的农业经济合作组织要给予必要的奖励和扶持；支持农业经济合作组织进行农产品注册和质量认证，鼓励其实施名牌战略和标准化生产等。

（三）制定促进农业经济合作组织发展的配套政策

1. 建立农产品生产与需求信息系统

信息是决策的依据，目前，存在农业信息短缺、不到位、信息失真，加之农民与消费者之间的信息不对称，农民又缺少收集、加工分析信息的意识与能力，因此经常无所适从。因此，各级政府要大力加强农村信息工程建设，搞好交通、邮电、通信等信息基础建设和图书报刊等媒体建设，保证信息畅通。同时建立农业信息网络，形成一个自上而下的辐射力强的信息网，为农民提供真实有用的信息。

2．加强市场监管

一是对承担农业中介服务的公司进行严格审查，防止一些公司冒充龙头企业，对农民实行"强买强卖"，垄断经营，损害农民利益；二是采取严厉的法律手段、经济手段和行政手段，坚决制止假冒伪劣农业生产资料上市流通；三是建立专门的质量鉴定机构，随时对产品质量进行抽查、检测和鉴定。

3．加快农业生产资料经营体制改革

为了适应农业产业化经营的发展，赋予农村合作经济组织对农业生产资料（如化肥、种子、农药、地膜等）的经营权，开始可以在合作组织内经营这些物质，然后逐步扩大经营范围。

4．政府部门要进一步转变观念

各级政府要培养一支训练有素的宣传教育队伍，在做好宣传与推广工作的同时，对现存的合作社做好教育和指导工作，帮助其建立章程，提高组织成员的科技文化素质和组织管理水平。另外，政府还要协调各方面力量，帮助合作经济组织解决自身难以解决的问题，如区域封锁、条块分割、行业限制等。

5．舆论支持

自 20 世纪 80 年代中期以来，虽然中共中央、国务院、国家科学技术委员会、农业部等部门先后发布文件，对农民的组织创新行为给予肯定和支持，但对于农民不断涌现出的新的创新行为支持不够及时、力度不够强。如山西、河北等地通过建立合作组织试点方式，为农业经营组织化提供了参考模式，试点工作已初见成效，有些地区还取得了成功的经验，但由于宣传力度不够，推广普及成效不大。所以，应加强舆论宣传的力度，通过多种媒体，采用多种方式进行宣传，扩大影响，示范推广。

二、加快农村富余劳动力的转移

目前，我国农村经济已经进入到一个新阶段，农村富余劳动力增多，转移难度加大，这个问题如果得不到很好的解决，不仅会制约农村经济的健康发展，而且会给农村社会的稳定带来不利影响。从经济发展的一般规律来看，商品经济发展的过程，就是一个第二、第三产业劳动力不断增加，第一产业劳动力不断减少的过程。现实中，随着我国工业化、城市化和农业现代化的发展，必然发生分化，并在分化的基础上得到发展。我国农户经营的分化包括农民的职业分化和农户收入水平的分化。职业分化是指农民从以土地为主要生产资料的经营活动中分离出来，从事农业以外的经营，并以这些经营为收入的主要来源。收入分化（同时也是经营规模和经营活动质量的分化）是指农户收入差距的扩大，形成具有显著收入差别的利益群体。在我国农村土地实行公有制的条件下，从一定意义上说，职业分化是收入分化的基础，即相当多的农户是通过务工经商致富的，务工经商是农户致富的重要途径。反过来收入分化又是职业分化的重要条件，即收入分化形成了一批富裕群体，促进了农村工业化进程中的资本原始积累，加速了收入的进一步分化。从根本上说，农村家庭经营的分化速度取决于农村工业化和城市化的速度。

（一）目前农村富余劳动力转移中面临的困难

1. 农业自身吸纳劳动力数量在相对减少

伴随收割、灌溉、植保、打轧、加工等机械化、半机械化发展步伐加快，新品种、新技术、新农艺的推广应用速度也越来越快，农业社会化服务必将向产前、产后延伸，服务体系将日臻完善，农业生产水平、劳动效率不断提高，劳动力投入大幅度减少。这样必然造成劳动力就业时间不充分，加上农业资源有限，特别是耕地锐减，农业吸纳富余劳动力将越来越少。

2. 乡镇企业等非农产业吸纳劳动力难度加大

乡镇企业二次创业的实质是改变乡镇企业过去粗放经营、外延扩大再生产的局面，实现乡镇企业集约经营、内涵的扩大再生产，加速企业的技术改造步伐，提高资本的有机构成，其结果就是出现就业弹性下降的趋向，吸纳劳动力的作用弱化。

3. 城镇吸纳农村富余劳动力面临新的困难

目前，我国城镇劳动力大量过剩，城镇已形成很可观的富余劳动力数量，城镇能为农民进城就业提供的机会十分有限。

4. 农村劳动力技能低弱加剧了自身转移的难度

在我国，农村劳动力总量增多的同时，农村劳动力技能低弱的矛盾也十分突出。目前在我国农村人口中，小学以下文化程度及文盲和半文盲所占比例仍比较高。由于劳动力素质、技能低，难以进入较高层次的产业，只能在低层次的产业中形成过渡性竞争。而且，随着经济发展水平的提高和新产业的兴起，低素质的劳动力的转移领域越来越窄，无疑使劳动力转移雪上加霜。

5. 农村富余劳动力转移所需资金将受到严重制约

农村劳动力转移的过程同时是以资金为主的生产要素同步流动的过程，增加就业的前提必须对转移产业增加投资。目前农业产出效益比较低，城镇相当数量的工商服务行业不大景气，乡镇企业又面临新的困难，农村富余劳动力转移巨大的资金需求难以满足。

（二）新时期农村富余劳动力转移的途径

我国农村富余劳动力转移不可能用某一政策和专项措施能够奏效，必须采取综合的、多元的、配套的政策和措施，通过多层次和全方位的拓展农村富余劳动力转移的空间，让农民既可以离土不离乡，也可以离土又离乡；既可以进厂不进城，也可以进厂又进城；既可以在农业内部转移，也可以在农业外部转移；既可以向小城镇、小城市转移，也可以向大中城市转移；既可以出县、出市、出省，也可以出国在国际间流动，只有这样才能逐步缓解农村富余劳动力的就业压力。具体转移途径有：

1. 采取各种措施加速多元城镇化建设

加速多元城镇化是解决市场需求不足、就业和农村劳动力转移、农业和农村经济发展模式转变、与国际经济接轨等一系列迫切问题的一项非常重要的战略举昔。有经验表明，特别是多元城镇化对开拓第三产业有明显效应，如产业升级和各类要素市场体系的发育，都将推动第三产业更快发展。产业容量大的部门，有房地产开发与装修、建材、农副产品交易、交通、家政服务、医疗卫生、城市绿化、教育培训等，都是大容量吸收农村劳动力载体的增长点。为加快农业富余劳动力转移，可以实行以下做法为以"户口换土地"，改革小城镇户籍管理制度，最大限度地降低农转非的成本。逐步取消城乡分割的户籍制度，对在城市或城镇连续从事3年以上正式工作的农民工予以户口登记，同时撤销原所在地户口，把农民"买走"。

2．大力发展乡镇企业

改革开放以来，尤其是20世纪80年代以来，乡镇企业累计吸纳了1亿左右的农村劳动力就业，年均吸纳近600万人，是转移农村富余劳动力的主渠道。但是，90年代以来，乡镇企业吸纳就业的能力明显下降。导致乡镇企业吸纳就业能力下降的原因主要有两个：一是在经历了80年代的超常规高速度增长之后，乡镇企业的增长速度开始放慢。二是乡镇企业的资本有机构成不断提高，就业弹性明显下降。具体可实行以"就业换土地"，即对在乡镇企业或其他非农产业连续工作5年以上的，应对其原家庭承包土地做出必要调整，"请走"农民。也可以实行以"机会换土地"，对上学、招工的农民，也应调整相应的土地，"送走"农民。

3．继续加大基础设施建设

我国要继续加大农林水利、交通、通信、农村电网、多元城镇的新建和扩容改造等基础设施建设。如在综合治水方面，其潜力很大，重点抓好六大工程，即防洪安全工程、水资源开发利用工程、灌溉与节水工程、生态环境工程、欠发达地区水利建设工程和水利能力建设工程。

4．综合治理生态环境

进入21世纪，随着国家对保护森林资源和生态环境的高度重视和对经济结构实施战略性调整，以及综合国力的提高，奠定了加大投入的基础，并已经明确了生态工程建设以国家或地方投入为主的方针。实施以重点生态建设工程为骨架，全面加快全国造林绿化步伐。从国家投入方面看，"十五"期间，投资额将超2 000亿元，这样每年可以新增就业100万～150万人。

5. 积极拓宽国外劳动力转移

人口老龄化使发达国家、新兴工业经济国家和地区出现巨大的劳动力供求缺口。由于老龄人口所占的比例越来越大，就业人口所占比例越来越小，老龄化对发达国家的经济发展提出了严峻的挑战。在老龄化的背景下，各国从本国利益出发，在一定时期，有选择地放松劳动力跨国流动的限制，可能是未来国际劳动力市场的重要趋势。

6. 加强农村教育和劳动力就业培训，提高农村劳动力素质

一是通过文化知识学习，提高科学文化知识水平；二是加强市场经济和法律知识教育，增强法制观念；三是根据市场和劳动者就业需要，建立常年性、专业性的职业学校、培训中心，举办有关行业技术培训班，提高劳动技能，增强农民生产和谋职的能力；四是政府制定有关农民教育培训规划，明确目标、任务，积极动员城市职业学校、中等技术学校到农村开办学校。

三、着力培养农业企业家

制度变迁理论认为，有效组织是制度变迁的关键，而组织是否有效，取决于组织是否具有实现组织最大化目标所需的技术、知识和学习能力以及创新能力。在组织创新能力形成过程中，"企业家"的作用至关重要。为了培育农业经济合作组织的创新能力，必须着力培养农业企业家。农业企业家是指在农业企业户从事决策指挥、产销组织、技术开发、信息咨询等工作，履行思维创新、技术创新、组织创新、市场创新等职能，自主经营、自担风险的企业经营领导者。我国农业企业家成长的动因主要有：一是经济利益驱动；二是自我雇佣；三是成就需要。随着我国农村制度改革的深入和市场发育程度的不断完善，如何尽快培育出职业企业家阶层，形成企业家市场，则是当前农业经济合作组织发展中亟待解决的问题。

（一）农业企业家成长的制约因素

目前，我国在农业企业家成长过程中存在着诸多的制约因素，主要包括内因

制约和环境制约。内因制约主要表现为观念落后、知识滞后和资金制约。环境制约可分为硬环境制约和软环境制约。硬环境制约是指制度方面的影响，主要表现在：①政策上，缺乏引导、鼓励、监督企业家成长的政策环境，使企业家成长缺乏导向和保障；②在产权制度上，缺乏明晰的产权关系，使企业家成长缺乏内驱力；③在分配制度上，缺乏既体现企业家才能又体现企业家风险的论功行赏、依过执罚的分配方法，使企业家创新缺乏积极性和约束力；④在遴选制度上，缺乏企业家竞争和退出机制，企业家的评价和选择缺乏制度保障，可控性差。软环境约束主要来源于传统文化。我国封建社会历史很长，儒家文化源远流长，尤其是农村，家庭统治、小富即安、重义轻商的思想根深蒂固；长期的乡村生活和依赖于气候变化的习惯使得农民的竞争观念、法制观念淡薄；村落的分散又使他们缺乏团体意识和合作观念。

（二）培养农业企业家成长的措施

1. 逐步建立经理市场

第一，在选拔标准上，可根据不同行业的特点，确立各类企业经营者共同的基本条件，制定任职规范和任职资格。可采用学历、经历、实绩三项指标作为标准。第二，在选择范围上，应不受身份、职业、地域、所有制性质，甚至国界的限制，挖掘社会人才。第三，在选拔方式上，应采用竞争聘任制，取消任命制，做到公开、公正，唯才是用，使真正有才能者进入企业家队伍。

2. 建立规范的监督、约束机制，规范企业家的行为

包括立法约束、群众约束、市场约束等。在市场经济条件下，最主要的是市场约束机制的作用，这种约束力最终来自于企业家市场的竞争与退出机制。乡镇企业家的效用函数中可能包含着损人利己的动机，对企业资产造成威胁，这就需要有一种制度来约束这种动机与行为，外在的监督与约束不仅成本高，而且易引发企业家的逆反情绪，提供市场的竞争与退出制度，可以把企业资产所有者的意志内化为企业家的自我意愿，企业家出于自身职位考虑，多半会致力于企业目标，避免内部人控制。

3. 形成科学超前的导向机制，正确引导企业家的努力

包括政策导向和舆论导向。既然企业家的风险由自身承担，而他们的成功却往往全社会受益，企业家的活动在一定程度上就有公共产品的性质。在这种情况下，为鼓励企业家的活动，政府应该对其失败提供一定的保险，采取一些制度化的措施来保护他们的创举，但应找出适当的保障率，过高会降低企业家的创新动力，过低则会使保险失去意义。同时要加强对企业家的舆论导向，在奋斗与目标、地位与作用、使命与责任、理解与支持等多方面搞好宣传，以便在全社会形成一个关心、尊重、重用和保护企业家、争当企业家的良好的风尚。

4. 建立体现效率优先的分配机制，增加农业企业家成长的内驱力

一方面要加快乡镇企业产权制度的改革，加快建立现代企业制度的进程。通过产权制度改革真正实现企业家的自负盈亏、自担风险，建立起充分发挥企业家才能的利益分配机制。另一方面要让企业家充分拥有企业的剩余价值索取权。企业家对企业财产的经营，是一种高级的、复杂的脑力劳动，企业的利润本质上说是由企业家才能创造的，由此必须以绩效论分配，体现效率优先，使企业家充分享受到其创新收益，保护他们的创新积极性。

5. 建立实用有效的培训机制，增加农业企业家人力资本的投入

早期的乡镇企业家冒险多于理性，之所以成功，与当时的特定背景相吻合。在知识日益重要的今天，冒险精神还必须有科学的态度，后者可以化解前者的风险。而科学的态度必须基于人力资本的投资。同时，由于人力资本的收益率递增，通过制度化的培训机制增加这方面的投入，可以遏制由于物质资本收益率递减所引起的企业效率下降的趋势。并且，系统的、网络化的培训可以增加乡镇企业家的供给，解决乡镇企业家人才的供给刚性。应采用多种形式多层次选拔培育农业企业家，选拔有一定基础的农民进行有针对性的强化培训。这里所说的有一定基础包括：已经是农业企业经营者，有一定的资金实力和筹资能力，有一定的科技优势，有一定的信息意识和信息渠道，有一定的群众威信和组织能力。要建立灵活多样的培训形式，可以是短到几天实用性很强带有咨询性质的培训，也可以是长到几个月的系统培训。采取措施对优秀农村青年开展专业教育。进一步改革招生录取和分配制度，面向农村，面向农业，使更多的优秀农村青年有机会进

入学校接受中等和高等专业教育或农业专门技术学习。采取激励性政策，鼓励有关大中专毕业生在农业企业化进程中建功立业，鼓励农业院校毕业生、经济贸易类专业毕业生，从事农业企业经营管理工作。改善社会环境，从观念和政策上使企业家的经营力和人力资本名正言顺地获得报酬。

四、建立灵活的农地流转机制

(一) 农村土地流转形式

目前，农地市场的形式主要有以下类型：①协商转包型。它是经村集体同意，农户间通过自行协商，将原承包地自行转包或转让给另一农户。这种形式是农村土地流转的主要形式。农户接包的土地数量不多（一般在 1 公顷以下），且接包地块较为分散，未连片。②大户承包型。它是在村社集体经济组织的协调下，承包户同有关农户协商将其连片土地承包。其特点是：土地数量大（一般在二公顷以上）；地块较为集中，承包人大多是种田能手。③股份经营型。它是在技术协会和村社集体经济组织的协调帮助下，经营能手同有关农户协商以技术、土地、资金等入股形式共同经营农户的承包土地。④租赁开发型。它是经村社集体经济组织同意，单位或个人同有关农户协商将其土地承租，在承租期内，承租方一次性或分年买断土地经营权。采用该形式流转的土地大多是荒山、荒坡、滩涂水面和中低产田，承租的时间一般较长（10 年以上），承租人大多为城镇的单位和个人。⑤雇请托管型。它是通过协商，农户以一定的资金费用雇请他人经营其承包地，承包地所有收益归自己所有。该形式大多发生在外出务工户不愿放弃其承包地，主要雇请其亲戚、朋友代管经营，一般支付的费用较低。⑥"四荒地"拍卖型。它主要是对特定区域范围内的荒山、荒坡、荒沟和荒滩进行拍卖，竞拍者可获得未来较长时期的土地使用权，有助于其进行投资，并可收回投资及求得投资利润，从而极大地调动了广大农民的积极性。

(二) 农村土地流转中存在的问题

目前，我国农村土地流转已经出现，但由于缺乏规范的土地流转市场和高效合理的流转机制，使土地流转呈现出分散性、隐蔽性、亲缘性、地缘性、有偿性等特点，土地流转很不规范，基本上还处于初始的自发状态。其存在以下问题：

1. 农村土地流转主要依靠非市场机制

目前，农村土地流转主要是依靠集体经济组织用行政手段统一调整和农户自发转包来实现。在农户之间的土地流转中，转包方和接包方之间大多是私下达成协议，且他们之间大多有地缘或亲戚关系，接包方土地使用权的获得并非是市场优化配置的结果，使农地流转呈现出无序性、隐蔽性和亲缘性等特点。

2. 缺乏农地地籍档案资料，致使农地市场管理难度加大

目前，城市用地的地籍档案资料已基本建立了起来，且逐步得到完善，这为城市土地市场的正常运行准备了条件。而农村土地的地籍资料还是空白，进行土地流转时，缺少交易土地的四至、位置、面积、权属等具体资料，这使土地流转时土地管理部门进行土地交易管理的难度增大，同时也易引起土地纠纷。

3. 农村土地流转未能体现效率原则

农村土地流转的目的在于优化土地资源的配置，提高其配置效率。但目前土地流转的行政干预、低偿性或无偿性、亲缘性等特点与资源配置效率原则相违背，没有充分发挥市场机制的资源有效配置作用。此外，尽管在我国部分地区进行了"四荒"地使用权的拍卖，从一定程度上体现了效率原则，但这种效率原则也是不完全的。

（三）农村土地流转机制的建立

规范农村土地流转市场的基本思路是以适应社会主义市场经济为前提，以完善家庭承包经营为基础，以发展农村经济，提高农民生活水平为宗旨，在明确界定土地产权的前提条件下，依靠地租地价等经济杠杆，实现土地有偿使用和有偿转让。并在此基础上，坚持自愿的原则，程序合法的原则，公平、公开和竞争的原则以及有利于土地资源合理配置的原则，逐步培育和规范土地市场，最终形成规范运行的农地市场。目前应尽快做好以下工作：

1. 创立农地市场主体

(1) 明确界定集体土地所有权主体。土地所有权主体应为村级合作经济组织或村民委员会，并以土地所有权证书予以体现。同时，应确认集体对农地的终极处分权。

(2) 坚持农地经营以家庭组织为主，稳定和强化农户的土地承包经营权。在社会主义市场经济条件下，农户是独立的商品生产者，因此，应扩大农户掌握土地产权的范围，让农户拥有排他性的占有权、经营使用权、收益权、转让权、租赁权、抵押权、入股权以及继承权，即除土地最终所有权、土地规划权、农地转非权、部分收益权和终极处分权外，其他各部分权利大多可以交给农户。

(3) 在农地市场化过程中，要维护国家对农地的社会所有者权益。

2. 健全农地市场结构，积极培育土地流转市场

土地流转的内容是土地产权的流转，包括土地所有权流转和土地使用权流转，因此，积极培育的土地市场应是包括土地所有权市场和土地使用权市场在内的完整的农地流转市场。土地所有权市场是集体经济组织依法向国家或其他经济组织有偿转让土地所有权的关系总和；土地使用权市场既包括集体经济组织在一定期限内将土地使用权有偿转让给土地使用者，又包括农户将土地使用权在合同规定的范围内通过转包、抵押、入股等形式有偿转让给其他农户。这样，通过有偿让渡土地使用权，既可使集体土地所有权得到经济上的真正体现，并赋予了农户经营土地的独立自主经营权，也可实现土地资源在更大范围内得以优化配置。

3. 完善农地市场的制度建设

(1) 建立农地流转价格评估制度，实现农地收益的合理分配。由于土地价格能准确反映土地流转的供求状况，因此，土地市场能否正常运作，关键在于土地价格合理与否。目前，农村土地流转价格评估还未形成规范的制度，在实际操作中，应运用有关地价理论，依据土地肥力、土地生产力、土地供求状况、土地位置、基础设施状况（如道路、渠道）等主要指标选用综合方法对农村土地进行价格评估，逐步形成以土地所有权交易价格、土地使用权出让价格及转让价格为核心的农地流转价格体系，实现土地收益在经济当事人之间合理分配，保护各自的合法利益。

（2）加强农地地籍管理工作。推行规范化的农村土地地籍管理办法，是建立和完善农村土地市场的重要基础工作。目前应主要做好以下几方面工作：一是做好地籍调查工作。以土地管理局为牵头，组织农村地籍调查工作队，全面查清农村每宗土地的位置、四至、界线、地类、数量、质量及权属状况等。二是进行土地评价。在地籍调查基础上，由土地管理部门、有关专家、农村经济工作者、农村干部和群众代表组成土地评价小组，根据土地位置、肥力、产值、收益等资料，结合人们的经验判断，对土地进行分等定级。三是土地登记。通过地籍调查，明确每一宗土地的权属性质、面积等基本状况后，集体组织和农户依法向土地管理部门办理土地产权登记，取得相应的土地产权证书。四是在上述工作基础上，整理和妥善保管地籍档案资料，为搞好农村土地管理和土地市场的运作提供各种有用数据。

（3）建立和完善农地流转的中介主体。要建立包括咨询、代理、仲裁、地价评估等在内的机构及其相关的制度，并做好农地信托、农地抵押、农地证券和保险等工作。

（4）建立农地约束机制。主要包括法律法规约束、金融约束、税收约束、产权约束和内部责任约束等。

4．加强农村土地市场的法律法规建设

目前，应及时修改不利于农村土地市场运作的法律条文，并要对农地市场依法律条文予以规范。具体为：①法律应明确农地可以转让、租赁、入股、抵押等，赋予农户应有的权利。②法律要对参与农村土地市场的主体、农地所有权转移、土地使用权有偿出让、出租和转让、转租、入股、抵押等的原则、条件、范围、程序、形式、违约责任、利益调节等重要问题做出明确的规定，以保证农地市场健康有序的发展。

5．加强政府对农地市场宏观调控和管理力度

包括：①完善基本农田保护制度，确保粮食安全。②规范征地市场。国家农地征用权的行使必须严格限定在公共目的的范围之内。除此之外需要占用农地者，必须通过协商、招标或拍卖等方式解决。③要加强、完善和规范政府的土地宏观管理工作。一方面，政府借助社区集体组织的经营和管理职能贯彻落实国家有关的土地政策和农业政策；另一方面，政府又可运用政策、税收、信贷等经济杠杆和法律手段引导和干预农地流转，正确引导土地流转方向，这对培育农地市场及土地资源的合理利用具有重要作用。④要协调好各类规划之间的关系，建立健全土地规划控制体系。⑤健全土地登记工作制度，保证土地流转的合法性。⑥加强土地的立法和执法力度，确保土地流转井然有序。

6. 建立和完善农村社会保障制度

改变农民拥有土地就拥有就业保证的传统观念，积极鼓励发展农村二、三产业，创造更多的就业机会以吸纳农业富余劳动力。加快农村社会保障制度建设，使农户离开土地仍有生活保障，解除农户的后顾之忧，以促进一部分农户从农地经营中脱离出来，促进土地市场的发展。

五、大力进行人力资本投资，培养现代农民

农业经营主体的主要成员是农民，农民的素质直接关系到农业经营主体组织化进程，应当大力进行人力资本投资，提高农民素质，推进农民组织化发展。

(1) 转变观念，端正农民对合作经济的认识态度，消除其心理障碍。对于大多数文化水平不高、区域性较强、与外界联系较少的农民来讲，不懂重提合作社是何意图，以及对合作制的知识缺乏了解。可通过宣传教育、典型示范等方式对农民进行经济合作知识的教育，使其认识到真正的合作社是市场经济的产物，是在市场经济条件下处于弱者地位的独立劳动者为维护其自身利益而自愿结合起来的一种经济组织，是农民真正自己的组织，完全不同于历史上我国的农业合作化运动。农业经济合作组织既不是原有集体经济的复归，也不是对家庭承包经营的否定，而是为适应市场经济发展需要，按国际惯例完善农业经营体制的必然选择。通过深入细致的合作教育工作，唤起农民的合作意识，培养农村合作经济组织的群众基础。

(2) 普及市场经济基本知识，增强农民的市场观念和风险意识。由于传统观念的影响、行为习惯的惰性和市场经济知识的缺乏，农民在激烈的市场竞争环境中经常束手无策，无能为力。通过教育示范等方式，提高农民对于新经济体制的理解能力和适应能力，增强其市场知识，培养其适应市场竞争的能力，迎接挑

战。增强其抵御市场风险的能力，强化市场观念和风险意识。

(3) 倡导科技下乡，培养农业技术员，实行绿色认证制度，提高农民的文化科技素质。通过职业教育和技术培训，以及科研机构和高等院校科技下乡、科技成果推广应用等多种形式，提高农民的科技文化素质，刺激其对技术的需求，培育高素质技术及管理人才，进而促进农民组织化进程。

(4) 大力开展农民职业教育事业。总体来讲，我国农民素质偏低，受教育程度不高，这既影响了农业劳动力向非农产业的转移，在向城镇转移的过程中只能干一些脏、苦、累的工作；又不利于农业科技的普及和运用，直接影响了农产品的质量，不利于农产品竞争力的提升。通过开展农民职业教育，可以有效地解决这两个关键问题。因此，在当前情况下，发展农民职业教育具有非常重要的意义。

第三节　中国农业经济合作组织发展与模式选择案例

为了详细了解新型农民专业合作组织发展的现状、存在的主要问题等，本书以广东省湛江市为例，通过实地调研，根据湛江市农民专业合作社发展状况，选取了湛江市三个具有代表型的农民专业合作社作为案例分析对象进行研究，对其不同特色的协会和合作社，从其组织成立过程、产业特点、运作模式、管理方法、效益情况等方面进行了详细的调查了解和分析研究。

湛江市农民专业合作社在政府扶持和自身发展下已经初具规模，拥有 18 家国家级、106 家省级、151 家市级农民专业合作社示范社，具有良好的示范带头作用，带动合作社周边 30 多万农户示范学习。

一、利益共享型合作社案例分析

廉江市良垌日升荔枝专业合作社是广东省湛江市第一家在工商管理部门登记注册的农民专业合作社，位于湛江市廉江市良垌镇，成立于 2003 年 9 月。2005年申请并注册了"广良"牌商标，2006 年，"广良"牌荔枝通过了中国绿色食品发展中心的 A 级认证。先后被评为，省级农业产业化"先进集体"（2006）、省级农民专业合作社示范社（2007）、"省名牌产品""荔枝省级农业标准化示范区"（2009）、"农业部第一批热作标准化生产示范园"（2010）、"全国农民专业合作社示范社"（2012）等称号。由成立之时的 28 户发展成为现在的 420 多户，合作社种植面积也由 2 000 多亩发展到 10 000 多亩，合作社范围也由之前的廉江地区，发展扩大到遂溪、坡头和化州等地。

（一）发展概况

2003 年，为解决当地果农荔枝销售困难、市场压价等不利影响，良垌日升荔枝专业合作社正式成立，与香港一家出口公司合作，为果农销售荔枝。由于市场价格波动等其他因素影响，刚开始合作几年，合作社销售一直处于亏损状态。合作社为更好保鲜荔枝，拓展荔枝销售渠道，先后投资 600 多万元建设冷库和荔枝龙眼加工厂，建成占地面积 7 000 平方米，库容积 4 000 立方米，储存量 300 吨的冷库，并成为广东首家具有农产品进出口权的农民专业合作社。2006 年，正式以良垌日升荔枝专业合作社的名义向中东（迪拜）出口第一批荔枝，后经营范围扩展到美国、加拿大以及东南亚等国家。但出口贸易量有限，对于高产荔枝如同杯水车薪。2008 年合作社与超市进行合作，实现"农超对接"进行直销，现已与家乐福、步步高、百果园、新农贸等国内大型商超签订销售合同，为荔枝销售提供稳定渠道。2016 年合作社开始试行电商销售，根据网店订单直接从原产地发货销售，同时授权合作社"广良"品牌给部分农民，让他们自行在网上销售并进行自品牌代理，另外，合作社直接与电商平台合作，为电商平台提供产品和品牌，由平台负责销售，实行产销分离。

良垌日升荔枝专业合作社，通过十几年的发展已经成为拥有 420 多户果农，10 000 多亩种植面积的专业合作社。合作社实行统一标准化管理，制定实施合作社生产经营的"十个统一"要求，与信息平台合作，及时向跨县区社员发布相关生产管理信息，定期进行生产培训等，对社员生产经营进行管理控制。2018 年，合作社年产量 6 000 多吨，年产值 3 566 万元，辐射带动周边 5 000 多非社员果农增产增收，社员平均每亩荔枝比普通果农增收 26%。

（二）经营管理模式

良垌日升荔枝专业合作社经营管理模式。在经营模式上，合作社为社员果农提供"广良"牌荔枝品牌，在种植和培育荔枝龙眼的过程中，邀请科研院校的专家学者进行集体培训教学，提高产品质量和产量，并以集中统一购买提供生产资料等方式，保证生产资料的质量同时降低生产成本，提高果农收益。合作社不仅为本社社员提供市场信息，还为周边果农提供市场需求信息，辐射带动周边果农经营。合作社对社员生产经营进行严格把控，对社员提供的产品以高于市场价格 1～1.5 元/千克的价格进行收购销售，并实行保护价收购（按当年荔枝生产平均成本再加 20% 的价格），合作社利润严格按照规章制度分配。销售方面，合作社一方面与外贸公司合作将荔枝出口到国际市场，另一方面利用品牌优势，实现"农商对接"直接销往国内大型商超。另外，实行产销分离，利用互联网优势将荔枝与"广良"品牌授权给电商和微商，还有一部分产品直接流入市场，进行正常市场销售。最后，通过深加工的形式，对库存荔枝进行脱水烘干，制成荔枝干，延长荔枝生产产业链。合作社通过对市场销售的实际情况，预测并调整荔枝生产品种，根据市场需求及时为果农反馈市场信息，保障生产经营。

在管理模式上。建立一套高效合理的管理体制是合作社规范经营发展的重要保障。良垌日升荔枝专业合作社在管理制度上，实行严格的社员代表大会制度，共设有 26 项细分规章制度。社员代表大会作为合作社的最高权力机构，由全体社员代表组成，社员代表大会常务委员会和监事会是社员代表大会闭会期间的常设机构。下设合作社社长、副社长一职，对合作社日常经营进行管理，合作社日常管理部门有财务部、市场营销部和安全生产管理服务部，分管合作社具体生产经营活动。社员代表大会作为最高权力机构，确定合作社生产经营方针和发展规划，审议各项工作报告和财务报告，讨论和决议各项重大事项等，是合作社的最高决策机构。社员代表大会常务委员会是社员代表大会闭会期间的常设机构，组织召开社员代表大会，执行社员代表大会决议，审定各项合作社规章制度和机构设置等，负责管理本社资产，努力保证本社资产保值增值。监事会作为监督机构，对社员代表大会负责，监督检查合作社的经营活动和财务管理情况。社长与副社长，作为法定代表人，主持开展合作社的日常管理经营工作，制定合作社的各项规章制度等。财务部作为资产管理部门，对合作社现有资产和运营资产进行管理分配，保障合作社资金正常运转。市场营销部作为对外销售部门，负责合作社的产品销售和对外客户接洽等工作。安全生产管理服务部作为生产管理部门，对合作社社员安全生产提供技术、信息等方面的支持，为合作社生产经营提供保障。

（三）存在问题

（1）荔枝、龙眼深加工技术和产业有待发展。目前，合作社的荔枝龙眼深加工产业还处于初级阶段，主要以鲜果销售为主，而荔枝、龙眼作为一种季节性产品，且不易冷藏储存，鲜果销售时间短暂且上市集中，对荔枝、龙眼产业规模化生产发展不利。虽然合作社现在已经开始引进相关专业设备对荔枝进行脱水烤干处理，但加工设备数量不足、烘干荔枝时间长、技术要求高等因素制约了荔枝和龙眼的深加工。同时，荔枝、龙眼的保鲜、防腐冷藏技术有待提高，延长和错开荔枝和龙眼的销售时间与空间，拓宽销售渠道，提高附加值。

（2）人才匮乏，经营阻碍大。一方面缺乏固定的专业技术人才对合作社的日常经营管理提供技术服务。虽然经常邀请科研院校专家学者开展培训活动并与高校签订科研项目，但合作社缺乏自身的高素质人才，使合作社管理不佳和对市场信息反应不及时，造成不必要的经济损失。另一方面，缺乏国际贸易人才，合作社在发展历程中多次遭受国外商家的无正当理由拒付或拒收，国际贸易受到很大影响，损失惨重，而且缺乏营销方面人才。

（3）对社员实际管理不足。由于社员覆盖范围广，地区之间存在差异性等因素，虽然合作社实行"十个统一"的标准也进行统一的培训管理，但依然存在部分社员不听从管理，为获取更多私利私自违规操作，导致产品品质参差不齐。严重导致合作社内部出现恶性竞争，破坏市场正常竞争环境，甚至会自砸招牌等，对社员的实际运作管理需要提高。

二、土地流转型合作社案例分析

遂溪县杨联种植专业合作社，位于广东省湛江市遂溪县草潭镇石杨村，是草潭镇第一个通过集中土地流转组建成立的合作社。初建于 2006 年，2011 年正式在工商部门注册登记，现有村集体土地 700 余亩，社员 201 户，共计 1 200 余人，主要从事番薯、甘蔗和木薯等经济农作物的种植与销售。杨联种植专业合作社成立于 2011 年，2012 年成为广东省省级示范合作社，2014 年成为国家级示范合作社，2018 年实现年利润收入 123 万余元，逐渐发展成为一种能人领办的土地流转型农民专业合作社。

（一）发展概况

2006 年，杨联种植专业合作社成立之初，在村致富能人的带领和村委会的协助下，将石杨村 700 亩农业用地统一流转并将宅基地和农业用地进行统一规划，组建农民专业合作社。全村 201 户农户集体自愿加入合作社，村民按照土地和资金入股的方式参与合作社正常生产经营，以每亩土地每年租金 400 元，租期 10 年为一期的方式，对农民土地进行流转经营。成立以来均由本村村民自行管理经营，社员也只限于石杨村村民。

合作社成立之初，为响应政府号召扶持遂溪本土产业，2007—2008 年合作社种植甘蔗，由于甘蔗产能过剩，价格一路走低，每亩地平均收入 1 200 ～ 1 500 元而生产成本 2 000 元/亩，合作社生产经营受阻，开始改种新产品。2009—2010 年合作社改种植木薯为合作社带来一定的经济收益，但由于受气候和环境的影响，木薯种植不完全适应当地环境，未来发展空间有限，为带动合作社更大发展和增加农民收益，2011 年合作社开始引进试种番薯为合作社带来较大经济效益，合作社和农民获得较高收益。2013 年受甘蔗市场价格走高，加之番薯种植品种落后，市场销售前景不佳，合作社重新种植甘蔗。2015 年合作社从河南等地引进番薯新品种，为适应市场需求，又开始大面积种植番薯并形成稳定的产业形式，实行统一化、规模化生产经营并开始试行机械化、自动化生产，实现机械开垄、机器收割、人工播种和收仓的运作模式，实行滴灌节水作业，应用水肥一体化生产技术。2018 年，合作社共种植番薯 520 亩，共计收益 227 万元，利润 123 万元。

（二）经营管理模式

杨联种植专业合作社经营模式。合作社作为农户与市场之间的桥梁和纽带，通过流转农民土地，整合规划土地资源，对合作社日常经营实行统一分配、统一指导、统一经营、统一管理、统一销售，形成一种类似企业制统一经营管理模式。合作社最高权力机构是成员大会，下设理事会、监事会和社委会。合作社日常事务管理由社长负责，下设技术员岗、出纳员岗、会计员岗等具体管理岗位，由专职人员分管农产品种植、管理和销售。合作社重大决策由成员大会决议，实行"一人一票"表决，社委会负责起草合作社发展规划和财务预算，管理资产和财务，保障财产安全。理事会和监事会对合作社权力机构的运行进行监督管理，保障合作社健康运行。社长负责合作社日常经营指导，执行社员大会制度安排，合作社具体执行由分管部门负责。农民将自己的土地折价入股合作社，为合作社提供劳动力并接受合作社的生产经营指导，以雇员的形式在合作社进行生产取得经济报酬。合作社经营利润，20% 作为合作社运营成本，用于弥补亏空和管理、培训等经费，80% 作为合作社社员按股份分红收益。为培养人才、发展教育、造福社员，合作社还设立了杨青寮村教育基金会，对学习成绩优异的学生予以经济奖励，激励学生努力学习，为合作社后期发展提供人才支撑。

（三）存在问题

（1）缺乏品牌建设，市场销售不畅。由于农产品市场的波动性较大，合作社在进行组织生产过程中，受市场行情影响较大，未能形成固定生产农作物，无法打造合作社品牌，市场竞争力较弱。合作社在生产过程中没有形成固定的产品类型，无法对土地进行长期基础设施规划，不能发挥规模化优势。市场价格的波动，导致现代农业订单式生产加工成本高，订单式农业生产数量较少，农产品销售渠道有限，无法保障产品销售。

（2）缺乏政策扶持，经营发展困难。政府对合作社的扶持力度不足，项目扶持少，资金扶持额度小且以种苗和生产肥料补贴为主，在信贷服务和保险方面扶持不足，政策性扶持有时未能切实落地实施，"政银保"等相关政策扶持未能真正发挥实效，合作社无法得到有效资金和政策支持。

（3）人才短缺，现代化进程缓慢。合作社正处在自动化、机械化转型阶段，合作社成员年龄集中在 20 ～ 60 岁，以 40 岁左右为主。社员受教育程度主要是初中水平，文化程度不高，实行合作社升级转型需要技术性专业人才，实行专业化生产管理，如水肥一体化、节水滴灌等先进生产技术。同时，在农作物经营管理中需要农业专业人才进行技术指导，需要有技术、有文化的人才支撑。

（4）观念传统，环境保护意识不强。合作社在生产过程中，地膜等不易降解的白色垃圾未能及时处理，影响土壤和水环境。农作物秸秆处理方面，番薯除去种苗，其他秸秆进行焚烧处理，造成资源浪费而且污染环境。需要改变传统耕作观念，对农作物秸秆进行深加工处理，变废为宝，制成生态有机肥等。

三、基层组织带动型合作社案例分析

遂溪县洋青火龙果种植专业合作社，位于广东省湛江市遂溪县洋青镇洋青村，开始组建于 2012 年。2012 年底，合作社在洋青村党支部书记的带领下，开始流转土地，2013 年，正式成立洋青火龙果种植专业合作社，2018 年已有合作社种植土地 10 000 余亩，预计 2019 年，种植面积将达到 15 000 亩，合作社社员151 户，已经成为远近闻名的火龙果种植示范社。正在发展成为集火龙果研发、生产、加工、销售、采摘、餐饮和观光旅游于一体的大型现代农业园区，成为广东省最大的火龙果标准生产示范基地，已经成为省级农民专业合作社示范社，并在申请国家级示范合作社，2018 年年销售额达 9 270 万元。

（一）发展概况

洋青火龙果专业合作社，生产示范基地位于洋青镇洋青村，由村两委干部进行领导管理，带领农民种植生产火龙果。2012 年，洋青村党支部书记通过前期反复调研，准备在洋青村进行红心火龙果种植，自己流转 180 亩土地，进行试验种植，并取得了良好的成效，并投资 70 多万元修建园区道路，方便火龙果生产运输。2013 年开始，村委会大面积流转村民土地，带领村民组建火龙果种植专业合作社，动员村民进行土地流转整合，以土地入股、实行合同责任制形式分户种植。在党员干部的带头种植下，农民群众纷纷将之前种植甘蔗、水稻和桉树的红土地，改种品种优良的红心火龙果。2013 年，合作社正式注册成立，随着合作社种植的示范效应，加入合作社的社员和土地不断增加，2018 年，合作社种植面积已经达到 10 000 余亩，预计 2019 年，火龙果种植面积将达到 15 000 余亩；合作社规模不断扩大，在村委会的带领下，先后投入 50 多万元，修建饮水工程，解决了 3 条自然村村民饮水难的问题，投入 100 万元，修建村敬老院、文化广场和体育场，并投入 80 多万元，改造修建村道和排污渠，改善村里基础设施。2018 年，合作社将罗马坛水库、南边洋水库纳入合作社经营园区，建成集研发、生产、加工、销售、采摘、餐饮和观光旅游于一体的大型现代园区，做大做强火龙果产业，利用种植园区独特的自然地理优势、肥沃的火山灰土壤层、丰富的水资源、充足的光照和适宜温度条件，开展现代化生产经营。合作社积极探索火龙果种植新技术，引进无害化生产管理技术，如进行地膜覆盖技术，不仅可以减少土壤水分和养分蒸发，而且可以减少杂草生长和病虫害的发生，保证火龙果品质；进行水肥一体化和滴灌喷灌技术，节约用水，实现智能化监管；进行灯控调节技术，为火龙果生长提供更充足的光照，调整火龙果上市时间，实现反季节销售，提高火龙果产值。2018 年，合作社火龙果产值 9 270 元，实现人均收入 15 000 余元，比普通农户人均收入高出 2 倍。

近年来，火龙果产业发展趋势一路走俏，周边农户种植火龙果面积不断扩大，产量迅速增长，市场竞争日益激烈，加之火龙果果树种植达到一定年限就会出现病害等现象。合作社未雨绸缪，提前开始考察市场，并开始引进新的种植项目及品种，预防农民收入突然急剧下降，保障农民收入。同时，火龙果深加工产业也在不断研发中，火龙果酵素已成功研发，销售市场一片看好，为防止火龙果产能过剩做好准备。

（二）运营模式

洋青火龙果种植专业合作社运营模式通过村两委干部的领导，与农户之间签订合同进行经营指导管理，合作社向果农提供市场信息、生产资料、技术指导、技能培训等，实行果农分户生产经营种植。合作社以工业化规模经营理念进行运营，形成产业化，降低生产成本，定期与科研院所进行技术交流培训，研发高产高质新品种，同时研发高附加值新型深加工产品，根据市场实际销售情况，将市场信息及时反馈给果农，进行生产种植。根据市场实际运营，预测未来消费市场变化，提前做好应对之策，减少农民生产损失，保障农民收益。

（三）管理模式

（1）生产管理方面。洋青火龙果专业合作社，实行统一规划、统一品种、统一种苗供应、统一生产资料供应、统一技术管理、统一品牌、统一销售的"七个统一"管理模式，并推行水肥一体化生产。通过村委会及党员干部带头引领，带动村民共同种植生产火龙果，提高农民生产积极性，实行全民参与。对于劳动力较弱的女性，合作社提供火龙果打包岗位，每月能增收至少 5 600 元，同时为贫困户提供就业机会帮扶脱贫。火龙果种植之前，进行集体培训，教授社员新技术和新方法，提高生产效率。火龙果种植生产过程中，通过实行"七个统一"的标准，对合作社社员种植提出规范化要求，对种植生产过程中出现的各类问题，进行统一解决并与高校进行合作，及时帮助果农解决困难。火龙果种植实行工厂化、规模化生产，进行统一管理，降低生产成本。合作社作为一个服务型管理平台，根据实际生产中的问题，提供相应的技术和管理支持。合作社与农户签订生产合同，实行合同责任制，进行分户种植，对社员具体生产经营管理不实行强制管理措施，给予社员充分的经营自由权。社长及管理人员，为社员提供必要的技术和生产资料，按照合作社的规章制度进行管理。

（2）机构管理方面。洋青火龙果种植专业合作社是在村两委的管理和引导下进行生产运营，合作社社长是洋青村党支部书记，合作社通过村两委领导，利用村委会的领导优势。一方面，具有较强的凝聚村民加入合作社的力量，提高农民种植积极性；另一方面，发挥村干部和党员的人才优势，具有更远的战略眼光，实施"走出去，引进来"的管理理念，并通过对各种优农惠农政策的理解，更好地把握国家对"三农"问题的走向。利用村委会的号召力，更好地与各大高校和斗研院所进行合作，交流学习，开设培训班，为果农生产管理提供技术指导。

（3）销售管理方面。市场销售方面，合作社通过政府和农业部门的政策扶持，以及市、区政府在中央电视台等大众传媒投放的广告推广宣传，打造品牌。2016年，合作社正式成功申请火龙果品牌"遂龙"，进行品牌化销售。合作社与时俱进，抓住互联网销售机遇进行网络销售，通过网络平台和微商等销售渠道，扩大火龙果销售市场和销售渠道。同时在全国各地开设代销网点，通过自主销售经营，一方面确保产品质量，做好品牌；另一方面，增加就业和收入，保证品牌在市场上的占有率，增强产品市场竞争力。通过技术研发，改进火龙果保鲜和冷藏运输技术，保障火龙果供应并延长销售时间，保证产品的品质和货源。同时对火龙果产品进行深加工，生产高标准酵素，主打高端产品，延长火龙果生产产业链，提高附加值。

（4）社会管理方面。合作社在村两委的指引带领下，为合作社生产经营提供后勤保障。为火龙果产业园区建设道路和排水设施，方便火龙果采摘运输；为乡村建设和村容村貌改变做出贡献，为村民兴修村道、完善水利工程，兴建文化广场、敬老院和篮球场，修建排污管道等基础设施，将合作社带来的收益转化为带给村民的福利。为实现乡村振兴，建设美丽乡村做出贡献。

（四）存在问题

（1）管理不规范，操作控制难。由于合作社与果农之间实行合同责任制，对合作社社员具体管理不进行强制干预，导致部分合作社社员存在违规操作或操作不规范等行为，对火龙果品质和产量产生影响。合作社对果农生产的火龙果不做强制收购，对火龙果消费市场带来影响，容易出现溢价销售等现象，合作社还要为社员提供的火龙果提供销售服务，保障果农的生产收益。

（2）人才不足，生产经营受阻。随着火龙果产业的发展壮大，为了实现产销两旺，需要组建一个专业的生产、管理、营销和研发团队，对火龙果生产过程中出现的各类问题能及时准确地提出解决方案。专业技术人才团队，不仅可以为火龙果种植管理进行技术指导以提高火龙果产量，而且运用技术生产可以保证火龙果产品品质。专业营销团队可以发挥专业优势、创新销售方式、拓宽销售渠道保障火龙果产品销售。专业研发团队为火龙果新品种研发以及产品深加工提供专业支持，延长火龙果产业链，提高火龙果附加值，生产适应市场需要的产品。

（3）政策扶持不到位，无法为合作社发展提供实际帮助。政府对农业贷款扶持力度不够，贷款审批时间跨度长且程序复杂。当合作社发展需要资金的时候，贷款还在审批中，等贷款批复下来之后，合作社已经过了资金短缺的时间。贷款额度有限，对合作社的实际帮扶作用有限，未能起到理想效果。政府有些政策没有真正落到实处，对农民和合作社的补贴没有切实落实到合作社和农民手中。

四、三种典型合作社经营模式比较

廉江良垌日升荔枝专业合作社、遂溪杨联种植专业合作社、洋青火龙果种植专业合作社在经营管理和内部结构上都具有各自的优势和不足。良垌日升荔枝专业合作社实行制度化、规范化管理，拥有完善的经营管理体系和生产管理制度，合作社规章制度明确，权利义务清晰，拥有权威管理权。但是合作社发展范围广阔，社员分散，精确化管理困难和经验缺乏，出现部分社员不严格按照规章制度执行等问题。遂溪杨联种植专业合作社通过实行统一式经营管理，合作社通过将农民土地流转集中统一进行经营管理，农民作为合作社社员和股东服务于合作社，合作社具有绝对的控制权，但是实行高度集中的统一生产管理，农民失去经营自主权，影响农民生产积极性。洋青火龙果种植专业合作社实行基层组织领导型经营管理，通过村委会领导和党员干部带头领办，拥有专业管理人才队伍，利用村委会及党员干部的号召力和带动力，带动农民参与积极性。但是，合作社只作为一种服务管理型平台，为果农在实际生产中出现的问题提供相应的技术和管理支持，不对社员具体生产管理强制干涉，可能会导致合作社社员不按实际指导标准进行生产经营。

三个合作社的管理体系和经营制度都有其自身的优势与不足，但都存在着一些共性的问题。如人才力量薄弱、科研实力不强、资金融资困难、政府政策扶持力度不足和产品市场销售不畅等问题。三个合作社代表三种不同类型合作组织，应当相互学习、相互借鉴，探寻更好的农民专业合作社发展模式。

五、湛江市农民专业合作社发展存在的问题

湛江农民专业合作社自成立以来，合作社数量快速增长，质量稳步提高，环境持续优化，取得一系列显著成效，但问题依然存在。总体上来看，合作社规范运营水平还不高，创新发展能力不足，农民专业合作社发展还处于低水平、不规范的状态，有的还流于形式，管理水平较低，制度建设不完善，人才缺乏、制度松散以及品牌化建设不足等问题，迫切需要寻找一条系统、协同、整体推进合作社发展质量的有效途径。从合作社主体农民、合作社自身建设以及政府等外部环境三个方面来看，主要存在以下几个问题：

（一）思想传统，规模经营迟滞

农民作为合作社的主体，对合作社的经营发展起着至关重要的作用，农民专业合作社与家庭联产承包形式之间一个很大的差别就是，合作社的规模化经营形式。通过规模化经营，可以提高农民生产能力，降低产品生产成本，增强产品市场竞争力，提高抵御市场风险的实力等。但湛江农民专业合作社存在规模化经营迟滞，标准化经营难的现状。

(1) 土地流转困难，合作社小而分散。由于长期受小农思想和历史传统的影响，有些地区农民的合作意识比较淡薄，对合作社经营抱有怀疑的态度，使合作社流转土地困难重重，合作社规模化受阻，形成很多小而散的农民专业合作社。截至 2018 年 10 月，湛江全市共有 3 946 家合作社，共有 70 000 农户注册社员，平均每个合作社仅有 18 个社员，平均每个合作社社员人数太少。实际运行中，大多数合作社只有几个或十几个社员，甚至有的合作社是"空壳子""虚架子"，不利于合作社规模化发展和经营。

(2) 运营资金缺乏。从湛江市农民专业合作社账面注册资金上看，合作社发展已经初具规模，但相当一部分社员都是采用以土地、林木、产业等实物作价入股，以现金方式入股的份额很少。合作社实际可运营资金很少，在实际运营中资金周转困难，无法正常开展经营活动，发展受阻。

(3) 合作思想保守。由于受传统家族思想和血缘地缘关系的影响，很多合作

社属于家族式或村落式合作社，形成一种封闭式合作社形式，对外部成员进入合作社形成排外的竞争思维，社员只限于本村村民，与外界联系较少。这一现象，阻止了合作社规模化扩展，不利于一些拥有管理和经营的人才进入合作社进行管理。

（二）人才匮乏，产业发展受阻

人才是制约产业发展的一个重要因素，人才缺失，会导致合作社发展后劲不足，成为发展腾飞困难的瓶颈。农民专业合作社发展过程中出现的人才匮乏，一方面是由于原本缺少高素质人才，人才力量薄弱，另一方面是缺少引进人才的实力，无法招揽人才，阻碍合作社专业化生产和发展。

（1）高素质人才数量少，整体文化水平不高。湛江市农民专业合作社的理事会成员大多数文化素质水平不高，以中小学学历水平为主，缺少接受先进管理技术和思想的能力，新兴科技产业发展不足，对多变的市场经济适应性不强。同时合作社社员整体文化水平不高，从事农业生产方式传统，生产效率不高，对合作社转型发展带来阻碍。

（2）受合作社自身发展和经济实力等因素的影响，缺乏吸引高素质人才的实力，发展后劲不足，缺乏创新思维和先进文化观念的注入。湛江很多合作社领导者缺乏新型的互联网和合作社文化建设思维。创新才能给合作社发展带来无限动力，缺乏创新思维，按照传统规范思维经营，不利于合作社创新发展。大部分合作社官网都停留在合作社简介和联系方式层面，还有部分未建立合作社官网，合作社发展中的各项信息无法及时传递到消费者和需求者手中，没有展示合作社产品、企业文化等，使外界对合作社信息了解太少。而且很多合作社领导者没有意识到合作社文化的重要性，没有形成一个良好的合作社文化，社员之间凝聚力不强，未形成归属感和荣誉感，使合作社组织松散，管理困难，合作社发展受阻。

（三）制度松散，组织管理不严

制度建设是一个组织建设和发展的保障，建立完善组织制度，才能保证合作社健康稳定发展，制度涣散，没有严格制度规范和要求，合作社很难稳定持续发展。

(1) 合作社组织内部管理制度缺乏，未形成一套科学合理的组织运行管理制度。多数农民专业合作社是由当地致富能人或村干部发起组织成立，大部分依靠家族或地缘关系，有的合作社管理层只有 1 人或少数人，广大农民社员的参与管理积极性和热情都不高。未能形成一种监督管理制度或监督流于形式，没有形成一套对组织管理者的约束机制，合作社民主管理制度无法有效运营，社员民主管理无法得到保障。

(2) 农民专业合作社作为一种新型合作经济组织，其生产经营活动都必须按照相关财务会计制度和要求，进行财务核算。但由于农产品生产销售的季节性特点，合作社为节约运营成本，没有设立专门的财会人员实行代理记账。没有配备专业的财会人员，有的甚至未建立财务核算制度，已建立财务核算的合作社，在票据使用、资金监管、物资收发、产品销售、项目建设和成员账户等方面还存在很多不规范的操作。如原始凭证填写不规范、账簿设置不完整、科目使用不准确、不按规定登记账簿、社员股金不记明细账和社员与非社员的交易未分别核算等。

(3) 不按制度执行，组织运营不规范。合作社在成立之时，普遍建立了以社员大会、理事会和监事会，三会为主要形式的民主管理制度和框架，但在实际运行过程中，很多合作社未按相应制度和架构去执行。有的合作社"一股独大"，实行一言堂，少数人说了算；有的合作社在财务公开、社务公开、经营决策方面遮遮掩掩，让社员对合作社的发展运行知之甚少；还有的合作社，制定了本社的规章制度，但在实际运行过程中，写一套做一套，没有按照规章制度开展合作社相关活动。这些松散制度管理，严重阻碍了合作社的发展。

（四）竞争激烈，品牌建设欠缺

湛江市农民专业合作社主要分布在廉江市和雷州市，合作社地理位置相近。合作社以种植和养殖类为主，生产产品以热带水果、蔬菜和粮油为主，养殖类以水产品养殖为主，农产品同质化严重。且水果蔬菜等农产品属于时令性农产品，不易储存，市场竞争激烈。大部分合作社未形成农产品品牌，市场知名度不高，农产品品质参差不齐，市场销售受限，农产品品牌化建设亟须加强。

(1) 产品同质化严重，深加工等产业链不健全。目前湛江农民专业合作社的合作生产环节较少，合作内容单一，生产发展大多停留在鲜活农产品和初加工生产与销售方面。农产品产业链短、附加值低、产业化经营程度不高，在农产品深加工、仓储、运输和品牌营销方面还存在很多不足，区域农产品同质化严重，市场竞争激烈。合作社从事农产品初加工和原材料销售，产品的市场竞争力不强。新鲜蔬菜水果具有时令性，生产销售存在季节性、不易储存等特点，上市销售时间集中，产量大，没有固定销售商和稳定销售渠道，产品直接涌入市场，加剧农产品市场竞争。

(2) 品牌观念较弱，市场竞争优势不强。很多农民专业合作社缺乏品牌建设意识，没有形成品牌销售竞争意识，甚至还冒用他人招牌，导致品牌建设困难。合作社生产主要集中在原材料和初加工阶段，很难打造出知名品牌。许多农民专业合作社没有自己的产品注册商标，没有特色包装，更缺乏对认定无公害基地、无公害农产品、绿色食品、有机食品及地方名牌等方面的认识，造成市场地域性代表不强，影响力不够，竞争力不足等。甚至一些农民专业合作社在利益的驱使下，市场竞争行为不规范，以次充好，自砸招牌，影响合作社和区域名声，加剧了农产品品牌化建设和区域特色产品打造的困难。由于缺乏自身特色产品品牌，合作社销售产品在市场知名度不高，与其他地区同类型产品竞争缺少优势，产品市场受挤压。

（五）保障不足，外部环境不佳

合作社作为一种经济组织形式，主要为社员提供各项服务支持，对内不以营利为目的，其经营能力较弱，发展实力不足，没有政府的大力支持和保障，合作社很难经营维持下去。

(1) 政府政策扶持力度不够，配套优惠政策落实不到位。中央、省、市、县的一些法规政策中，都明确提出了一系列扶持农民专业合作社的优惠，但在具体实施过程中，由于现行农民专业合作社还处于发展健全阶段，合作社数量众多，但运行不够规范，导致政府在确定政策扶持对象的过程中，存在一定的偏差和盲目性，一些发展不好和绩效不良的合作社就通过一些不正当手段，获取政府的扶寺，而那些规范运营、绩效良好的合作社没能得到政府的更大的扶持，使得一些原本比较好的农业项目以及规范化的合作社在用电用水、环境测评和税收优惠等方面未能得到相应政策倾斜，获得更大的扶持，反而让一些冒牌的合作社从中获取一定的扶持资金等。

（2）政府资金扶持力度不足，扶持项目有限。农民专业合作社发展的扶持资金主要来源于中央和省两级财政扶持，市、县级政府财政扶持力度明显力不从心，虽然有些县市区出台了一定的奖励补贴政策，但资金数额有限，发挥的作用也有限，这对一些规模较小、实力不够的农民专业合作社的发展是很不利的。如广东省湛江市遂溪县草潭镇石杨村杨青寮经济合作社，每年都需要申请相应的国家农业政策扶持项目，2018年未拿到国家级农业扶持项目，申请到了2019年国家级合作社示范基地获得30万元的政策扶持资金，而且，每年的国家政策扶持项目数量有限，按项目扶持资金，金额也比较小，通常以种苗和肥料扶持为主，扶持力度有限。

（3）政策落实困难，实际扶持难以落到实处。一些政策制定，从理论上说对农民专业合作社的发展提供一定的扶持帮助，但在实际操作中，存在很大的困难。如农业"政银保"政策，从理论上，对农民专业合作社的融资具有很强的指导意义，农民专业合作社可以向银行申请贷款，保险公司为其提供保证保险，政府提供保费补贴、贴息补贴和风险补偿支持，通过财政、信贷、保险三轮驱动，共同扶持农民专业合作社的发展。但在实际运行过程中由于合作社无抵押，无法向银行申请贷款，保险公司无法担保，使政策无法有序推行，另外通过这些政策，合作社实际贷款金额数量有限，而且程序复杂，周期长，不能解决合作社的燃眉之急。政府给予的贴息补贴大部分都补贴到企业等其他地方，没有真正落实到实地，农民没有获得真正的好处，不能很好地解决实际困难。

（4）农业保险制度不健全，无法为合作社生产规避生产风险。我国目前农业保险尚处于发展阶段，农业保险涉保的农产品类型有限，还有很多特色农产品种植生产无法购买农业保险，为农民生产种植提供不了保障。如遂溪洋青火龙果专业社，虽然已经在全省范围内进行推广试行，且在广东地区，种植火龙果的面积已经占据了湛江市水果种植面积的很大一部分，但在实际运行过程中，没有专项农业保险，无法为火龙果种植提供意外保障，对合作社和农户的生产经营带来很大风险。

(5) 组织融资渠道不畅，融资困难。农民专业合作社作为一种新型的市场经济主体，由于其法人治理结构不完善，缺乏合格有效的抵押品和有效的担保机制，无法进行信用评估和评级授信，合作社很难得到相关金融机构的支持，融资渠道有限。而且农民参与合作社很多都是通过实物或者劳动力入社，真正以资金入社的社员数量有限，这加剧了合作社的资金短缺程度，融资困难。一些新型的众筹融资形式由于其自身的弊端，无法切实地满足农民专业合作社的实际融资需要。如洋青火龙果专业合作社，曾通过提前预售火龙果，通过"互联网+"在互联网上提前进行众筹，虽然解决了一时的资金短缺的困境，但高达18%的年利息，使得合作社损失了很大一笔利润。在农业贷款方面，由于各种突发因素，导致农民专业合作社临时向银行或其他金融机构申请贷款，而贷款审批时间、审批程序等较为复杂等原因，无法为合作社提供及时的资金扶持。

第六章

乡村振兴战略背景下农民专业合作社

发展与优化

　　党的十九大报告提出"实施乡村振兴战略"，并指出"必须始终把解决好'三农'问题作为全党工作重中之重。要坚持农业农村优先发展，按照'产业兴旺、生态宜居、乡风文明、治理有效、生活富裕'的总要求，建立健全城乡融合发展体制机制和政策体系，加快推进农业农村现代化。"习近平总书记2018年在全国"两会"期间指出，实施乡村振兴战略必须做到"五个振兴"，即产业振兴、人才振兴、文化振兴、生态振兴和组织振兴。这为实施好这一划时代的伟大战略提供了根本遵循。作为农民的合作经济组织，农民专业合作社应抢抓时代机遇，充分发挥自身优势，全力以赴真抓实干，为实施乡村振兴战略做出应有的贡献。当前，我国农业发展存在的主要问题是经营规模小、组织化程度低、服务体系不健全、生产端与日益升级的消费端之间的矛盾越来越凸显。针对这些问题，合作社应充分发挥在规模化经营、标准化生产、社会化服务等方面的优势，更好地促进乡村产业发展。农民专业合作社积极发挥自身优势，融入产业发展之中，融入人才培养之中，融入生态发展之中，融入文化建设之中，融入组织振兴之中，让农民专业合作社成为乡村振兴重要的组织载体。

第一节　乡村振兴战略背景下农民专业合作社面临的困境

在乡村振兴战略正付诸实施的当下，农民专业合作社在发展中仍然面临着一些外在的发展问题亟待解决。

一、城镇化带来的农村逆现代化

（一）受教育人口的流失

随着国家教育事业的发展和教育水平的提高，农村地区受高等教育的适龄青年将逐年增加。这意味着将有越来越多的农村年轻人脱离土地，进入城市寻找工作机会。然而，位于社会发展最前沿的恰恰就是这一群年轻人。由于优秀的受教育人口流失，农村地区现代化趋势会有所减缓，甚至出现逆现代化现象，这严重影响农业技术人才回流创业，对于合作社的专业化发展产生相当大的阻碍作用。

（二）基础设施落后的影响

经过几十年的发展，我国经济发展水平日新月异，基础设施建设此起彼伏。但是，目前基础设施建设方面城乡差异仍然巨大，乡村地区基础设施欠账太多，即便当前投入上有所倾斜的情况下，乡村基础设施相对落后的局面仍将在一段时间内持续，这意味着交通的相对不畅和信息的相对闭塞。相对于城镇区域发展速度一日千里，乡村地区的逆现代化会严重拖累合作社的运营管理。

（三）乡村人口老龄化的阻滞

随着我国城镇化进程高速推进，乡村地区留守儿童和留守老人日益受到人们的关注。进城务工青壮年的生活条件持续改善，子女随迁进城就学日益成为可能，然而留守老人问题无法得到有效解决。在这一趋势下，乡村地区的常住人口平均年龄逐年增加，乡村人口老龄化问题日益严重，对从事农业生产的合作社正常运营形成严重考验。合作社雇佣农业产业工人的年龄明显偏高，学历层次差，这带来的劳动技能有限、再培训成本高等问题，对于合作社的发展有明显阻滞作用。

二、全球化市场带来的产品冲击

（一）进口农产品的价格压力

我国加入WTO之后，农产品进口问题一直广受关注。由于欧洲、北美地区现代化农场盛行，机械化生产产出作物成本相对较低，加之所在国扶持农业发展的补贴措施，进口的外国农产品生产成本相对于国内同类产品明显偏低，严重冲击了国内农产品的市场需求。在这一大环境下，合作社发展道路成为国内经济作物种植行业唯一可行的途径。但是，由于经营模式、管理理念的不成熟，在相当长的时间内，合作社产出的农产品仍将承受进口农产品的价格压力。

（二）产品标准化落后的恶果

标准化最早作为工业概念产生，进而推广到所有产业领域。农产品标准化在国内仍然是较为新生的行业领域。由于生产模式限制，通过相同的种苗以相同的耕种模式管理，使用同样的肥料与药物，在同样的成熟期采摘获得同质的农产品这一过程很难实现，除去部分高附加值农作物外，绝大多数农产品都无法实现标准化种植、养殖。即使引进合作社的组织模式，大多数合作程度较低的合作社也无法提供达到一定标准化水平的农产品，这不仅阻碍了农产品出口创汇，甚至在国内也无法同同类的外国农产品相抗衡。

（三）农业职业经理人的缺失

相对于外国农产品生产和贸易的繁荣发展，国内的现代农业仍处于起步阶段。无论是成熟的合作社与大型农场雇佣职业经理人经营还是农产品的期货买卖都还处于试水阶段。成熟的管理体制带来的成本效应、价格效应等给进口农产品赋予了巨大的竞争优势，这对于合作社农业的发展无疑是一个巨大的挑战。

三、大资本介入引起的企业化难题

（一）合作社的资金问题

目前，合作社的资金绝大部分来自社员以现金入股，以及剩余利润中提取的公积金。这一方式在合作社的初创阶段是能够满足需求的，但随着合作社发展壮大，尤其是购销类合作社，流动资金问题将成为限制合作社发展的关键阻碍。农民作为第一产业从业者，富余资金较少，而合作社的互助属性限制了入社会员的农民属性，也就直接限制了合作社的资金存量。

（二）合作社的融资困境

在我国，农民专业合作社作为近十几年新生的经济单位，在很多领域表现出明显的不协调性。其中尤为突出的就是在信贷领域。首先，合作社资产核算难，合作社固定资产多为入股土地，如何折算价值困难重重。其次，合作社偿债难，农产品价格较低，利润空间狭窄，难以偿还高息债务。最后，合作社清算难，一旦触发清算程序，合作社的可执行物稀少，产品季节性强，难以长期储存，难以变现。这给合作社获得资金带来了较大困难。

（三）企业化是否是合作社的不归路

企业法人投资能够有效解决合作社的资金匮乏问题，但是，合作社作为农业生产互助组织，与企业的最大区别在于追求最佳的生产而非盈利。企业法人投资会对合作社的组织结构产生显著影响，然而按照《农民专业合作社法》规定，附加表决票不能超过全部票数的20%，这意味着企业投资方无法取得合作社的绝对控制权，这样合作社的企业化也就成为伪命题。由于合作社与企业的不同属性，在经营活动的有效需求下，最优的组织架构是"合作社+企业"双重架构，合作社负责生产管理，企业负责融资营销，这样就有效解决了合作社的企业化困境。

四、推广模式带来的合作社异化

（一）错误的推广模式

《农民专业合作社法》颁布伊始，未来促进合作社发展，农业主管部门大力推进合作社的推广工作。最终落实到基层的现实推广政策，除了少数的政策宣讲外，以考核合作社注册数量为主。于是，行政指标式的工作任务纷纷下达，没有任何经营活动的合作社纷纷注册成立。经过同主要社员谈话了解，合作社的推广模式凸显了几点问题。第一，讲解不到位，大量农户不了解合作社的概念与运营模式，不了解现有合作社与人民公社的区别；第二，重点不突出，眉毛胡子一把抓，有特色种养殖的地区仅仅满足交付的建社数量任务就止步不前，确无合作社发展基础的村庄要求村级两委必须组织成立合作社；第三，需求诉求没有及时掌握，为完成任务而完成任务，而不是为了发展好农业，有成立合作社需求的村居因沟通不畅而成立虚假合作社享受政策。

（二）基层政府的困境

合作社推广中出现了一系列问题与失误，究其原因主要有两点。首先，基层政府权责不对等，工作人员、工作能力有限，工作责任过大，顾此失彼。其次，各级工作人员把工作重心放在领导关注什么，而非自身职责要求上，"专挑好干的，专干好看的"，对于本职工作不求有功但求无过。在合作社推广方面，追求数字上出政绩，而没有踏实进行合作社制度的宣传推动。但是，由于合作社属于经济组织，基层政府在没有相应财权的基础上，无法出台具有导向性的有力措施，难以破解政策推广的困境。

五、政策调整带来的发展不确定性

（一）扶持政策的持续与退出

在市场经济中，靠市场本身调节无法解决的问题称为外部性问题，政策扶持是一种常见的外部性问题，往往引起相关经济部门运行效率不高。推动合作社设立和发展需要扶持政策引导，但是扶持政策长期持续不利于合作社的健康发展，必须有相应的扶持政策退出机制。这给合作社的相关政策带来了不确定性预期，进而干扰合作社的长期运营规划，可能对合作社的发展产生一定影响。

（二）农民专业合作社的界定问题

合作社的特殊地位是由其农民属性决定的，而我国对于农民的界定完全依赖户口登记中的农业人口属性。这在改革开放 40 年后的今天是一种不合时宜的行政行为，农业人口属性作为历史遗留的性质，已经无法甄别农业从业者，进而影响农民专业合作社界定甄别工作。

（三）农民专业合作社法的修正

我国的农民专业合作社与国际通行的农业合作社相比较有特殊之处，现行《农民专业合作社法》要求合作社在设立命名中要明确合作社的专业方向。这就意味着合作社随着市场需求变化变更种植品种必须随时变更登记材料，而兼业的合作社必须申请两块牌照，产生双份的管理成本，这对于盈利有限的合作社而言是一笔较大的行政成本。这类施行中出现问题的立法内容有待相应法律的修订解决。

第二节　乡村振兴战略背景下农民专业合作社的发展前景

农民专业合作社作为经济组织的经营属性和作为互助组织的社会属性，决定了其在乡村振兴战略中能够起到的作用也是一分为二的，一方面，农民专业合作社能够提升农业发展水平，提高农产品质量，增加农民收入，彻底解决贫困问题；另一方面，农民专业合作社通过自身的组织性和互助性能够有效推动农村社会发展的现代化。具体而言，第一，农民专业合作社能够为家庭联产承包经营这一农村基本经营制度提供重要补充和完善；第二，农民专业合作社能够通过统一产品标准提高农产品质量，推动农业供给侧结构性改革；第三，农民专业合作社能够促进农民增收，进而推动农业发展的良性循环；第四，农民专业合作社能够通过自身制度建设，促进乡村治理体系和文化的现代化。在从实际需求出发的同时，我们可以从国际社会农业合作社的新变化、新动向吸取经验教训，在乡村振兴战略框架下，探讨国内农民专业合作社的改革方向和发展趋势。

一、国际上农业合作社的新变化、新动向

21世纪以来，世界信息革命方兴未艾，各种科学技术发明创新风起云涌，国际关系云谲波诡。内部需求与外部条件的变化，加之自身难以根除的问题，在这样的条件下合作社的变革成为大势所趋。从20世纪90年代开始，各国的农业合作社开始探索变革出路，出现了一系列新变化、新动向。

（一）产权归属明晰化

为了避免因产权归属不清造成影响正常运营，产权归属明晰化成为合作社改革中备受关注的重点。20世纪90年代开始出现在北美地区的"新一代合作社"，就很好地解决了产权归属问题。这一类合作社中，合作社不再提取公共积累，全部盈余按照社员的股金配额分配，不再存在产权归属疑问。如果合作社发展需要新的资金投入，则在社员中进行公开募股或举借外债。这样一来，集体资产产权归属不清的问题得到了合理的解决，传统合作社制度潜在的风险得到了弥补。

（二）制度构建股份化

国际上合作社发展迅速，涉及产业领域不断延伸，资金需求大大增加，逐渐超出合作社通过社员募股获得资金的能力上限。为了解决资金问题，部分合作社积极探索，创造性地创新制度安排，勇于采用新的融资模式，探索合作社组织结构改革，从股份化上寻求出路，这在西方发达国家的合作社中比较常见。而为了适应股份化改革，合作社必须对股东负责而不再单纯为社员利益负责。为了吸引投资，合作社需要调整一人一票的决策原则，为投资份额赋予适度的表决权。在美国，股份化改革的合作社为了平衡社员股和投资股的表决权，为融资产生的投

资股赋予加权表决权。在欧洲，加权表决的决策方式也已经大量推广。在盈余分配上，许多合作社改变了以往以惠顾额度分配盈余的方式，将一部分盈余出让给投资者。也有一些合作社通过综合社员惠顾额度与入股份额两部分来决定盈余分配。这样既能使社员的利益得到巩固，又可以兼顾投资者收益。

为了扩大融资规模，澳大利亚允许农业合作社从股票市场直接上市交易，公开募集股金。新西兰农业合作社则从突破传统原则入手，探索了多种股份制模式。一是常见的企业股份制模式，将社员缴纳的股金分为资格股和投资股，资格股与惠顾量成比例，不参与盈余分红，投资股与惠顾无关，仅参加分红。另一种是在社员缴纳的股金之外吸收非社员股金的合作社，非社员股金有的赋予投票权，有的不赋予投票权。由于股份化的合作社吸引了足量的资金，近年来新西兰农业合作社发展迅猛。加拿大的合作社也遇到了同样的资金问题，1996年，加拿大的萨斯喀彻温省小麦合作社对外发行A、B两种股份，A股作为社员股有投票权但不享受分红，B股作为投资股公开上市发售。上市融资完成后，该合作社短期内就获得了近6 000万加元，经济实力大为加强。在美国大多数农业合作社属于"股份合作社"，这类合作社分别发行普通股和优先股，社员可以持有普通股，也称为"身份股"，优先股的出售不设身份限制，且允许自由转让。"新一代合作社"采用的投资合伙方案也是一种改革方法。在成立前合作社核算运营所需股本，以其中的三到五成作为社员权益资本，供社员入社认购，享有决策的投票权，其余的股本通过借贷或进行优先股认购，优先股不给予投票权，但可以自由转让。

（三）运营策略营利化

在市场经济和自由贸易充分发展的背景下，以自我服务为运营目的的传统合作社原则越来越不利于合作社的发展。为了自身生存与发展，许多农业合作社放弃了非营利的运行策略，从服务社员需求转向服务市场需求，通过兼并重组，逐渐引入企业管理模式，追求利润的最大化。在美国，"新一代合作社"从出现就同传统的合作社宗旨分道扬镳，追求企业化运作，以营利为目的。近年来，日本农协改革的重点方向就是企业化管理改革。为了提高营利能力，农协大量裁撤合并内部非营利部门，支持进行市场化运作，在面向非会员提供服务时追求最大化的营利。在瑞典，各类农业合作社的商业色彩也越发浓厚，有的合作社把社员业务与非社员业务分离为两个部门，实行互助性、营利性差异化管理。

（四）管理人员职业化

随着全球化推进，农产品市场竞争日趋激烈，为保证处于优势地位，农业合作社的管理人员需要有迅速准确的市场信息感知处理能力和敏锐果断的决断力。这些要求是未经过职业化培训的一般农业合作社社员所无法达到的。合作社自我服务、自我管理的传统模式已经无法适应市场发展的要求，外聘职业管理人员和经营人员成为大势所趋。如今，很多国家的合作社尝试聘用具有管理经验和经营头脑的职业经理人进入理事会参与管理。

在北欧，"丹麦皇冠"屠宰和加工合作社运营中丹麦近九成的生猪屠宰加工业务，是欧盟最大的屠宰联合体，其在选举管理机构代表大会时，在250名社员以外，单独列出38名雇员代表。在代表大会推举的理事会中，社员、雇员分别为14名和4名，另有1名雇员观察员。虽然合作社最终决策权还是掌握在社员手中，但外聘雇员的经营管理特长能够为合作社的长远发展提供专业的建议和意见。日本农协的改革中一项重要举措就是招聘职业企业管理人员担任理事会理事，组织协调日常运营。在印度，乳业巨头阿牟尔乳制品合作社外聘管理和技术人员参加合作社的日常运营，明显提高了合作社应对市场变动的能力，其市场竞争力明显增强。

（五）业务纵向一体化

随着合作社的发展，其业务在产业链上的延伸成为必然选择，这样可以降低成本，还可以扩大合作社在本行业的影响。越来越多的合作社通过联合或兼并重组，把本行业的生产、加工、运输和销售联系起来，构建完整的产业链。业务上的纵向一体化，协调农业生产各个环节有机衔接，为社员降低了风险，压低了成本，提供了便利，提高了合作社的市场竞争力。在巴西，从事特定作物种养殖的专业合作社经过一定的发展后，都放弃了以单一的市场环节作为自己唯一业务的做法，不再特意区分种植合作社、销售合作社等，而是尽力打通行业内的整个产业链，从选种、种植、采收、加工、运输，直到销售都成为一个合作社的业务范围。这一变革带动了巴西农业合作社在 20 世纪 80 年代的快速发展。法国的农业合作社大多属于产业化运营管理，为社员提供选种、水肥、采收、加工、运输、销售等一系列的指导与服务。

在丹麦，生猪养殖是其农牧业的主要行业。丹麦的养猪合作社兴起很早，经过了近两个世纪的发展，形成了覆盖全行业整个产业链的合作社集团。从良种繁育、饲料加工、饲养方案到屠宰加工、检验检疫、冷链运输，指导最终的终端市场，都在丹麦的生猪合作社业务范围内。正是依托产业一体化，丹麦的生猪养殖业国际闻名，其 3/4 的产品直接销往世界各地，使丹麦成为世界猪肉出口大国。在美国、澳大利亚、加拿大等国，近几年来其农业合作社大多从专注于生产或购销等单一环节转向覆盖全行业链条的纵向一体化发展，囊括了从农民到消费者的整个流通流程，业务逐步覆盖了生产资料购销、作物种植、回购、储存、深加工等多个环节。

（六）通过联合与兼并扩大规模

自合作社出现以来，农产品一直相对供大于求。身处买方市场的农业合作社为了生存，不断通过兼并与联合抢占市场份额，追求规模效益，扩大营利空间。这就导致了合作社发展充分的美洲、欧洲、澳洲地区农业合作社精简化和大型化同步进行。在法国，经过大量的联合与兼并，近 10 年来法国的农业合作社数量降低了近一半。与数量下降同步出现的是合作社规模的持续扩张。从 20 世纪中叶开始，美国的农业合作社就开始大规模兼并重组，从 50 年代的 10 000 多家减少到 80 年代的 5 000 多家，再到 90 年代后期的不足 4 000 家。而单个合作社的业务量在几十年间增加了十几倍。这一现象在新西兰、丹麦、瑞典等国也普遍存在。

二、国内农民专业合作社的应对之策

相对于发达国家，我国的农业合作社发展并不顺利，农民专业合作社多数仍在起步和爬坡的过程中。为了让这一农业生产经营模式健康发展，及时适应国内外形式与市场需求，我们有必要借鉴国际上的先进经营与做法，推动国内农民专业合作社与时俱进。

（一）完善运行机制，提升发展水平

针对农民专业合作社发展中营利、决策和人才等瓶颈性问题，一是要完善盈余分配方法，科学评估，合理分配合作社交易盈余，既保证合作社内生发展动力，又能充分调动入社农户和社会资金的积极性，把资金引导到农业现代化建设上来；二是要规范管理规章制度，保证合作社的决策权与资产所有权的同一性，在重大决定中充分体现民主管理，同时兼顾合作社运营管理的灵活性以适应市场。三是要加强积极引导推动管理现代化，鼓励合作社聘用专业人员参与运营管理，同时探索入社农户对于包括外聘经理人在内的管理层的监督考核办法，在促进合作社运营管理现代化的同时探索建立现代化的合作社监事制度。

（二）壮大经营实力，激活发展潜能

地方政府积极制定产业规划，因地施策，一是要培育地方特色品牌，依据地方文化历史环境特色，挖掘当地特色品牌，以规范化的产品打出知名度，为合作社积攒软实力。二是要抓住优势产业，综合考虑当地出产和市场需求，有的放矢，促进合作社面向市场，面向消费者。三是要延长产业链条，推动合作社解放思想，从单一农产品的购销、生产等业务拓展开来，争取覆盖相应农产品的育种、种植、田间管理、仓储、运输、加工和销售整个流程。四是要关注联合发展，鼓励同质或相关的合作社积极沟通整合，在保证一定竞争的前提下实现规模效益，扩大合作社的经济技术实力。

（三）积极走向联合，共创发展前景

强强联合，勇于探索，积极创新，一是要加强竞争力与风险抵御力，通过合作社的联合与重组，扩大合作社规模与市场影响力，实现合作社效益的倍增，争取实现"1+1>2"。二是要创新组织模式，探索合作社之间联合重组整合的新途径、新方法，既能保证各方利益平衡，又能保持合作社的灵活运营与多样性。三是要更好地服务社员，通过联合社的资源统筹优势，促进合作社为入社农户提供更加优质的购销服务和技术指导，通过对接大型企业高新项目，为入社农户争取更多的政策扶持和经济利益。

三、关于基层农业合作社走向联合社的思考

随着社会主义市场经济体质的不断深化，单一农民专业合作社应对市场波动的能力比较差，在同大型集团企业进行业务往来时仍然会处在议价权劣势地位。为了获得持续稳定的市场运营地位，提高合作社的风险抵御力和竞争力，改善小规模合作社在发展前景、服务水平上的不足，部分合作社尝试走上了联合之路。理论上说，联合社是合作社发展到一定程度后在内外部压力下的必然产物，是合作社扩大规模和扩张业务的阶段性结果。

（一）联合社的发展目的是保证农户利益

从合作社联合社的实践看，无论联合社是基层社自发组织，还是政府主导自上而下推广，其基本组成仍然是基层的农业合作社。正是由于联合社是农业合作社的联合，因此，联合社仍然是一种合作社，遵守合作社基本原则。这就意味着联合社也不能以自身发展或者谋求利润为发展目的，而应该通过统筹协调、优化管理、扩张业务等措施促进农业发展，其最终发展目标仍然是服务社员、服务入社农户，保证农户收益和权益。第一，通过扩大市场份额，获取规模效益，降低运营成本，开拓海内外市场，为基层社提供稳定可靠的购销渠道。第二，通过延长产业链条，调和不同领域基层社的矛盾与问题，打通分散在不同基层社的生产、运输、仓储、加工、销售和生产资料购销等业务，解决制约基层社发展的瓶颈，深挖农产品的潜在价值，为基层社和入社农户争取更多利益。第三，通过合理调配资源，提高自身运营效率，并且发挥好联合社在信息、技术、人才等方面的优势，以及对于涉农政策、扶持措施等方面的影响力，综合各方面外部资源，为农业发展与入社农户增收创造有利条件。第四，通过增强基层社组织建设，增加基层社入社农户的组织化程度，提高农业生产标准化、规范化水平，兼之农业

科学技术的推广普及，加快农业现代化建设进程，最终还是为基层农户谋发展、某福利。值得强调的是，无论是扩大市场份额、延长产业链、合理调配资源，还是增强组织建设，其目的都是伴随着联合社的不断发展壮大进一步改善基层社运营状况，增强服务能力，提高营利水平。

（二）联合社的经营策略是提高竞争力

从外国联合社的运营经验来看，基层社联合起来的主要目的就是为了提高竞争力，同同质企业、投资资本竞争，并且随着国际化进程的加快而与国外农产品竞争。目前，国内农民专业合作社大多处于初始阶段，联合社的发展水平相对落后，暂时还未出现联合社同跨国企业国际资本激烈竞争的案例。但是，市场经济的核心本质就是竞争，联合社想要生产发展下去，提高竞争力是唯一可行的策略。第一，通过扩大经营规模增强竞争力。联合起来的基层社实际上就是一个经营规模扩大的过程，联合社在这一个进程上更进一步，能够通过更多的市场份额和营销渠道为基层社提供更加先进准确及时的市场信息、技术服务，推动下属各个基层社之间共享资源，引导基层社进行更大规模的标准化、规范化，进而在更高的平台上提高竞争力。第二，通过扩大市场份额谋求竞争力。联合社除了意味着联合的生产之外，还意味着联合的市场。联合社有能力整合基层社各种各样的市场需求与销售渠道，通过合理重组、优中选优，为基层社提供更加优质的市场资源选择，有效避免基层社的无序竞争。此外，联合社还可以通过更大的体量为下属基层社带来更大的议价权和更公平的市场地位，通过争取话语权谋求更大的竞争力。第三，通过压低成本提高竞争力。联合社可以有效提高基层社在各类资源方面的调配水平，大力减少基层社在不当竞争、无序建设上浪费的资源，进一步提高入社农户的组织程度，压缩管理成本，并通过营造农户-基层社-联合社"三赢"的局面团结人心，增强联合社软实力，提高竞争力。第四，通过增强抗风险能力维持竞争力。联合社具有更大的信贷资本优势，流动资金更加充足，能够更好地抵御各方面风险冲击。联合社能够在基层社遇到自然风险、金融风险和来自竞争对手的打击时提供有力保护，同时通过基层社的业务布局分散市场波动带来的危险，维持联合社及其下属基层社的生产运营稳定可控，能够维持现有竞争力。

（三）联合社要警惕异化现象

联合社是生产的联合，是基层农民专业合作社为了避免风险，维护利益而进行的"再合作"，可以认为是"合作社的合作社"。农业合作社的发展历史和人民公社化运动的教训告诉我们，"自愿入社，退社自由"的原则是合作社必须遵守的前置原则。联合社应该紧紧围绕市场因素和服务原则，保证社员与基层社的"自由加入退出"权力，通过入社农户和基层社的自由权利，避免出现某个特定农业产业中联合社出现垄断市场的现象，避免垄断行为造成的社会生产的浪费，同时避免以行政代替经济的错误。民主管理原则赋予入社农户和基层社提交意见、参与决策的权利。《农民专业合作社法》将自愿原则和民主管理原则纳入农民专业合作社的基本原则，也是出于避免类似人民公社化运动的失误的考虑。

当前我国联合社的发展仍处于初始水平，但通过基层农民专业合作社的自发联合，通过扩大规模、降低成本、延长产业链、增强组织化等方法和途径不断发展壮大，联合社能够有效承担起联系市场与农户的纽带作用，为我国"三农"事业稳步发展、实现乡村振兴提供坚实保障。

参考文献

曹泽华, 2006. 农民合作经济组织中国农业合作化新道路 [M]. 北京: 中国农业出版社.

傅晨, 2006. 中国农村合作经济组织形式与制度变迁 [M]. 北京: 中国经济出版社.

高继云, 2017. 论农业经济发展离不开农业经济合作组织 [J]. 农民致富之友 (2): 35.

葛云锋, 2015. 浅论农业经济合作组织发展对策 [J]. 当代经济 (28): 34-35.

龚映梅, 2014. 中国西部农业合作经济组织生命系统发展研究 [M]. 北京: 经济日报出版社.

韩国玲, 2016. 浅谈如何提高农业经济合作组织发展的对策 [J]. 中国农业信息 (6): 27-28.

何国平, 2007. 走向市场: 农业流通领域合作组织的理论与实践 [M]. 北京: 中国经济出版社.

贺福中, 2017. 中国农民合作经济组织及其收益分配 [D]. 太原: 山西大学.

胡洪梅, 2017. 浅谈农业合作经济组织的现状作用与今后发展问题 [J]. 吉林蔬菜 (10): 1-2.

胡树芳, 1993. 农业合作经济理论与实践 [M]. 北京: 企业管理出版社.

胡振华, 2010. 中国农村合作组织分析回顾与创新 [M]. 北京: 知识产权出版社.

黄烁, 2016. 中国特色社会主义农村合作经济组织研究 [D]. 郑州: 河南农业大学.

黄雅芝, 2017. 农业经济合作组织发展的提升对策 [J]. 中国国际财经 (中英文)(19): 290.

黄祖辉, 梁巧, 吴彬, 2014. 农业合作社的模式与启示——美国荷兰和中国台湾的经验研究[M].杭州:浙江大学出版社.

李继承,2016.吉林省农村合作经济组织发展研究[D].长春:吉林农业大学.

李建军,2010.农村专业合作组织发展[M].北京:中国农业大学出版社.

林炎志,杨庆才,2006.农村新型合作经济组织概论[M].长春:吉林人民出版社.

刘继芬,1993.农村发展与合作经济中外农业合作经济比较研究[M].北京:中国科学技术出版社.

刘胜勇,2017.探究农业合作经济组织对促进农业经济发展的影响[J].农技服务,34(6):184,183.

刘英惠,2018.探究农业合作经济组织对促进农业经济发展的影响[J].农民致富之友(2):15.

欧志文,2008.农业流通领域合作经济组织研究[M].长沙:湖南大学出版社.

潘月兰,2014.浅谈农业合作经济组织对农业经济发展的重要意义[J].农民致富之友(23):8-9.

濮雄,2017.农业合作经济组织对促进农业经济发展的影响[J].南方农业,11(30):48-49.

秦庆武,2001.中国农村组织与制度的变迁——农村新型合作经济发展探索[M].北京:中国城市出版社.

邱梦华,2014.农民合作与农村基层社会组织发展研究[M].上海:上海交通大学出版社.

邱勇,2014.中国特色社会主义农村合作经济组织研究[M].昆明:云南人民出版社.

王磊,2015.浅析农业合作经济组织对促进农业经济发展的影响[J].中国农业信息(15):119.

王丽萍,2015.推进新型农业合作经济组织发展探析[J].现代农业(5):82.

吴俊丽,2014.农村合作经济组织管理实务[M].北京:中国农业大学出版社.

吴震, 2017. 新形势下农业合作经济组织发展研究[D]. 苏州: 苏州大学.

徐家琦, 2007. 中国农村新型合作经济组织研究与实践[M]. 北京: 中国大地出版社.

薛雯敬, 董欣悦, 刘欣, 2017. 关于农业经济合作组织发展的探讨[J]. 南方农机, 48(3): 62, 69.

杨恒松, 2016. 新常态下农业合作经济组织的发展策略[J]. 中国农业信息(8): 11-12.

杨立颖, 2015. 我国农业合作经济组织模式探讨[J]. 南方农业, 9(12): 97-98.

战建华, 张海霞, 2014. 农村经济合作组织发展研究[M]. 济南: 山东人民出版社.

张宝华, 何启生, 刘友洪, 2005. 农村新型合作经济组织发展实务[M]. 北京: 中国农业出版社.

张凤成, 2015. 农业合作经济组织对农业经济发展的促进作用[J]. 中外企业家(22): 193.

张静, 2018. 中国特色经济合作理论研究[D]. 长春: 吉林大学.

张雪莹, 2017. 加强农业经济组织建设研究[J]. 乡村科技(25): 31-32.

张英明, 2016. 我国农业合作经济组织发展模式分析[J]. 商业经济研究(10): 155-157.

赵凯, 2004. 中国农业经济合作组织发展研究[M]. 北京: 中国农业出版社.

赵维清, 2003. 中国农村合作经济组织发展问题研究[M]. 哈尔滨: 黑龙江人民出版社.

朱雅玲, 李继承, 余朝晖, 2010. 农村合作经济组织发展与创新[M]. 长沙: 湖南科学技术出版社.